W0298740

>present< Freiburger Schriften zur Sozialpädagogik
Herausgegeben von Prof. Dr. Norbert Huppertz

Band 5

HORTPÄDAGOGIK

Eine Einführung in Theorie und Praxis

Norbert Huppertz
Reinhard Meier-Musahl

PAIS – Verlag
Oberried bei Freiburg i.Br.

Die Deutsche Bibliothek – CIP-Einheitsaufnahme
Huppertz, Norbert:
Hortpädagogik : eine Einführung in Theorie und Praxis /
Norbert Huppertz ; Reinhard Meier-Musahl. –
Oberried bei Freiburg i. Br. : PAIS-Verl., 1999
(Present ; Bd. 5)
ISBN 3-931992-07-1

PAIS-Verlag
Hauptstr. 49 • 79254 Oberried

© Copyright 1999: Sozietät zur Förderung der wissenschaftlichen Sozialpädagogik-PAIS e.V. Oberried

Printed in Germany

Herstellung: Christmann Digital Druck, 31236 Ilsede

Das Werk und seine Teile sind urheberrechtlich geschützt. Jede Verwendung in anderen als den gesetzlich zugelassenen Fällen bedarf deshalb der vorherigen schriftlichen Einwilligung des Verlages.

Inhalt

I. Hinführung

1. Was ist das für ein Buch?

Mit der vorliegenden Veröffentlichung möchten wir einen Beitrag leisten zur Verbesserung der Theorie und Praxis der Hortpädagogik bzw. der Maßnahmen, die für Kinder zusätzlich zu Familie und Schule erforderlich sind.

Wir verstehen das Buch zum einen als eine Einführung in die Hortpädagogik – auf der Basis einer lebensbezogenen Erziehungswissenschaft ‚mit partial-holistischer Theoriebildung. „Lebensbezogen" bedeutet dabei u.a., daß Ziele und Methoden im Vordergrund stehen, die für Kinder in der heutigen Zeit richtig sind: es geht um ihr (!) gelingendes Leben heute und morgen und um das Zusammenleben mit ihnen.

Verbunden mit dieser Einführung in die Hortpädagogik legen wir einen Bericht über eine partial-holistische, d.h. u.a. empirische Studie vor, die bei Horteinrichtungen in katholischer Trägerschaft durchgeführt wurde.

Wir wünschen, daß diese Buchpublikation weitere Anstöße zur Forschung und Theoriebildung, besonders aber zur weiteren Verbesserung der Hortpädagogik geben kann.

2. Für wen ist dieses Buch gedacht?

Wir hoffen, daß die vorliegende Publikation Anklang findet bei allen, die sich mit der Theorie und Praxis der außerfamiliären Betreuung von Kindern ab dem sechsten Lebensjahr, also ab dem Einschulungsalter, befassen, seien dies nun „traditionelle" Horterzieher, Erzieherinnen und Erzieher im Kinderhaus, Lehrer, die Versorgungsaufgaben mit übernommen haben o.ä.

Dem erfahrenen Horterzieher wie auch der jungen Einsteigerin in dieses schöne und interessante Arbeitsfeld möchten wir, wenn auch in unterschiedlicher Hinsicht, Anregungen geben, sei es zur Prüfung der eigenen langjährigen Praxis, sei es zur Erleichterung des Einstiegs.

Wir hoffen, daß unser Werk vor allem seine Dienste in der Aus- und Fortbildung, und zwar auf allen Ebenen tun kann und tun wird. So wenden wir uns an Fachschulen, Fachhochschulen sowie universitäre Studiengänge wie auch Fortbildungskurse; schließlich ebenfalls an Leitungskräfte, Supervisoren und Personen in der Fachberatung, um ihnen Anhaltspunkte und Leitlinien einer Hortpädagogik zu geben.

Wir beiden Autoren arbeiten seit Jahr und Tag zusammen und freuen uns, diese Publikation gemeinsam vorlegen zu können, weil sie ein echtes gemeinschaftliches Werk ist, was bei der Verbindung von akademischer „Lehrerschaft“ und „Schülerschaft“ keine Selbstverständlichkeit darstellt. Der Aspekt der erfreulichen Kooperation überwiegt deutlich, wenn auch bei der Federführung Reinhard Meier-Musahl stärker für die historischen und empirischen, Norbert Huppertz mehr für die übrigen Kapitel zeichnet.

Eine Anmerkung zur Sprache: Die geschlechtsbezogene Begrifflichkeit „Erzieher/Erzieherin“ usw. verwenden wir in unterschiedlicher Form. Wir überlassen der verehrten Leserin und dem geneigten Leser selbst herauszufinden, nach welchem Grundsatz wir uns dabei richten. An der Verständlichkeit des Textes und der guten Lesbarkeit war uns viel gelegen.

Zu danken haben wir allen, die das Werk ermöglichten – insbesondere denen, die - wie so oft – warten und verzichten mußten.

Dem PAIS-Verlag (unter Leitung von Dipl.-Päd. Monika Huppertz sowie Dipl.-Päd. Joachim Löw) danken wir für die Drucklegung.

Freiburg i.Br. Januar 1999

Norbert Huppertz und Reinhard Meier-Musahl

3. Vom Wesen des Hortes – und was der Hort nicht ist: Erste Annäherung

Was ist ein Hort? Was ist das Wesentliche dieser Einrichtung? Hier noch keine – gelernte – Definition, sondern ein kurzer Blick auf das, was bleibt, egal, wie der jeweilige Hort aussieht. Wesensaussagen betreffen das Invariante, das, was sich nicht durch die Veränderungen von Beiläufigkeiten wandelt: das Wesen einer Sache.

Was ein Hort nicht ist:

- Der Hort ist keine Familie; denn diese ist nicht ersetzt – aber: es sollte den Kindern vieles mit familiärem Charakter geboten werden.
- Der Hort ist auch kein Kindergarten; denn die Kinder befinden sich im Alter der mittleren Kindheit, und nicht von drei bis sechs Jahren.
- Ebenfalls handelt es sich beim Hort nicht um ein Heim; denn die Kinder bleiben nicht über Nacht – aber: Es gibt viele Gemeinsamkeiten mit einem „Heim" im positiven Sinne.
- Auch mit dem Jugendhaus gibt es Gemeinsamkeiten, wenngleich der Hort wesentlich Anderes ist. Der Hort hat viel mehr Verpflichtendes – allein schon durch die Verbindung zur Schule (Hausaufgaben).
- Der Hort ist auch keine Schule; denn dort dominiert die Stoffvermittlung. – Im Hort gibt es aber die größte Nähe zur Schule. Im Vergleich, z.B. zur Ganztagsschule, findet in ihm durchaus Schulersatz statt.

Der Hort gewinnt seine Wesensbestimmung aus der Versorgung (Betreuung), Erziehung und Bildung von Kindern und Jugendlichen ab dem sechsten Lebensjahr – mit eben ihren spezifischen Erfordernissen neben und gemeinsam mit Familie und Schule, mit der Aufgabe des zu lernenden und gelingenden Lebens. Eine solche Arbeit ist nur mit gut qualifizierten Fachkräften möglich. Nicht alles, was in diesem Zusammenhang versucht wird, verdient den Namen „pädagogisch wertvoll".

Lebensbezogene Hortarbeit – So gewinnt man eine gute Beziehung zur Erde

II. Entstehung der Horte in Deutschland

Die Geschichte des Hortes ist weniger als Entwicklung einer Erziehungs- und Betreuungseinrichtung zu verstehen, die aus pädagogischen Überlegungen heraus geboren wird, sondern bis in die Gegenwart hinein mehr als eine Notmaßnahme und Reaktion auf eine mißliche familiäre Situation. Die Hortgeschichte ist aufs engste mit der jeweiligen sozialen und materiellen Situation der Familie und der Rolle der Frau in der Gesellschaft verwoben. Als wichtige Ereignisse in der Geschichte des Hortes kann Folgendes angesehen werden:

- Im Jahre 1872 wird in Erlangen von Professor Franz Xaver Schmid-Schwarzenberg das Haus Sonnenblume eröffnet. Erstmals wird der Name „Kinderhort" verwendet. Man kann davon ausgehen, daß hiermit eine neue Idee geboren wurde, die viele Hortvereinsgründungen nach sich zog. Im Haus Sonnenblume sollten „Knaben" alles erhalten, was sie geistig, seelisch und körperlich fördert. Ziel war der charakterfeste Mensch. Eine angemessene und lohnende Beschäftigung zu bieten, wurde als zweitrangig eingestuft.

- Größeres öffentliches Interesses erlebte der Hort bald nach der Jahrhundertwende:

  - Im Jahre 1911 fand die I. Deutsche Kinderhort - Konferenz statt. Im gleichen Jahr wurde eine 1 1/2 - bis 2jährige Ausbildung zur Hortnerin eingerichtet. Zugangsvoraussetzung ist die Mittelschul- oder Lyzeumsreife.

  - 1912 ist das Jahr der Gründung des „Deutschen Kinderhortverbandes" und des „Zentralverbandes katholischer Kinderhorte". Es erscheint die erste Ausgabe der Zeitschrift „Der Kinderhort".

- Die Machtübernahme durch die Nationalsozialisten stoppt jede weitere konzeptionelle Weiterentwicklung der Hortpädagogik. Frauen, die ihre Kinder nicht selbst erziehen, passen nicht ins ideologische Weltbild. Die Einflußnahme des Staates auf die Schulkinder erfolgt über die Jugendverbände.
- Mit dem Entstehen zweier deutscher Staaten ergeben sich für den Hort zwei völlig verschiedene Aufgabenstellungen: Während der Hort in der Bundesrepublik weiterhin ein Schattendasein führt und so gut wie keine Reformen erfährt, erhält der Hort in der DDR die Aufgabe, Mütter für die sozialistische Aufbauarbeit freizustellen und die Kinder zum sozialistischen Menschen zu erziehen.

Zu jeder dieser Epochen soll im folgenden die Entwicklung kurz dargestellt werden.

1. Kinderbeschäftigungsanstalten als Vorläufer des Hortes

In der Folge der Industrialisierung, nach der Bauernbefreiung und der Einführung der Gewerbefreiheit verschlechterten sich die Möglichkeiten vieler Familien bei der Betreuung und Erziehung ihrer Kinder in dramatischer Weise. Ohne die Situation zu beschönigen - auch dieses würde man heute als Kinderarbeit bezeichnen - war es in einer bäuerlichen Lebens- und Produktionsweise möglich, Kinder in die Arbeit einzubeziehen oder mit Aufgaben zu betrauen. Dies war in den Städten unter industriellen Arbeitsbedingungen nicht möglich. Vielfach zwang wirtschaftliche Not, die Mütter und in gleicher Weise die Kinder für Billiglöhne einer Erwerbsarbeit außer Haus nachzugehen. „Während 1770 die Arbeitskraft eines Mannes ausreichte, um die 5 1/2 Taler Durchschnittslohn für eine Familie zu erarbeiten, müssen um 1830 für diese Summe schon die Frau und drei Kinder mitarbeiten.“ (Bargen, von,1979, S. 87) Bei den damaligen Arbeitszeiten bedeutete dies oftmals die Abwesenheit der Eltern von frühmorgens bis spätabends. Auch für Kinder waren Arbeitszeiten von 12 und mehr Stunden normal. Ebenfalls eine weit verbreitete Form der Kinderarbeit war das sogenannte Verlagswesen, was nichts anderes als Heimarbeit war. Hierzu wurden oftmals schon die 4-5 jährigen Kinder herangezogen.

> *„In manchen Orten des Großherzogtums Baden, namentlich im Breisgau, besteht eine Art Kinderarbeit, von der sich wenige Leser einen Begriff machen: es ist dies das Knöpfle-Aufnähen. Das Aufnähen der weißen Hemdknöpfchen wird an Agenten gegeben und von diesen an ärmere Familien, deren Kinder vom zarten Alter an zu dieser Arbeit angehalten werden. Für 12 Dutzend oder 144 Stück wird 1 Pfennig bezahlt, dieses aber nicht in Baar, sondern die Betreffenden müssen dafür von den Agenten, die in der Regel Kaufleute sind, Kaffee, Zucker und dergl. nehmen."*
>
> In: Blätter für das Armenwesen, 38. Jg. 1885, Nr. 47, S. 220

Die Bürger machten sich wohl weniger Sorgen um die Gefährdungen durch die weit verbreitete Kinderarbeit. Vielmehr wird das Gespenst einer verwahrlosenden Jugend gesehen, die sich in Müßiggang und Bettelei ergeht. Arbeitstugenden wie „Zucht", „Ordnung", „Disziplin" schienen verloren zu gehen.

Arbeit und somit auch Kinderarbeit wurde als gottgewollt betrachtet. Erst durch Arbeit erreicht der Mensch seine Bestimmung. Arbeit wurde als bestes Mittel angesehen, Kinder vor sittlichem Verfall zu bewahren: „Arbeit stählt den Leib und erfrischt den Geist und ist die beste Zucht, d.h. Erziehungsmittel, für den Charakter" (Rieke, 1881; zit. n. Rolle/Kesberg, 1989 S. 14).

Ab Mitte des letzten Jahrhunderts regten sich allerdings immer mehr kritische Stimmen, die zwar den erzieherischen Wert von Arbeit nicht bezweifelten, sehr wohl aber die negativen Folgen der Kinderarbeit sahen. Nicht zuletzt waren es die Nachwuchssorgen des Militärs um die Gesundheit künftiger Rekruten, die zur Verabschiedung erster Kinderschutzgesetze führten.

Um der Verwahrlosung der Kinder entgegenzuwirken, entstanden gegen Ende des 18. und im 19. Jahrhundert Arbeits- und Industrieschulen sowie Kinderbeschäftigungsanstalten. In diesen Einrichtungen arbeiteten die Kinder gegen Verköstigung und ein geringes Entgelt. Zur damaligen Zeit bedeutete die Einrichtung von Beschäftigungsanstalten für die Kinder zweifellos einen Fortschritt. Dabei wurden die Gründer dieser Einrichtungen für die arme Bevölkerungsschicht weniger von den reformpädagogischen Idealen der Arbeitsschulbewegung beseelt. Während hier Tätigsein als Grundlage der Erkenntnis betrachtet wurde, war der Zweck der Beschäftigungsanstalten darauf gerichtet, die Kinder vom Bettel und Müßiggang wegzubringen. Industrieschulen wurden oftmals nur eingerichtet, damit die Kinder nicht eine Schule besuchen mußten und weiterhin als billige Arbeitskräfte zur Verfügung standen: „§ 1: Schulpflichtige Kinder können von dem ordentlichen Besuche der Volksschule nicht befreit werden, um in der Fabrik zu arbeiten, es wäre denn, daß sie besondere Fabrikschulen besuchten." (Verordnung, den Schulunterricht der in den Fabriken beschäftigten Kinder betreffend, Karlsruhe, 4. März, 1840, in: Bargen von, 1979, S. 132).

Die Kinder sollten in der schulfreien Zeit so beschäftigt werden, daß sie Handfertigkeiten erwarben, sich aber auch an eine geregelte Tätigkeit, Ordnung, Pünktlichkeit und an gute Sitten gewöhnten. Die Zielvorstellung war der fleißige, ordentliche und gehorsame Arbeiter.

Hierzu wurden die Kinder beschäftigt mit Papparbeiten, Strohflechten, Körbeflechten, Bürstenbinden oder Holzarbeiten. Von einer Einrichtung wird berichtet, daß in einem Jahr 1000 Klafter Holz von 287 Knaben zerkleinert und abgefahren wurden. Man beachte, daß dies bei einem üblichen Brennholzmaß von 25 cm Länge einen Holzstoß von über 13 km Länge bei einer Höhe von 1 m ergibt.

Knabenbeschäftigungsanstalten waren also Produktionsbetriebe, in denen allerdings nicht das Gewinnstreben im Vordergrund stand, sondern die erzieherische Wirkung der Arbeit. Gleichwohl sollten die Kinder eine Belohnung erhalten für ihren Fleiß, da es ja ein Ziel war, den Kindern den Zusammenhang zwischen Arbeit und Lohn zu verdeutlichen.

In der Praxis verkamen diese Bewahranstalten allerdings zu Stätten der Kinderausbeutung, und ihnen haftete der Ruf an, der Kinderarbeit Vorschub zu leisten. Mit steigender Produktivität und Mechanisierung der Produktion verlor das „Verlagswesen" immer mehr an Bedeutung. Produkte, die in Heimarbeit oder aber von Kindern in Beschäftigungsanstalten hergestellt werden konnten, wurden nun billiger in der Fabrik produziert. Für die Einrichtungen wurde es in der Folge immer schwerer, geeignete Tätigkeiten zu finden. Dies sind zwei Gründe, die den weiteren Ausbau von Beschäftigungsanstalten bremsten und möglicherweise die Entstehung von Horten begünstigten.

2. Die Gründerzeit des Hortes

Der Hort entstand in einer Zeit, in der die Frage der Betreuung von Schulkindern drängender war denn je. Einerseits forderte die weitere Industrialisierung immer mehr Arbeitskräfte. Andererseits verlor das Heimarbeitswesen, wie gesagt, an Bedeutung. Immer mehr Mütter wurden in die Fabriken gezwungen, da das Einkommen eines Arbeiters nicht einmal für das nackte Überleben der Familie ausreichte. Die 1872 im Deutschen

Reich eingeführte Halbtagsschule brachte keine Lösung für die Betreuung und Erziehung der schulpflichtigen Kinder.

Das von Schmid-Schwarzenberg 1872 in Erlangen eröffnete „Haus Sonnenblume" kann als die Wiege des Hortes bezeichnet werden, obgleich auf Erfahrungen wegweisender Pädagogen zurückgegriffen werden konnte (Pestalozzi, Oberlin, Fröbel). In vielen Vortragsreisen warb Schmid-Schwarzenberg für seine Idee. Nicht zuletzt deshalb kam es bis zum ersten Weltkrieg in zahlreichen Städten zur Gründung von Hortvereinen, deren Hauptziel war, den Kindern die fehlende häusliche Fürsorge zukommen zu lassen. Die sittliche und emotionale Ausbildung von Knaben wurde als Hauptaufgabe betrachtet.

„In der Sonnenblume wird demnach gearbeitet, um die armen Kinder zur Anständigkeit, Wahrhaftigkeit, Verträglichkeit, Ordnung, Reinlichkeit, Sparsamkeit, Ausnützung der Zeit, zur Aufrichtigkeit, zum Gehorsam, zur Vaterlandsliebe und zur Liebe zu Gott zu erziehen.... Nach der Hausordnung erhalten die Zöglinge um 3 Uhr Brot, fertigen selbständig ihre Hausarbeiten für die Schule, werden im Garten beschäftigt oder spazieren geführt, sodann wird geturnt, gesungen, gezeichnet, aus Jugendschriften vorgelesen, erzählt und nacherzählt; nach 6 Uhr werden die Kinder entlassen.... Körperliche Züchtigung ist ausgeschlossen; kleinere Vergehen werden mildernst gerügt, größere dem Leiter der Anstalt angezeigt."

Graßmüller, 1884, S.11, zit. nach Berger, S. 9

Die Hortvereine fanden breite Unterstützung beim Bürgertum, aber auch von seiten der Landesregierungen. Die Gründung von Horten ging zum überwiegenden Teil von privaten Trägervereinen aus. Es entsprach dem Liberalismus dieser Zeit, Bürgersinn zu zeigen und sich zu engagieren. Gründer und Vorstände waren in der Anfangsphase wohl überwiegend Männer - Personen aus dem öffentlichen Leben. Den Frauen wurde eher die Rolle der Mithilfe zugewiesen. Besonders jungen Frauen wurde empfohlen, sich durch die Mitarbeit in einem Hort auf die zukünftige Rolle als Mutter vorzubereiten und so Verständnis für die arme Bevölkerung zu entwickeln.

Die Vereine stellten zum einen finanzielle Mittel bereit, zum anderen bestimmten sie auch über Programm und Personal. Eine weitere wichtige Aufgabe wurde in der Auswahl der aufzunehmenden Kinder gesehen.

Der Gründergeist führte besonders in den Großstädten zu einer schnellen Ausbreitung von Hortvereinen und zur Gründung von Horten:

1884 gibt es in 19 Städten des Reiches Hortvereine

1895 gibt es in 47 Städten 181 Horte mit 10 665 Plätzen

1905 gibt es in 91 Städten Hortvereine mit insgesamt 438 Horten für ca. sechsundzwanzigtausend Kinder

1911 gibt es in 256 Städten 1245 Horte für vierundachtzigtausend Kinder

Wir wollen nun versuchen, in kurzen Zügen ein Bild des Tuns und Treibens in einem Hort, wie es wohl auf die meisten Anstalten im allgemeinen passen wird, zu geben. Nach Schluß der Schulstunden, an den freien Nachmittagen oft schon um zwei Uhr, versammeln sich die Kinder in den Anstaltsräumen. Ist der Hort weiter von der Schule entfernt, so wird den Zöglingen eine bestimmte Zeit gelassen, um sich zusammenzufinden. Haben sich die Zöglinge alle versammelt, so erhalten sie ein Stück Brot, auch wohl eine Tasse Milch. - In manchen Anstalten wird an die ärmsten Kinder, die, wie die Tatsachen beweisen, zum Teil selten zu Hause warmes Essen bekommen, mittags eine Suppe verabreicht. - Während die Zöglinge sich im Hort einfinden und ihr Vesperbrot verzehren, wohl auch einige Zeit nachher, halten sie sich bei gutem Wetter im Freien auf. Bei jedem Horte sollte ein Spielplatz sein, wenn eben möglich auch ein Garten. Nach dieser Vesperpause geht es an die Schularbeiten, die wohl überwacht werden, bei denen aber den Kindern aus pädagogischen Gründen keine eigentliche Hilfe geleistet wird. Wer seine Arbeiten beendet hat, was natürlich bei dem einen früher, bei dem anderen später der Fall ist, hat das Recht, sich auf stille Weise mit Lesen, Zeichnen, Bilderbesehen usw. zu beschäftigen, bis alle ihre Aufgaben fertig haben. Dann wird bei gutem Wetter noch ein Spaziergang oder ein Spiel im Freien gemacht, oder man arbeitet im Garten.....Können sich die Zöglinge nicht draußen aufhalten, so sucht man sie auf allerlei Weise zu beschäftigen und zu unterhalten....... die Knaben werden mit allerlei Handfertigkeitsarbeiten, mit Papier- und Papparbeiten und mit Holzschnitzereien beschäftigt.....Die Mädchen werden hauptsächlich mit Stricken und Nähen beschäftigt.......Dann und wann wird die Arbeit durch fröhlichen Gesang unterbrochen... In der letzten halben Stunde ergötzt man sich an einem Spiel, oder es wird eine Geschichte erzählt oder vorgelesen. Ein gemeinsamer Gesang, ein kurzes Gebet beschließt das Zusammensein.

Enzyklopädisches Handbuch der Pädagogik, 1906. In: Rolle/Kesberg, 1989, S.42

Grundsätzlich wurde die familiäre Erziehung als günstiger für die Entwicklung der Kinder angesehen. Nur wenn diese versagte, trat Horterziehung als Notbehelf ein. Dem Hort wurde kein selbständiger Bildungsauftrag zuerkannt, sondern er war Ausfallbürge für eine gescheiterte familiäre Sozialisation. Erster und wichtigster Zweck war es, die Kinder von der Straße zu holen und nützlich und unterhaltsam zu beschäftigen. Schulkinder von Witwen und Alleinerziehenden, Kinder von erwerbstätigen Müttern, Kinder in unzureichenden Wohnverhältnissen und Kinder, die in sittlich verwerflichen Familienverhältnissen lebten, sollten in den Horten Aufnahme finden. Es finden sich bereits in der Gründerzeit Hinweise, daß man einerseits den Kindern helfen wollte, andererseits befürchtete, die Eltern aus ihrer Pflicht zu nehmen.

Die meisten Horte hatten zu dieser Zeit nur wenige Stunden am Nachmittag geöffnet. Wichtige Tätigkeiten waren hierbei die Erledigung von Schularbeiten, Bewegungsspiele im Freien oder bei schlechtem Wetter Turnübungen im Raum. Die Mädchen erhielten Unterweisung in Hand- und Hausarbeiten und die Jungen Unterricht in Handfertigkeiten. Der Bezugspunkt für alle Tätigkeit war das familiäre Leben: Welche Aufgaben hat eine Frau oder ein Mann in einer Familie zu erfüllen? Daraus wurde das Tagesprogramm abgeleitet. Dazu zählte der Zeit entsprechend auch die Kleintierhaltung, Garten- und Blumenzucht. So hatten 1895 von 181 Horten 41 einen eigenen Garten.

Das Personal bestand, den vorhandenen Quellen nach zu schließen, zu einem großen Teil aus Lehrern. Darin wurde allerdings ein großer Nachteil gesehen, da die Lehrer den Hortkindern nach einer anstrengenden Unterrichtstätigkeit nur unzureichend gerecht werden konnten. Es wurden aber auch Frauen aus gutem Stande beschäftigt. Aus einer Statistik aus dem Jahre 1895 geht hervor, daß von den 181 bestehenden Horten 124 in Schulräumen untergebracht waren. Lediglich 36 verfügten über eigene Räumlichkeiten.

3. Der Hort von 1910 bis zur Nazidiktatur

Gemessen an Konferenzen, an der Neuerscheinung von Zeitschriften und der Gründung von Hortverbänden, kann diese Zeit ab etwa 1910 bis zur Machtübernahme durch die Nationalsozialisten als Blütezeit der Hortbewegung bezeichnet werden.

Die Anfänge der Hortbewegung waren ihrem Selbstverständnis nach als Armenhilfe zu verstehen, deren Ziel es war, die Kinder zur selbständigen Lebensführung zu befähigen. Darunter verstand man im wesentlichen die Fähigkeit, den eigenen Lebensunterhalt zu verdienen.

Zu Beginn des Jahrhunderts entstand eine neue Sichtweise: Horterziehung wurde zur sozialpädagogischen Fürsorge für die nachwachsende Generation. Die Gesellschaft hat demnach eine kollektive Verantwortung und Pflicht, der nächsten Generation die Chance zu geben, sich zu reifen Persönlichkeiten entwickeln zu können.

Mit der Verabschiedung des RJWG im Juli 1922 erfährt diese Sichtweise eine gesetzliche Verankerung. Allerdings wurde dadurch auch die Trennung von Jugendwohlfahrt und Bildungssystem verfestigt.

„Der Sinn des Gesetzes ist Erziehung. Damit ist die Emanzipation der sozialen Erziehungsfürsorge aus der allgemeinen Fürsorge vollzogen. Erziehung ist hier nicht - und das ist sehr wesentlich - ...Mittel der Erwerbsbefähigung und Weg zur wirtschaftlichen Selbsthilfe oder Vorbeugung gegen künftige materielle Hilfsbedürftigkeit ...Dadurch steht aber auf alle Fälle das der gesellschaftlichen Hilfe bedürftige Kind mit seinem Anspruch grundsätzlich auf einem anderen Rechtsboden als seine etwa hilfsbedürftigen Eltern.“

Bäumer, 41.Deutsche Fürsorgetag,1930, nachgedruckt in Blätter des Pestalozzi-Fröbel-Verbandes, 5, Jg. 1954, S. 10

Während letzteres verbindlich für alle Kinder definiert wurde, bleibt dem Hort eine kompensatorische Aufgabe, um Defizite der familiären Erziehung auszugleichen. Der Hort wird so zur „halboffenen Fürsorge“ zwischen Familie und Heimerziehung in der sich professionalisierenden Jugendfürsorge. Dies bringt Veränderungen mit sich. So soll z.B. nicht mehr der Vorstand des Hortvereins über die Aufnahme entscheiden, sondern die Fürsorgerin des Jugendamtes und eventuell die Schulpflegerin in Absprache mit der Hortleiterin. Dieses „Auswahlverfahren“ führte zwangsläufig zu einer verstärkten sozialen Auslese von Hortkindern - aber auch zu Widerstand der Eltern, „die die Hortkinder oft als mit einem bösen Odium behaftet ansehen“(5. Mitgliederversammlung, S. 99).

Damit wird der Hort zur Nothilfeeinrichtung, die die Heimeinweisung bei einer gescheiterten familiären Sozialisation vermeiden soll. Diese Diskriminierung haftet dem Hort bis in unsere Tage an.

Unter dem Namen „Hort“ haben sich ganz verschiedene Einrichtungen angesiedelt. Einerseits handelte es sich um Einrichtungen, die nur wenige Stunden am Nachmittag (z.B. von 16.00- 19.00 Uhr) geöffnet hatten, und somit die Aufgabe, elterliche Erziehung und Betreuung der Kinder tagsüber zu ersetzen, nur unzureichend erfüllen konnten. Andererseits handelt es sich um Einrichtungen, die die gesamte elterliche Abwesenheit abdeckten und als „Tagheime“ bezeichnet wurden. Diese Tagheime entsprachen am ehesten dem, was wir heute unter Hort verstehen.

Die immer noch aktuell klingenden konzeptionellen Überlegungen zur Hortpädagogik dieser Zeit wurden im wesentlichen von Frauen geleistet. Von Frauen wie Henriette Schrader-Breymann (1827 - 1899), Hedwig Heyl (1850 - 1934), Anna Borchers (1870 -1918), Martha Abicht (1871 - 1941), Anna von Gierke (1874 -1943), Erna Corte (1892 - 1975), um nur einige der bekanntesten Namen zu nennen, sind viele Zeugnisse ihres Wirkens für die Betreuung und Erziehung der Schulkinder vorhanden.

Eine hervorragende Quelle, wie weit die konzeptionellen Überlegungen gediehen sind, ist ein Artikel von Martha Abicht aus dem Jahre 1930:

- *Für die damals übliche Gruppengröße von 50 Kindern wurden folgende Räume als notwendig geachtet: Garderobenraum, getrennte Knaben- und Mädchentoiletten, Waschraum, Bade- und Duschraum, Küche und Handarbeitsraum, Wohn- und Eßzimmer, Schlaf- und Spielraum, Schularbeitszimmer, Werkstatt, Nebenräume. Die Räume, das Mobiliar und Geräte sollten so beschaffen sein, daß die Kinder die Dinge alle selbst handhaben können. Für jedes Kind sollte ein Eigentumsfach vorhanden sein. Die Räume sollten durch ihre Ausgestaltung einen wohnlichen Charakter bekommen. Blumen im Haus und Garten und auch Tiere sollten nicht fehlen.*

- *Das Leben im Hort sollte möglichst so gestaltet werden, daß die Kinder an allen Aufgaben des täglichen Lebens, Dinge die in jedem Familienalltag selbstverständlich sind, beteiligt werden können. So z.B. bei der Zubereitung der Mahlzeiten in der horteigenen Küche oder bei der Führung des Haushaltes. Es wurde hier klar das Anliegen formuliert, die Kinder nicht für das Leben im Heim zu qualifizieren, sondern für den Alltag außerhalb der Einrichtung.*

- *Die Horterziehung muß lebensbezogen sein: „Sie (die Hortfürsorge Anm.d.V.) muß das Kind aus dem Geist seiner Zeit heraus verstehen, der sich in der Familie, Straße und Schule, kurz in allem, was das Kind umgibt, für das Kind richtungsgebend auswirkt. Ein jedes Kind trägt in seiner Persönlichkeit etwas von seiner häuslichen Umgebung, deren Freuden und Sorgen, die Interessen seiner Geschwister und seine eigenen in das Hortleben hinein."(Abicht, 1930). In der praktischen Anwendung konnte dies z.B. bedeuten, vom Hort aus einen Einkauf für die Mutter zu erledigen oder im Hort ein Geschenk für den Geburtstag eines Angehörigen zu fertigen.*

- *Hortkinder sind zugleich Schulkinder und brauchen somit Unterstützung für diesen Lebensbereich. Dem Hort sollte hierbei die Aufgabe zukommen, den Kindern Gelegenheit zu bieten, in der Schule Gelerntes „selbständig und selbsttätig verarbeiten zu können". Dazu müsse sich der Hort der „neuen Form des Schulunterrichts anpassen". Dies setzte selbstverständlich genaue Kenntnisse über Unterrichtsformen und Methoden voraus.*

- *Besondere Beachtung sollte die Gruppeneinteilung finden. Dabei wurden Vorstellungen entwickelt, die man heute unter dem Grundsatz „Öffnung nach innen" wiederfindet und mit Begriffen wie Stammgruppen und Interessengruppen und AG`s bezeichnen würde. Damit sich die Kinder besser zurecht finden konnten in den damals 50 Kinder umfassenden Gruppen, sollten Untergruppen von 10 Kindern gebildet werden, die sich dann in besonderer Weise nahestanden und eine kleine Einheit zur Selbstverwaltung innerhalb des Hortes bildeten. Z. B. sollte in dieser Gemeinschaft regelmäßig gegessen werden, aber auch Geburtstage sollten in dieser Gemeinschaft gefeiert, Hausaufgaben erledigt und notwendige Aufgaben verteilt werden. Für bestimmte Angebote, für Arbeiten und Spiele konnten sich die Kinder auf freiwilliger Basis in Neigunsgruppen zusammenschließen.*

- *Ebenfalls gab es zu dem Punkt „Öffnung nach außen" schon weitgehende Vorstellungen. Es entsprach dem Selbstverständnis, den Hort nicht zur Kinderinsel werden zu lassen. Der Hort muß verhindern, daß die Kinder lebensfremd werden. Deshalb muß aktiv jede Situation genutzt werden, die den Kindern Kontakt zur sozialen und räumlichen Umgebung ermöglichen. Die genannten Beispiele haben auch heute noch Gültigkeit: Einkaufen für den Hort, Benutzung von Verkehrsmitteln, Besuch von Veranstaltungen außerhalb des Hortes, Umgehen lernen mit Brief- und Paketpost.*

- *Kindern im Alter zwischen 12 und 14 Jahren soll in einem „Club", der auch offen ist für Kinder außerhalb des Hortes, eine altersgemäße Form des Zusammenseins ermöglicht werden. Ein - bis zweimal die Woche trafen sich Jungen und Mädchen zur Unterhaltung, zur Pflege von Literatur, zu sportlichen Aktivitäten und anderen Aktivitäten. Durch die Öffnung nach außen, konnte für Kinder, die nicht mehr regelmäßig den Hort besuchten, die Ablösung vom Hort schrittweise erfolgen.*
- *Als sehr wichtiger Teil der gesamten Arbeit wurde die Kooperation mit den Eltern betrachtet. Über Formen gemeinsamer Erlebnisse mit Eltern und Kindern und Beteiligung der Eltern an Hortaktivitäten wollte man zuerst eine Beziehung herstellen. Diese sollte die Grundlage bilden für Diskussionen über Erziehungsfragen und für die Beratung der Eltern. Eine wichtige Aufgabe der Elternarbeit wurde darin gesehen, Eltern zusammenzuführen und eine Gemeinschaft erleben zu lassen.*

Die Hortpädagogik beginnt, sich vom Gedanken der reinen Nothilfe für eine gescheiterte familiäre Erziehung zu befreien. Blochmann schreibt dazu im Jahre 1929:" In diesem Prozeß wird deutlich erkennbar, daß der Hort nicht nur die Aufgabe hat, Ersatz für die Familie zu bieten, sondern auch, da er ja fast das ganze schulfreie Leben umfaßt, die Stätte zu sein, in der die freie Kindergemeinschaft, die soziologisch für diese Altersstufe ... charakteristisch ist, sich bilden kann." (Blochmann 1929, S. 179). Sie sieht für den Hort zwei Aufgaben:

> *„1. Da er immer Gegenspieler der Schule ist, muß sich das Leben des Hortes mit dem Wandel des Schullebens auch wandeln. Der wirklich modernen Schule mit der gesteigerten Aktivität gegenüber wird er dem Kind mehr als bisher den Frieden eines häuslichen Lebens geben müssen.*

2. Wenn der Hort die Aufgabe hat, auch der Ort der freien Kindergemeinschaft zu sein, so wird er weitergehend als bisher Möglichkeiten zu natürlicher freier Gruppenbildung geben müssen." (a.a.O., S 179)

Inwiefern alle diese Vorstellungen in einem durchschnittlichen Hort umgesetzt werden konnten, kann aus den vorhandenen Dokumenten nicht nachvollzogen werden. Diese konzeptionellen Überlegungen zeigen jedenfalls, daß die jüngste Diskussion über Hortpädagogik an Vorstellungen der zwanziger Jahre anknüpft.

4. Der Hort im Naziregime

Mit der Machtübernahme durch die Nationalsozialisten verändert sich auch die sozialpädagogische Aufgabenstellung des Hortes. „Die Erziehung hat als letztes Ziel: Auslese und Führerschaft aus allen Ständen, in der die rassischen Tugenden besonders ausgeprägt sind. Für alle gilt das Ziel der bewußten Züchtung edler, hochwertiger Rassenzüge des deutschen Volkstums".(Börner, 1934, S. 271) Wir drucken solche und die folgenden Zitate nur deshalb ab, um zu zeigen, zu welchen geistigen Verirrungen und wirklichen Schändlichkeiten man fähig gewesen ist, und um einen warnenden Beitrag für alle Zukunft zu erbringen. Wir möchten heute, daß eine Erziehung zum Weltbürger und gegen jeden Rassismus und Fremdenhaß gelingt (vgl. Kap.VIII).

Dagegen geht es bei den Nationalsozialisten um Werte wie „Männlichkeit, Wehrhaftigkeit, ... Sauberkeit, Pflicht"(a.a.O. S. 271). Die wichtigsten Träger dieser Erziehung sieht man zum einen in den Müttern, zum anderen in den Jugendbünden. Von letzteren erhoffte man sich eine Belebung der Horterziehung. "Die disziplinierende Haltung bei gutgeführtem Jungvolk und zuchtvoller Hitlerjugend und B.d.M. überträgt sich erfahrungsgemäß auf das Hortleben; die Kinder gehorchen besser und kommen leichter zur Unterordnung bei autoritativen Forderungen. ...Die innere Bejahung und tatkräftige Förderung der neuen Erziehungsideen helfen der Hortnerin am besten, sich zurechtzufinden und das Hortleben in seiner Gesamtheit neu zu erfassen und zu bereichern" (Obermaier 1934, S. 251).

In einem Veranstaltungsprogramm im November 1933 der „Reichsfachschaft Freier Erzieher /Reichsfachgruppe der Kindergärtnerinnen, Hortnerinnen und Jugendleiterinnen e.V." steht unter II. auf der Tagesordnung:

„1. Die sozialpädagogische Aufgabe unseres Berufes im neuen Staat.

a) Rasse und Eugenentik

b) Volk und Gott

c) Volk und Brauchtum" (Kindergarten, 1933, S. 266)

Betont wird die „natürliche Erziehung" durch die Mütter, durch die die "intuitive Erziehungsweisheit des Volkes" (Muchow,1934, S.79) sichtbar wird. „Die Mutter soll sich ganz ihren Kindern und der Familie, die Frau dem Manne widmen können"(Frick 1934, zit. n. Berger, S.23). In diesem einen Satz wird deutlich, daß im Nationalsozialismus dem Hort die Grundlage entzogen wurde. Von jeher war die außerhäusliche Erwerbstätigkeit der Mütter ein Merkmal für die Existenzberechtigung der Horte. Berufstätige Frauen, noch weniger berufstätige Mütter, sollte es aber nicht mehr geben, da der natürliche Wirkungskreis der Frau im Haus gesehen wurde.

Bei dieser Situation ging die Zahl der Horte zurück. Bestehende Einrichtungen wurden zum Teil der „Nationalsozialistischen Volkswohlfahrt" (NSV) unterstellt. Erst 1936, als die Kriegswirtschaft der Arbeitskraft der Frauen wieder bedurfte, erhielt der Hort rein quantitativ wieder eine größere Bedeutung. Unter welchen Anpassungsdruck die Träger von Horten gerieten, kann man schon an der Anzahl an Artikeln und an deren

Titeln ermessen. Während Mohrmann noch 1933 die „Raumnot, Freizeitnot, Erziehungsnot" (Mohrmann 1933, S.107) der Kinder beschreibt und bezogen auf Hamburg „fast ein Fünftel aller Schulkinder" als hortbedürftig einschätzt, ist davon in den folgenden Jahren nicht mehr die Rede. Vorherrschendes Thema in den Jahren 33-34 ist Volkstum und die neue Rolle der Frau.

Wie widersprüchlich gerade die Haltung der Kirchen in dieser Situation ist, wird in dem bereits zitierten Artikel von Börner deutlich, wenn sie schreibt: „Dabei haben wir die Frage zu lösen, wie Christliches und Völkisches sich miteinander verbindet" (Börner 1933, S. 276). Dabei erfolgt aber keine Distanzierung, sondern man hofft, Gewinn zu schlagen aus dem Geist von Gehorsam und Unterordnung: „Wenn eine neue Zucht herrscht, dann bedeutet das auch neue Kirchenzucht. Religionsunterricht und Kirchgang, Taufe und Konfirmation ist nicht dem Belieben des Einzelnen überlassen" (a.a.O., S.277). Die Diakonisse schreibt aber auch: „Jesu Heldentum ist ein völliger Verzicht auf irdischen Machtkampf. Jesus kämpft nur mit dem Wort der Wahrheit und Liebe, und als das nicht mehr gehört wird, mit Schweigen Leiden und Beten. Nur dann, wenn dem nordischen Menschen beim Anblick Jesu die Augen für dieses andere Heldentum aufgehen, dann versteht er Jesus richtig und kann in seine Gefolgschaft eintreten" (a.a.O., S.279).

Aus der Geschichte wissen wir, daß sich die Nationalsozialisten von diesem Bild eines „nordischen Menschen" nicht beeinflussen ließen. Mit Demut und Schweigen konnte dem menschenverachtenden Regime nicht begegnet werden.

Das Leben im Hort wurde zunehmend von der allgemeinen gesellschaftlichen Situation geprägt. Dies zeigt die Schilderung einer Mitarbeiterin in einem katholischen Hort in München: „Die Kinder besuchten den Hort bereits vor Schulbeginn. Darum schliefen die meisten der jüngeren Kinder beim morgendlichen Flaggengruß, der ein Bekenntnis zur nationalsozialistischen Weltanschauung sein sollte, regelrecht ein. Natürlich haben wir die Kinder, mußten wir sie, im Sinne der nationalsozialistischen Ideologie beeinflußt. ...Dabei wurden wir Hortnerinnen allein durch die Tatsache, daß beispielsweise die Lesebücher voller nationalsozialistischer Ideologien waren, gezwungen, diese in unseren Alltag mit einzubeziehen. Schon die Fibel, also das erste Lesebuch des Kindes, enthielt kleine Erzählungen über Soldaten, Kriegserlebnisse, Luftschutzübungen, Propagandaumzüge und Heldengedenktage. ...Insbesondere während des Krieges haben wir mit den Kindern aus einfachsten Materialien Soldaten und Kanonen gebastelt, aus Papier Kriegszelte und Fallschirme angefertigt. Nach der Erledigung der Hausaufgaben haben wie heroische Geschichten vorgelesen. Beispielsweise las ich den Kindern aus dem Buch ‚Mutter erzähl mir von Adolf Hitler' vor. Dieses handelte von einer Mutter, die ihren Kindern erzählte, wie sie als Mädchen den Ersten Weltkrieg und später dann die Not erlebte und wie Hitler endlich kam, um alles zum Besseren zu wenden. Ja, wir hatten den Führer geradezu zur gütigen Vaterfigur erhoben. Mit Liedern, Sprüchen und lustigen Spielen feierten wir seinen Geburtstag. Sein Bild an der Wand wurde mit selbstgebastelten Papierblumen geschmückt." (Berger, S.25 f)

Dieser Schilderung, die nach dem Krieg entstanden ist, wollen wir Auszüge aus einem „Brief" hinzufügen, der 1937 veröffentlicht wurde. Man kann annehmen, daß dieser Brief weniger die Funktion hatte, zu informieren, sondern eher im Sinne einer Handreichung gedacht war, wie nationalsozialistische Erziehung im Hort auszusehen hat.

"... Bei jeder Gelegenheit soll deutlich spürbar sein, daß wir deutsche Kinder für das Dritte Reich zu erziehen haben. Schon dadurch, daß im ganzen Betrieb eine gewisse Straffheit herrscht, daß aufs Wort gehorcht wird ohne Drehen und Deuteln und daß ich immer wieder betone, daß der Hort eine große Kameradschaft ist, ist der äußere Rahmen gegeben. ... Ich mache täglich mit den Kindern 15 Minuten Ordnungsübungen oder Leibesübungen, die starke Konzentration erfordern. Du solltest einmal sehen, mit wieviel Eifer sie dabei sind. Das Ausführen der Ämter, wie Tischdekken, Waschbank saubermachen oder Tische abwischen kann den Einsatz eines einzelnen für alle bedeuten, wenn nämlich der Grundgedanke der Gemeinschaft, hier der Hortgemeinschaft, dabei lebendig ist. ...Beim Kaffeetrinken selbst habe ich eine Art ‚politisches Rundgespräch' eingeführt, wenn Du so sagen willst. Die Führung des Gesprächs habe ich fest in der Hand. Zum Gegenstand hat es die politischen Tagesereignisse, wie das Zeppelinunglück, Fliegerangriffe auf die ‚Deutschland', Reichsjugendsportfest. Wir sprechen auch über den Vierjahresplan, Luftschutz, Erntehilfe, die Bewegung. ...Am Schluß jeden Tages bilden die Kindergarten- und Hortkinder gemeinsam einen großen Kreis im Garten, wo wir ein Abendlied singen und den folgenden Spruch sprechen: „ Gottvater, unser Vaterland, nimm schützend es in deine Hand, gib Segen, Weisheit, Mut und Kraft, des deutschen Volkes Führerschaft. Uns selbst mach` edel, treu und rein, Herr, laß und gute Deutsche sein!"
(Vaillant,1937, S.165)

In blasphemischer und feindseliger Weise wurde so mit Religiösem umgegangen. Ob die Pädagogen solche Machenschaften aus Überzeugung, Opportunismus oder aus dem Glauben, die Einrichtung für die Kinder zu retten, praktiziert haben, ist für die Beurteilung der moralischen Verwerflichkeit ohne Bedeutung.

Wie kann verhindert werden, daß so etwas noch einmal passiert? Will man über Sonntagsreden hinaus kommen, ist es unabdingbar, jeder Art von Fremdenfeindlichkeit, Rassismus und Intoleranz gegenüber anderen Kulturen und Religionen kompromißlos entgegenzutreten. Dies erfordert oftmals ein erhebliches Maß an Zivilcourage und ein sicheres Werturteil. Dabei gibt es Werte und Normen - Menschenrechte - deren Gültigkeit niemals und von niemandem in Frage gestellt werden darf (vgl. Kap. VIII). In besonderer Verantwortung stehen die Pädagogen und Pädagoginnen. Sie sind durch ihre sozialen Verhaltensweisen Vorbild für die Kinder. Insofern wiegt die Verantwortung der Horterzieherinnen doppelt, Kinder im Sinne des Zeit-Un-Geistes instrumentalisiert und sich selbst willentlich oder unwillentlich zu Handlangern des Schreckensregimes gemacht zu haben.

5. Der Hort in der jüngsten Geschichte

a) Schattendasein des Hortes in der Bundesrepublik

Im Westen Deutschlands knüpfte man nach dem Zusammenbruch an die Horttradition der 20er Jahre an und versuchte, „dem Hort einen familienhaften Charakter zu geben, der sich in der Wohnlichkeit der Einrichtung, in dem Gefühl persönlicher Verbundenheit von Erwachsenen und Kindern, in der selbstverständlichen Bewältigung der vielen größeren und kleineren Aufgaben des Alltags äußert“(Gau, 1954, S.69). Unter den Nachkriegsverhältnissen muß dies allerdings als eine wohl ideologisierte Aussage bewertet werden. Wie eine 1955 vom Pestalozzi-Fröbel-Verband durchgeführte Erhebung an 116 Horten ergab, waren die äußeren Arbeitsbedingungen nicht so, daß sich eine „Wohnstubenatmosphäre“

hätte entwickeln können (veröffentlicht in: Blätter des Pestalozzi-Fröbel-Verbandes, 1956/57). Hier einige wichtige Ergebnisse:

- *In 84 % der Heime besuchen die Kinder die Schule in zwei Schichten. Ein Großteil der Einrichtungen hat mehr als 10 Stunden täglich geöffnet.*
- *Im Durchschnitt steht für 20 Kinder ein Raum zur Verfügung. Die Kinder halten sich bis zu acht Stunden in diesem Raum auf.*
- *Die Erledigung der Hausaufgaben bestimmt das Hortleben. Damals wie heute fühlen sich die Horterzieherinnen von den Lehrern nicht ernst genommen und wünschen sich mehr Zusammenarbeit.*
- *In 40% der Einrichtungen gibt es Altersgruppen; in 22% gibt es Familiengruppen; die anderen Einrichtungen hatten Mischformen oder geben an „keine Gruppen" zu haben.*

Rechtliche Grundlage war im Westen das Reichsjugendwohlfahrtsgesetz (dann: Jugendwohlfahrtsgesetz, JWG) aus dem Jahre 1922. Im § 3 hieß es: „(1) Die öffentliche Jugendhilfe soll die in der Familie des Kindes begonnene Erziehung unterstützen und ergänzen".

Im § 5 JWG hieß es: „Aufgabe des Jugendamtes ist es ferner, die für die Wohlfahrt der Jugend erforderlichen Einrichtungen und Veranstaltungen anzuregen, zu fördern und gegebenenfalls zu schaffen, insbesondere für .... Pflege und Erziehung von Säuglingen, Kleinkindern und von Kindern im schulpflichtigen Alter außerhalb der Schule.".

Dem Hort wird dabei die Rolle zugedacht, Ausfallbürge zu sein, wenn die familiäre Erziehung versagt. Hier sind es vor allem die Kirchen, die den Ausbau von Ganztagesplätzen aufgrund ihrer gesellschaftspolitischen Situation ablehnten: Die Berufstätigkeit der Mütter sollte nicht unterstützt werden. Dies ist sicherlich mit ein Grund, warum es nicht gelingt, für den Hort einen eigenen pädagogischen Bildungsauftrag zu definieren.

Verfügbare Hortplätze in der Bundesrepublik Deutschland

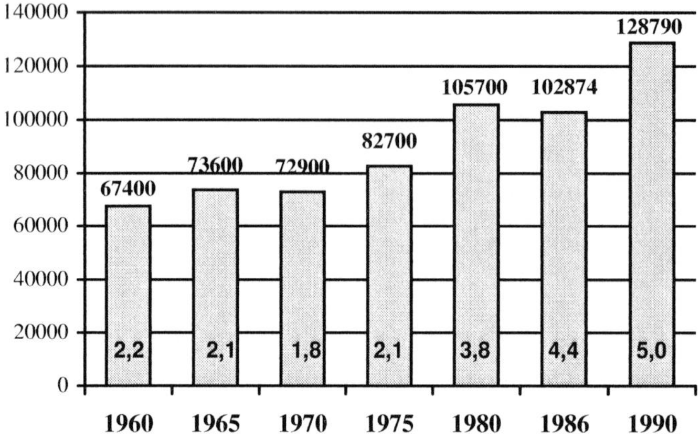

Dezimalzahlen auf den Säulen: Jeweilige Versorgungungsquote bezogen auf alle Kinder von 6 bis 10 Jahren, Quelle: AGJ,1990., S.17; und Frank/ Pelzer,1996, S.47; Bertram, 1990, S. 118

Aufgrund dieser Situation und stagnierender Platzzahlen auf geringem Niveau gelingt es dem Hort nicht, Anerkennung in der Öffentlichkeit zu gewinnen. Der Name „Hort" ist in der Öffentlichkeit vielfach nicht bekannt oder hat einen ‚muffigen Klang'. Die Anzahl der Plätze wurde zwar immer leicht erhöht , doch mit einer Steigerung der Versorgungsqote von 1960 bis 1990 von 2 auf 5%, ist es nicht einmal annähernd möglich, den Bedarf zu decken. Lediglich für ein Drittel bis ein Viertel der Kinder, die im Kindergartenalter in einer Ganztageseinrichtung waren, kann ein Hortplatz zur Verfügung gestellt werden (vgl. Preissing/Prott, 1987, S. 55).

Es entsteht keine eigene Fachzeitschrift. Es gibt keinen Berufsverband der Horterzieher/in. In den sozialpädagogischen Fachzeitschriften findet sich hin und wieder ein Artikel, der die Misere beschreibt. Jeweils im Abstand mehrerer Jahre gibt es Beiträge, die von ihrer Substanz her zur Theoriebildung beitragen könnten (siehe Literaturliste). Die Reformdiskussion des Kindergartens geht am Hort vorbei. Hortbücher sind für Verlage offensichtlich wenig attraktiv. Die wenigen Bücher, die auf den Markt kommen, erscheinen immer nur in einer einzigen, und wohl geringen Auflage. Kontinuierliche Forschung und Theoriebildung findet nicht statt. So werden wichtige Fragestellungen, wie „Hausaufgaben", „Tagesgestaltung", „Öffnung zum sozialen Umfeld", „Entwicklungsaufgaben der Hortkinder" immer wieder angesprochen und durchaus tragfähige Konzepte entwickelt. Doch findet keine Zusammenführung in einer Theorie der Hortpädagogik statt. Vorsichtige Reformen stützen sich auf das Engagement einzelner sozialpädagogischer Mitarbeiter.

b) Der Hort in der DDR als Garant für eine sozialistische Erziehung

In der DDR waren die Horte Bestandteil des Bildungswesens. Im Jahre 1952 wurden sie der Schulverwaltung untergestellt. 1953 wurde die Ausbildung von Lehrern, Pionierleitern, Kindergärtnerinnen und Erzieherinnen vereinheitlicht. Die Horterzieherinnen erhielten eine vierjährige Ausbildung an den Instituten für Lehrerbildung. Im Gegensatz zu den Lehrern umfaßt ihre Ausbildung allerdings nur die Befähigung für zwei Unterrichtsfächer. Die Bezahlung von Horterzieherinnen wurde an die der Unterstufenlehrerinnen angeglichen. 1978 wurde die Ausbildung vollständig vereinheitlicht.

Diese Strukturen folgten den "jugendpolitischen Idealen wie Einheit von Praxis und Theorie, Einheit von Erziehung und Bildung, Chancengleichheit für alle"(Balluseck, S.23). Es entsprach allerdings dem totalitären System, alles unter den Einfluß der SED zu stellen. „Lehrer und Erzieher tragen eine hohe politische Verantwortung gegenüber der Arbeiterklasse und allen Werktätigen unserer sozialistischen Gesellschaft, die ihnen anvertrauten Jungen und Mädchen zu allseitig gebildeten sozialistischen Persönlichkeiten zu erziehen" (Günther, 1974, S.7).

Im Osten werden die Horte zahlenmäßig stark ausgebaut. Für die ersten 4 Schuljahre soll eine hundertprozentige Versorgung mit Hortplätzen erreicht werden: 1970 besuchen 48%, 1985 besuchen bereits 85% der Kinder der ersten 4 Klassen einen Hort. Die Kinder werden in Jahrgangsgruppen geführt, oft identisch mit der Schulkasse und im gleichen Raum.

Anders als im Westen gibt es eine Fachzeitschrift (Ganztägige Bildung und Erziehung), und es wird ein Rahmenplan für die „Bildung und Erziehung im Schulhort" erarbeitet (siehe Günther u.a., Autorenkollektiv). Die Empfehlungen sind auf den Lehrplan der Schule abgestimmt. Für jede der Klassen von 1-4 sind die Empfehlungen immer nach folgenden Tätigkeiten untergliedert:

„- Einführung in das gesellschaftlich-politische Leben
- die gesellschaftlich nützliche Betätigung
- die naturwissenschaftlich-technische Betätigung
- die sportlich-touristische Betätigung
- die kulturell-künstlerische Betätigung" (a.a.O., S.8).

Die Absicht ist klar: Die Kinder sollten möglichst früh über die Mitgliedschaft bei den Thälmann Pionieren an die SED gebunden werden, um so die Herrschaft des Regimes zu untermauern. In der Einführung für die 4. Klasse heißt es unter „Einführung in das gesellschaftlich-politische Leben": „Von besonderer Bedeutung für die Bildungs- und Erziehungsarbeit im Schulhort ist die Aufnahme des Jungpioniers als Thälmann Pionier ...Mit Hilfe der engen Beziehung zu den Mitgliedern und Genossen der Parteibrigade und der ständigen Kontakte zu anderen Werktätigen, Parteiveteranen und Parteifunktionären der Sozialistischen Einheitspartei Deutschlands in Betrieb und Wohngebiet ist die Überzeugung herauszubilden, daß sich unter Führung der Partei der Arbeiterklasse die sozialistischen Lebensbedingungen ständig verbessern und die DDR unser sozialistisches Vaterland ist.

Die Erziehung zur Liebe zum sozialistischen Vaterland und zur Freundschaft mit der Sowjetunion und zu anderen Ländern der sozialistischen Staatengemeinschaft ist mit der Erziehung zum Haß gegen die imperialistischen Kräfte, gegen Unterdrückung und Ausbeutung der Werktätigen zu verbinden." (a.a.O., S. 101 f) Zentrale Themenvorgaben sind, hier beispielhaft wiedergegeben für die 4. Klasse (vgl. a.a.O., S. 101 ff):

- Das Leben im Kollektiv(z.B. Aufnahmefeier der Jungpioniere)
- die Beziehungen zur sozialistischen Umwelt (z.B. durch Exkursionen zu Industrieanlagen)
- Kontaktpflege zu den „bewaffneten Organen"(z.B. Filme über Manöverübungen anschauen, mit NVA Leuten Geländespiele durchführen)
- Freundschaft zur Sowjetunion (z.B. Kontaktaufnahme zu sowjetischen Pionieren)
- Schutz und Pflege des gesellschaftlichen Eigentums (z.B. Sauberhalten der Räume
- gesellschaftlich nützliches Verhalten (z.B. Anlegen von Blumenekken)
- Basteln, Knobeln, technisch- konstruktives Bauen (z.B. Fertigkeiten für die Holzbearbeitung)
- Beobachten und Eindringen in die Natur und ihre Erscheinungen (z. B. Niederschlagsmessungen, Sammeln und Auswerten von Wetterberichten)
- Erleben der Technik in der sozialistischen Umwelt (z.B. Besuche in vorbildlichen Betrieben)

- sportliche Betätigungen (z.B. Übungen zur Ausbildung der Schnelligkeit, Ausdauer, Kraft und Gewandtheit, Schwimmen, Bewegungsspiele)
- kulturell- künstlerische Betätigung (z.B. Gemeinsames Singen, Musikhören und Tanzen, Buchlesungen)

Ein geschlossenes Programm, das den Erzieherinnen, die dieses erfüllten, keine Freiräume ließ. Daß dieses auch eingehalten wurde, war vorgesorgt: "So mußte jede Erzieherin/ jeder Erzieher ein ‚pädagogisches Tagebuch' führen, einen Tagesplan schriftlich vorbereiten und am Ende des Tages die Analyse der geleisteten pädagogischen Arbeit vornehmen" (Berger, S.36). Inwieweit diesen Ansprüchen gefolgt wurde, war sicherlich von Hort zu Hort unterschiedlich.

Mitte der achtziger Jahre begann eine Entwicklung des Hortes zu einer wohl eher „selbstbestimmten Freizeitstätte"(Böttcher 1992, S.77). In einem kurz vor der Wende erschienenen Buch „Freizeit im Hort" heißt es auf Seite 29: „ Es muß also immer gewährleistet sein, daß es das Spiel der Kinder bleibt und sie selbst bestimmen können, wann sie spielen, was sie spielen und mit wem sie spielen" (Ballmann 1989, S. 29). Weiter unten heißt es dann allerdings einschränkend: „Im Wochenplan, der in unserem Gruppenzimmer aushängt und die mit den Kindern beratenen Veranstaltungen oder Tätigkeiten für jeden Tag ausweist, wird nur festgehalten: ‚Spielnachmittag'. Die Kinder wissen dann, daß sie an diesem Tag Gelegenheit haben zu spielen, was sie gern möchten." (a.a.O., S.29) Die Ursache dieser beginnenden Lockerung der starren Reglementierung hat möglicherweise nicht nur einen pädagogischen Hintergrund: Die Hortbesuchsqote nahm von 90% in der ersten Klasse auf 40% in der 4. Klasse ab, bezogen auf den jeweiligen Altersjahrgang (vgl. Frank/ Pelzer 1996, S. 16). Kinder und Eltern haben also mit den Füßen über die praktizierte Hortpädagogik abgestimmt. Wenn man an die oben zitierten Aufgaben

Hortplätze und Versorgungsquote der 6- bis 10- jährigen Schulkinder in den einzelnen Bundesländern

Bundesland	Datum	Plätze	Quote
Baden-Württemberg	1994	10.945	2,4%
Bayern	1994	27.123	5,2%
Berlin-Ost	1994	57.716	81%
Berlin-West	1994	23.426	28,7%
Brandenburg	1994	99.900	70%
Bremen	1995	4.026	16,3%
Hamburg	1994	14.054	23,3
Hessen	1994	16.695	6,9%
Mecklenburg-Vorpommern	1995	54.500	51%
Niedersachsen	1993	10.400	3,2%
Nordrhein-Westfalen	1994	36.316	4,7%
Rheinland-Pfalz	94/95	11.000	6,3%
Saarland	1994	906	2,0%
Sachsen	1994	118.800	51%
Sachsen-Anhalt	1995	77.400	54%
Schleswig-Holstein	1994	3.778	3,5%
Thüringen	94/95	89.999	67%

Alle Angaben aus: Frank/ Pelzer, 1996

der Hortpädagogik denkt, konnte dies dem Regime natürlich nicht recht sein.

c) Die Situation im vereinten Deutschland

Im vereinten Deutschland haben wir zwei völlig unterschiedliche Situationen. Während es im Westen weiterhin viel zu wenig Plätze gibt, haben wir im Vergleich dazu eine relativ hohe Versorgungsquote in den neuen Bundesländern. Von den alten Bundesländern ist mit 2,3% das

Land Baden-Württemberg das Schlußlicht, wenn man einmal von dem kleinen Saarland absieht.

Die gesetzliche Grundlage bildet das seit 1991 gültige KJHG. Somit sind auch in den neuen Bundesländern die Horte aus der Schulaufsicht herausgelöst und der Jugendhilfe zugeordnet, wobei einige Länder die Horte auch in der Schulverwaltung abgesichert haben (vgl. Frank/ Pelzer 1996, S.54).

Insgesamt ist die Gesamtversorgung mit Tagesplätzen und Betreuungsangeboten derzeitig sehr unübersichtlich (vergl. hierzu Kap. IV). Welche Eltern - und nicht nur sie - können noch beurteilen, ob sie ihr Kind lieber in einem „Hort“, einem „Hort an der Schule“ oder in einer „Kernzeitbetreuung“ anmelden sollen?

Wenig hilft die beste Erziehung und Bildung, wenn die Versorgung nicht stimmt

III. Impressionen aus dem Hort

1. Wie Kinder den Hort erleben –Tagesabläufe

a) Wie aus der Werbung?

Ein bißchen auf Werbewirksamkeit angelegt mögen die folgenden Berichte über Verena, Harkan und Markus erscheinen, in den bloßen Fakten bringen sie das Hortgeschehen aber zum Ausdruck.

Verena – sie und ihre Mutter haben Glück

Seit zwei Jahren lebt die siebenjährige Verena mit ihrer Mutter in einem kleinen Ort nahe der Großstadt. Als sie noch den Kindergarten besuchte, ging ihre Mutter nur stundenweise einer Aushilfstätigkeit nach, um nachmittags mit ihrer Tochter zusammenzusein. Nach der Einschulung wollte Verenas Mutter wieder ihren gelernten Beruf ausüben und nahm eine Ganztagsstelle in der Stadt an. Verena benötigte nun eine verläßliche ganztägige Betreuung.

Verena und ihre Mutter hatten Glück: In der für Verena zuständigen Grundschule war ein „Hort an der Grundschule“ eingerichtet worden und konnte Verena noch einen Platz anbieten. Verena hätte im Notfall nachmittags auch zu zwei verschiedenen Nachbarn gehen können, aber im Hort fühlt sie sich viel wohler. Sie geht nicht nur mit ihren Freunden aus dem Kindergarten in die gleiche Klasse, eines dieser Kinder geht auch mit in den Hort. Hier trifft sie noch einen weiteren Jungen aus dem Kindergarten, der bereits das zweite Schuljahr besucht, und zwei ältere Mädchen, die in ihrer Nähe wohnen. Wenn Verena den Erzieherinnen von der Schule und den Lehrern und Lehrerinnen vom Hort erzählt, so können sich die Erwachsenen das gut vorstellen, da sie einander kennen und sich über ihre Arbeit regelmäßig informieren. Einmal war Verenas Lehrerin sogar zum Mittagessen bei ihnen. Außerhalb der Unterrichtszeiten kann Verena jederzeit in den Hort gehen. In der Pause kommt sie manchmal kurz mit einer Klassenkameradin herein. Für den Nachmittag verabredet sie sich öfter mit Freunden auf dem Schulhof, der gute Spielmöglichkeiten bietet.

Montags zwischen 15 und 16 Uhr treffen sich alle Hortkinder zur Gruppenbesprechung. Sie überlegen, was sie in der Woche machen wollen. Manchmal ist es auch nötig, Streitigkeiten anzusprechen. Die Kinder der Backgruppe, zu der Verena gehört, bereiten für die Gruppenbesprechung jedesmal einen Überraschungskuchen vor. Dienstags verläßt Verena schon um 15.30 Uhr den Hort, um die Musikschule zu besuchen. Da ihre Mutter freitags früher frei hat, wird sie gleich nach dem Mittagessen abgeholt. Dann unternehmen die beiden gemeinsam etwas. Auch an den anderen Wochentagen, wenn sie sich abends um 17.30 Uhr zu Hause treffen, tut es ihnen sehr gut, daß sie sich nicht mehr mit der Erledigung der Schulaufgaben befassen müssen. So können sie in Ruhe zu Abend essen und von ihren Erlebnissen am Tage berichten. Überhaupt gibt es Verenas Mutter ein sicheres Gefühl, daß ihre noch kleine Tochter keinen langen Weg von der Schule zum Hort hat. Da der Hort auch während der Schulferien geöffnet ist, weiß die Mutter sie auch dann gut versorgt.

Harkan – hat ein zweites Zuhause

Als Harkan drei Jahre alt war, zogen seine Eltern mit ihm und seinem Onkel von der Türkei nach Deutschland. Seine Eltern erhielten zunächst eine Unterkunft in einem Übergangsheim und fanden bald einen Arbeitsplatz. Damit Harkan tagsüber gut betreut ist, die deutsche Sprache erlernen und sich schnell in seinen neuen Wohnort einleben konnte, wurde er in die Tagesstättengruppe der nahegelegenen Tageseinrichtung für Kinder aufgenommen. Jetzt ist Harkan zwölf Jahre alt, lebt mit seiner Familie in einer größeren Mietwohnung und besucht schon seit fünf Jahren die

Hortgruppe. Seit eineinhalb Jahren gehört auch seine achtjährige Schwester zu den Hortkindern. Sein fünfjähriger Bruder geht noch in den Kindergarten. Für alle drei ist die Einrichtung zu einem zweiten Zuhause geworden. Seit Harkan die Grundschule verlassen hat, hat sich auch sein Tagesablauf zunehmend verändert. Harkan besitzt nun einen eigenen Hausschlüssel. So kann er morgens gleich von zu Hause in die Schule fahren - auch wenn der Unterricht ausnahmsweise später als acht Uhr beginnt. Nach der Schule geht er in den Hort, um zu Mittag zu essen, die neuesten und wichtigsten Informationen und Fragen mit den Erziehern zu besprechen und seine Schulaufgaben zu erledigen. Anschließend gestaltet er schon selbständig seine freie Zeit - in Absprache mit den Erziehern und Eltern.

Montags arbeitet Harkan in der Hort-Arbeitsgruppe „Garten" mit. Dort war er am Bau einer Fahrrad-Reparaturwerkstatt und eines Holzhauses für Gartengeräte beteiligt. In den Ferien will die Arbeitsgruppe einen Teich anlegen. Dienstags und donnerstags geht Harkan begeistert zum Fußballverein, besonders weil er seit kurzem zur leistungsstärkeren Mannschaft gehört. Mittwochs holt ihn sein Freund im Hort ab, um mit ihm zusammen in eine Jugendeinrichtung der „Offenen Tür" zu gehen. Freitags kann Harkan, wenn er Lust hat, mit der Hortgruppe schwimmen gehen. Er geht aber nur mit, wenn er weiß, daß er dort seine Freunde trifft.

In der Hortgruppe sind nur noch zwei Kinder, die so alt sind wie Harkan, beides Mädchen, die lieber unter sich sind. Harkan möchte im nächsten Jahr den Hort verlassen oder nur noch zum Mittagessen kommen. Er plant, dann öfter die „Offene Tür" zu besuchen, wo er mehr Klassenkameraden und Freunde trifft.

Markus – findet es schön im Hort, wie er selbst erzählt

O je, der Mathetest heute in der letzten Stunde hatte es aber in sich! Was wohl der Stefan bei der zweiten Aufgabe rausgekriegt hat? Ich konnte ihn nicht mehr fragen, so schnell ist er in den Hort vorausgerannt. Heute gibt es nämlich Pizza, sein Lieblingsessen. Stefan nimmt sich dann meistens das größte Stück, das sehe ich, weil er als mein bester Freund immer neben mir sitzt. Bei den Hausaufgaben sitzt er auch neben mir, dann können wir uns besser helfen. Wenn wir gar nicht weiter wissen, fragen wir den Erzieher, dann hilft uns der, aber eigentlich sollen wir die Hausaufgaben alleine machen. Das wollen auch unsere Lehrer so, damit sie sehen, ob wir alles verstanden haben. Nach den Hausaufgaben mache ich beim Werken mit. Das macht mir Spaß und Mamas Geburtstagsgeschenk wird endlich fertig! Morgen gehen wir mit den Erziehern und noch ein paar Freunden schwimmen, es wird bestimmt toll. Der Stefan will dauernd mit mir Fußball spielen, aber dazu habe ich auch nicht immer Lust. Gestern haben wir sogar das Nachmittagsvesper versäumt, alle Brezeln waren aufgegessen! Nächstes Mal gehen wir gleich, wenn der Erzieher uns ruft. So richtig toll lange spielen kann man halt nur in den Schulferien. Auf die nächsten freue ich mich ganz arg, dann machen wir wieder Wanderungen und braten Würstle. Das dauert den ganzen Tag. Vielleicht gehen wir auch ins Freibad.

Bald übernachten wir auch wieder im Hort. Dann spiele ich Gespenst, daß die Mädchen kreischen. Das wird lustig! Heute abend muß meine Mama bestimmt eine Zeit lang auf mich warten, wenn ich noch im Werkraum bin. Aber sie wartet öfters mal auf mich, spricht solange mit den Erziehern oder schaut mir zu, das finde ich prima. Wenn Mama es mir erlaubt, gehe ich auch alleine nach Hause.

Ich finde es schön im Hort, da ist immer jemand für mich da, während Mama arbeitet und viele Spielkameraden habe ich auch. Ach ja, und morgen darf ich das Schwimmzeug nicht vergessen.

b) Wie aus dem Leben – Acht Beispiele

Sie stammen nicht „aus der Werbung", sondern es handelt sich um Darstellungen des Tagesablaufes von Hortkindern – so wie sie ihn wohl erleben. Die Kinder erzählen in der Ich-Form; in Wirklichkeit sind es aber zum größten Teil längere oder kürzere Schilderungen von Erzieherinnen, die im Hort tätig sind – dem Erleben der Kinder gleichsam empathisch nachempfunden.

Beispiel 1: Ein langer Tag – ohne Zeit

Mittwoch

Es ist 6.30 Uhr, der Wecker hat geklingelt, und ich muß aufstehen. Ich gehe ins Bad zum Zähneputzen und Waschen. Was ziehe ich heute an? Ach ja, heute Mittag machen wir Sport im Hort, da muß ich ein T-Shirt drunterziehen. Zum Frühstücken ist da jetzt keine Zeit mehr, auf dem Tisch liegt ja sowieso 1 DM, da kann ich mir in der Pause am Kiosk was kaufen.

Ich bin auf dem Weg in den Hort; wer hat heute eigentlich Frühdienst? Ich glaube, die Tanja. Gut, da können wir nochmal Tischfußball spielen, da ist mir nicht langweilig. Ob Sebastian schon da ist? Als ich im Hort ankomme, sind noch nicht viele Kinder da. Tanja hat auch keine Zeit, weil sie noch was vorbereiten muß. Ich helfe beim Stühle-runter-Stellen und füttere die Fische. Wie lange ist es noch, bis ich los muß? In der ersten haben wir Reli, da habe ich gar keine Lust drauf. Ich schaue mir noch ein Buch an. Tanja ruft, daß wir uns anziehen sollen. Ich habe aber gar keine Lust, die dicke Jacke anzuziehen. Vielleicht merkt sie es ja nicht? Heute habe ich Glück gehabt, als ich zur Tür ging, hat es niemand gemerkt.

Auf dem Schulweg treffe ich Yasin, wir laufen zusammen. An der Unterführung stehen mal wieder Große rum. Hoffentlich halten sie mich nicht wieder am Ranzen fest. Ich überlege, ob wir nicht besser einen Umweg laufen sollen. Wenn ich in ihr Gesicht schaue, kann ich schon sehen, was sie denken, ob sie sich unterhalten oder schauen, wer vorbeikommt. Heute ging es gut, sie haben uns nicht den Weg versperrt.

Nach Reli kam Mathe, Deutsch, Sozi., Kunst und Englisch. Da schreiben wir einen Vokabeltest. Ich weiß nicht alle Wörter, hoffentlich gibt es keine schlechte Note.

Bevor ich in den Hort laufe, gehe ich noch an den Kiosk Kaugummis kaufen oder saure Apfelringe; in der Pause war ja keine Zeit, da haben wir Buben die Mädchen gespielt.

Ich bin ziemlich spät angekommen, die anderen saßen schon am Tisch; denn es ist nach 13.30 Uhr.

Die Köchin hat schon gemotzt, und es gibt wieder nichts Gescheites. Naja, ich habe sowieso keinen Hunger. Der Nachtisch ist gut: Eis-Nogger-Choc. Ich habe Tischdienst, dann mache ich mich an die Hausis; es ist 14.15 Uhr. Ich erzähle Tanja von dem Vokabeltest. Das blöde Mathe kapiere ich wieder nicht, und in Englisch müssen wir was malen. Das will ich zu Hause machen – aber nein, das gibt's ja nicht. Ich schaffe es sowieso nicht bis um 15.00 Uhr, da wollen wir in die Turnhalle, und da spielen wir Fußball. Es ist so laut, da kann ich mich nicht konzentrieren. Ich bekomme wieder Kopfweh. Tanja hilft mir bei Mathe, den Rest mache ich dann allein. Ich springe zwischendurch mal auf die Matratze. Zum Fußball muß ich nachkommen, weil ich die Hausis nicht geschafft habe. Die Mannschaften waren schon gewählt. Ich bin zum Glück bei Abu. Wir haben 2:0 gewonnen.

16.30 Uhr Ich bin nach Hause gegangen. Die Mama ist noch nicht da. Ich schaue Fernsehen.

18.30 Uhr Es gibt Abendessen; danach kommt Kommissar Rex.

21.30 Uhr Ich gehe schlafen.

Beispiel 2: Auszuhalten – den halben Tag – Hort am Nachmittag

Nach der Schule gehe ich in den Hort. Wenn ich Lust habe, erzähle ich dort, was ich Wichtiges in der Schule erlebt habe. Dann gehe ich erstmal spielen, draußen, oder ich tobe auf der Terrasse mit den anderen Kindern, oder ich gehe in die Puppenecke oder Bauecke – dort ist oft mehr Ruhe.

Wenn ich früh die Schule aushabe, und somit beim ersten Mittagessen bin, esse ich mit sieben anderen Kindern und einer Erzieherin um 12.30 Uhr. Habe ich spät die Schule aus, dann ess‘ ich mit der anderen Kleingruppe um 13.15 Uhr. Beim Mittagessen erzählen wir uns ganz viel von der Schule, vom Fernsehfilm gestern abend, von dem, was wir den Tag über vorhaben usw.

Danach muß ich meine Hausaufgaben machen. Ab jetzt darf ich bis 15 Uhr nicht in der anderen Hortgruppe spielen. Ich muß in meiner Gruppe bleiben oder ich gehe raus. Nach meinen Hausaufgaben kann ich spielen, was ich will, malen, basteln, lesen oder faulenzen.

An manchen Tagen macht ab 15 Uhr eine der Erzieherinnen etwas mit uns, zum Beispiel: Bastel-AG, Kindertreff, Turnhalle etc. Wenn ich Lust habe, kann ich dabei mitmachen.

Um 16.30 Uhr gehen die meisten Kinder nach Hause. Dann ist es ganz ruhig im Hort. Jetzt habe ich noch einmal Gelegenheit, mich alleine mit einer Erzieherin zu unterhalten.

Beispiel 3: Stressig und schön

Ich werde von meiner Mutter morgens um 6.30 Uhr geweckt, der Wecker rasselt auch, und ich stehe auf. Dann gehe ich ins Bad, wasche mein Gesicht – zum Duschen reicht oft nicht die Zeit – putze die Zähne (Mutter legt viel Wert darauf), ziehe mich an (die Kleidung suche ich aus!), frühstücke und dann geht's ab in die Schule. Den Haustürschlüssel darf ich nicht vergessen, da Mutter oft nach mir nach Hause kommt. Mein Pausenfrühstück steckt die Mutter in aller Frühe in meine Schultasche. Ich kann mir auch selber in der Schule ein Brötchen kaufen.

Nach der Schule gehe ich in den Hort – direkter Weg. Dort angekommen, stelle ich meine Schultasche in mein Fach, begrüße die Erzieherinnen und schau mich erst einmal um, was es Neues gibt. Dann entscheide ich mich z.B. für ein Spiel oder etwas anderes.

Etwa um 13.15 Uhr gehen wir zum Mittagessen. Ich habe großen Hunger. Hoffentlich gibt's was Gutes. Gedeckt wird der Tisch abwechselnd von den Kindern – von mir auch.

Nach dem Mittagessen wird abgeräumt – beim Tischdienst wird auch gewechselt – ich bin oft auch dran beim Abwischen der Tische. Bis 14.15 Uhr darf ich noch spielen.

Anschließend nehme ich meine Schultasche und gehe ins Hausaufgabenzimmer und erledige meine Hausaufgaben (möglichst zügig).

Nach den Hausaufgaben gehe ich ins Freie, in den Turnraum oder Bastelraum. Manchmal habe ich auch auf nichts Lust und ärgere meine Kameraden. Na, so ist es halt!

Um ca. 17 Uhr holt mich meine Mutter ab, oder ich darf alleine nach Hause gehen. Manchmal möchte ich schon früher nach Hause gehen, und manchmal möchte ich noch länger bleiben.

Zu Hause spiele ich noch etwas, sehe noch im Fernseher nach, was es gibt, oder gehe mit dem Hund noch ins Freie.

Um 19 Uhr gibt's Abendbrot. Bald muß ich ins Bett – spätestens um 20 Uhr muß das Licht in meinem Zimmer aus sein.

Meine Mutter sagt immer: „Du mußt für die Schule gut ausgeschlafen sein!" Oft höre ich mir mal im Bett eine Kassette an, dann bin ich doch müde vom ganzen Tag und schlafe ein.

So ein Tag ist doch für mich oft sehr stressig, aber auch schön!

Hantieren und Werken – heute eine Selbstverständlichkeit in einer lebensbezogenen Hortpädagogik

Beispiel 4: Kein Drinnenhocker

Wenn wir einen Tag im Hort beschreiben sollen, müssen wir erst einmal sagen, daß nicht alle Tage gleich sind. Meistens kommen wir nach der Schule in den Hort, aber wir können auch schon vor der Schule in den Hort gehen. Nach dem Mittagessen (es schmeckt nicht immer gut), müssen wir Hausaufgaben machen. Wir Großen haben einen Extra-Raum, wo wir allein sind. Für die jüngeren Hortkinder gibt es Frau T.B. Sie erklärt, was wir wissen wollen. Bei den größeren sitzt manchmal Frau M.O., aber eigentlich nur, um uns davon abzuhalten zu schwätzen. Sonst werden wir nicht fertig. Am Freitag machen wir keine Hausaufgaben. Da haben wir Zeit, um andere Sachen zu machen.

Wir haben sehr abwechslungsvolle Tage. Wir können bei schlechtem Wetter drinnen allerlei Sachen machen: Spiele (wir haben einen ganzen Schrank voll), ein Computerkurs wird angeboten, oder wir können in die Turnhalle gehen. Als nächstes wollen wir einen „Snoezel-Raum" einrichten, das Bällchenbad ist schon da. Die Erzieher haben eine Fühlstraße gebastelt. Unsere Tischtennisplatte ist leider kaputt.

Bei schönem Wetter gehen wir raus (wir sind keine Drinnenhocker). Dort können wir Basketball, Fußball, Federball usw. machen. Nicht, daß wir an den Hort gefesselt wären, wir können auch in die naheliegende Fußgängerzone gehen und etwas abspannen von den Erziehern.

Einmal in der Woche haben wir Gruppenstunde. Dort besprechen wir Probleme oder neue Ideen.

Zwischen 16 Uhr und 16.30 Uhr werden wir abgeholt oder gehen. Dann sieht man immer viele Bekannte oder noch unbekannte Gesichter im Flur.

Nach der Verabschiedung sind wir entlassen.

Besondere Tage sind Sommerfest, Ferien, Geburtstage, Fasching, Elterncafés, Auftritte, Weihnachten. Feste feiern ist geil. Das denkt, glaube ich, jeder, auch wenn die Vorbereitungen nervig sind. Meistens schmückt eines unserer Theaterstücke unsere Feste wie: Sommerfest und Weihnachtsfeier. Die Proben stören zwar etwas, aber der Applaus tut gut. Geburtstag feiern wir in der Gruppe. Spiele werden auch gespielt.

Das Ferienprogramm ist einsame Spitze: Lochmühle, Wellenbad, Kino, Rollschuhbahn usw. Sehr abwechslungsreich! Zwischendurch gibt's auch mal `nen Entspanntag (muß auch sein). Das Beste am Ferienprogramm ist eine Übernachtung im Hort. Letztes Jahr gab's sogar Hamburger zum Essen.

Der Höhepunkt in jedem Jahr ist Herbstein. Wir mieten Hütten, die von einem Erzieher beaufsichtigt werden. Das Beste ist, wir Großen dürfen alleine eine Hütte haben. Da geht's heiß her, aber psst, tiefste Verschwiegenheit! Eine Nachtwanderung darf auch nicht fehlen, auch wenn einige lieber in den Hütten blieben. Ein bunter Abend schließt alles ab.

(Eva Felder, 11 Jahre, und Charlotte Fischer, 11 Jahre)

Beispiel 5: Sieben Jahre Hort!

Nach den Sommerferien ist meine Zeit im Hort zu Ende. Ich freue mich schon darauf! Das heißt aber nicht, daß es hier nicht schön war.

Die Freizeitfahrten nach Herbstein waren immer sehr lustig. Die Mitternachtsparties in der Hütte ohne Erzieher waren immer sehr geheimnisvoll. Unsere Sommerfeste und Weihnachtsfeiern mit Theaterstück waren auch immer ein großer Erfolg, genauso wie die Faschingsparties und das Sommerferienprogramm.

Regeln haben uns eigentlich nie richtig angemacht, weil es meistens Verbote sind. Aber wir dürfen jetzt allein in die Stadt (während der Hortzeit). Das ist spitze!

Aber hier gibt es auch Dinge, die uns nicht so gut gefallen, wie z.B. die Gruppenstunde „Eulentreff“. Die war auch nicht immer was Gutes. Was uns Mädchen hier im Hort aber noch fehlt, ist ein Zimmer nur für uns zum „Quasseln“.

Ich freue mich nur darauf, daß ich aus dem Hort gehe, weil es nicht mehr so viele Gleichaltrige gibt, und weil ich schon so lange hier bin. Ansonsten ist es hier super! (Nur wenn ein Erzieher sauer ist, dann nicht.)

(Lena Karl, 13 Jahre)

Beispiel 6: Ein knapper Tag im Hort

Wenn ich aus der Schule komme, gehe ich in den Hort. Dort räume ich meinen Ranzen weg und ziehe meine Hausschuhe an. Dann esse ich und gehe zum Zähneputzen. Ich gehe dann zu den Hausaufgaben. Danach gehe ich raus und spiele. Mittwochs haben wir immer Gruppenstunde. Manchmal feiern wir Geburtstag, und wir gehen manchmal weg. Am liebsten gehe ich draußen spielen. Abtrocknen finde ich doof.

Ich habe sehr viel Freunde. Es sind sieben Stück. Wir dürfen auch Cornflakes essen.

(Nora Traxel, 9 Jahre)

Beispiel 7: Rausgehen oder drinnen spielen – So sieht mein Tag im Hort aus

Heute ist Montag, der 12. Januar 1998, und zur vierten Stunde hatte ich Schule aus.

Dann bin ich in den Hort gegangen.

Dort gibt es Mittagessen. Heute gab es Kartoffeln, Fleisch und Salat. Nach dem Mittagessen mache ich dann meine Hausaufgaben. Danach kann ich machen, was ich will. Ich kann entweder rausgehen oder drinnen was spielen.

(Lisa Klingelhöfer, 9 Jahre)

Beispiel 8: Was mir im Hort „gefehld"

Mir gefehld das hir Spielsachen sind.

Mir gefehld das hir tolle büchern sind.

Mir gefehld das hir nette Kindern sind.

Die Frau Barbie ist ser nett.

Die Frau Malek ist ser nett.

Ich komme aus Göksekshle und aus Mersifon.

(Original aus Kinderhand)

c) Wie im Traum – Mein Traumhort – Ein Beispiel

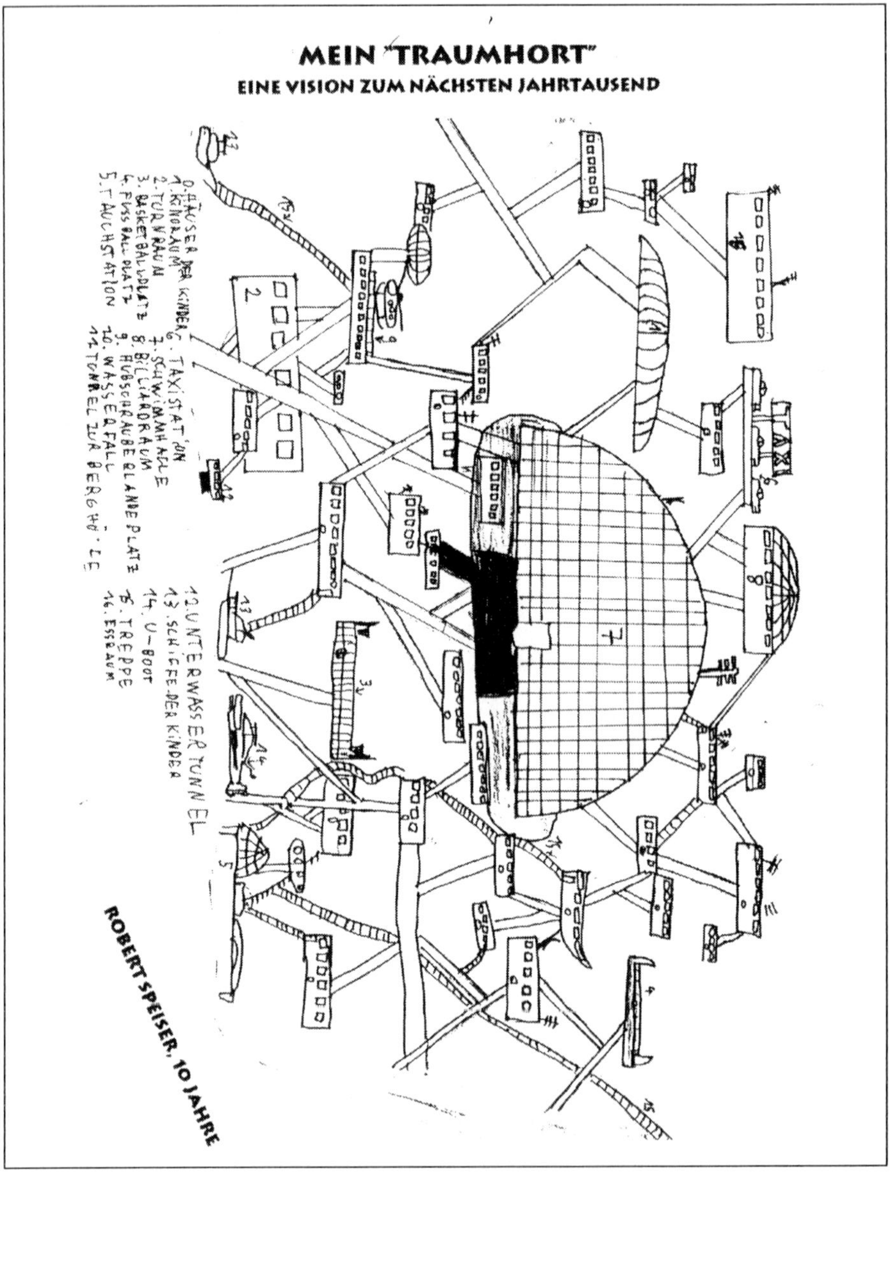

2. Aus dem Tagebuch eines Hortleiters - Eine ganze Woche

Montag, 7.30 Uhr. Ich schließe die Tür des DRK-Schülerhortes in Tiengen auf. Noch wenige Minuten, dann werden die ersten Kinder kommen. Ein Blick auf den Kalender.

Um 10.00 Uhr soll eine Besprechung mit dem Geschäftsführer stattfinden. Wir wollen unser Außengelände neu gestalten, weil die Spielgeräte teilweise baufällig geworden sind. Die Unterlagen habe ich vorbereitet. Kostenvoranschläge, Begründung, Baupläne- Alles vorhanden.

Die Tür geht auf, die ersten beiden Kinder treten ein. Wir begrüßen uns. Das Telefon klingelt. Es ist eine Mutter, die ihren Sohn für den Tag entschuldigen möchte, weil er sich am Wochenende wohl eine Erkältung zugezogen habe.

Ich widme mich nun wieder den eben angekommenen Kindern. Wir spielen miteinander. Eine knappe halbe Stunde haben wir Zeit dazu. Dann beginnt für die beiden die Schule und ich werde mich erst einmal an den Aktenschrank machen, um die am letzten Freitag liegengebliebene Post zu bearbeiten. Ein Schreiben vom Landratsamt und ein Brief von den Eltern ist darunter.

Es ist nicht viel und es bleibt noch etwas Zeit, um noch einmal einen Blick in die Unterlagen zur Vorlage beim Geschäftsführer zu werfen.

Der Speiseplan für die kommende Woche steht fest und er muß noch schnell getippt werden, denn er soll ja nicht wie ein Butterbrotpapier wirken, sondern eher wie ein Dokument.

9.30. Zeit, um loszufahren. Unsere Geschäftsstelle liegt ca. 8 km von unserer Einrichtung entfernt. Um diese Zeit ist auf der Straße viel Verkehr. Dort angekommen werfe ich noch einen Blick in meine Dienstkörbe, um auf dem aktuellsten Wissensstand zu sein. Bevor ich zum Büro des Geschäftsführers gehen werde, mache ich noch einen Abstecher zu den Kollegen von der Verwaltung. Hier bekomme ich dann vielleicht noch ein paar Neuigkeiten mit, die noch nicht offiziell sind, dennoch Aussagen über allgemeine Tendenzen bilden.

Die Bürotür des Chefs steht offen. Ich klopfe an den Türrahmen und mache mich mit einem freundlichen: „Guten Morgen“ bemerkbar. Nach ein paar Worten kommen wir gleich zur Sache, denn keiner von uns beiden hat sehr viel Zeit übrig.

Ich lege die Baupläne vor. Ein kritischer Blick von meinem Gegenüber. Das pädagogische Konzept wird dazu gereicht. Es wird kurz überflogen. Nun ist es an der Zeit, um über die Kosten zu reden. Die Blicke meines Vorgesetzen werden immer kritischer, dann kommt die Antwort: „Wir werden das prüfen müssen. Unser Schatzmeister soll sich das Ganze mal unter die Lupe nehmen. In den nächsten Tagen werden Sie Bescheid bekommen.“ Ich bedanke mich freundlich und hoffe das Beste. Die Kollegen im Hort werden wohl auch schon auf eine Entscheidung warten.

Leider kann ich noch keinen definitiven Entschluß mitbringen.

Wieder im Hort angekommen, sind auch schon die anderen Mitarbeiter da. Nach einem kleinen Plausch, machen wir uns dann alle an die Arbeit. Auf meinem Schreibtisch liegen drei Telefonnotizen. Auf der ersten steht, daß die Lehrerin von Peter[1] angerufen habe, denn er habe zum wiederholten Male nur einen Teil seiner Hausaufgaben gemacht. Sie rufe nochmals an. Aus der zweiten Notiz geht hervor, daß die Bezirkssozialarbeiterin des Kreisjugendamtes mit mir einen Gesprächstermin vereinbaren möchte. Es gehe um die Familie Schulz.

Die dritte Notiz enthielt Informationen darüber, daß ein weiteres Kind wegen Krankheit den Hort nicht besuchen könne. Die Post kommt. Außer

---

[1] Alle Namen von Kindern und deren Familien wurden geändert.

Werbung ist nichts dabei. Gut so, denn nun habe ich nur noch eine halbe Stunde Zeit, um den Nachmittag zu planen, dann haben bereits die ersten Kinder Schulschluß und kommen direkt zu uns.

Heute Mittag soll die Arbeitsgemeinschaft „Seidenmalerei“ mit vier Kindern stattfinden. Zusätzlich macht unsere Hauswirtschafterin den Großeinkauf, wobei sie dazu auch zwei bis drei Kinder mitnehmen wird. Ich werde dann nach der Hausaufgabenbetreuung den „Springerdienst“ übernehmen und die Hausaufsicht machen. Wir könnten ja mal wieder ein Tischtennisturnier veranstalten.

12.15 Uhr - Jetzt wäre gerade eine günstige Gelegenheit um Mittagspause zu machen.

12.45 Uhr - Aus unserer Küche duftet es schon köstlich nach Essen. Wie jeder pädagogische Mitarbeiter im Hort, so betreue auch ich ca. 8 Kinder beim Mittagessen. Bei mir am Tisch sitzen die Ältesten vom Hort. Es sind 2 Mädchen im Alter von 11 und 12 Jahren und 6 Buben, die zwischen 11 und 13 Jahre alt sind.

Heute werde ich nach dem Essen die Aufsicht über die Kinder führen, bis die Hausaufgabenzeit um 14 Uhr beginnt.

Toben, Springen, Bewegen ist bei den Kindern angesagt. Musik muß dazu gespielt werden.

Pünktlich um zwei beginnen wir mit der Hausaufgabenerledigung. Gemeinsam mit unserem Praktikanten betreue ich täglich 13 Kinder bei den Hausaufgaben. Morgen schreiben vier Kinder ein Diktat, deshalb wird heute noch ein wenig geübt. Wenige Minuten nach drei sind die letzten fertig. Die ersten Kinder dürfen nun bereits nach Hause gehen.

Die übrigen Kinder gehen nun entweder in ihre Arbeitsgemeinschaft oder spielen etwas nach ihren eigenen Vorstellungen. Ich selbst beaufsichtige die Kinder, die Tischtennis spielen. Lange dauert es nicht, bis mal wieder das Telefon läutet. Es ist noch einmal die Bezirkssozialarbeiterin des Kreisjugendamtes, die mit mir einen Termin vereinbaren möchte. Wir einigen uns auf Donnerstag morgens um 9.00 Uhr im Amt. Gleich geht's wieder zurück zu den Tischtennisspielern. In der Zwischenzeit ist eine Auseinandersetzung zwischen zwei Spielern entbrannt. Hat der Ball bei der Angabe das Netz berührt oder nicht? Ich frage die zuschauenden Kinder. Nach deren Aussage hat der Ball das Netz nicht berührt. Also Punkt für Werner. Es kann weitergehen.

Da fällt mir gerade noch ein, daß der Monat bald zu Ende geht, da wird's Zeit daß ich mich auch noch um unsere Finanzen kümmere und die Zeiterfassung der Mitarbeiter an die Geschäftsstelle weiterreiche. Das muß ich mir nachher unbedingt noch notieren.

Um 16.30 treffen wir uns wie gewöhnlich in einem Gruppenraum. Wir teilten uns die zu erledigenden Aufräumarbeiten auf und los geht's. Wenn alles erledigt ist, gibt's für die Kinder noch was vom Mittagessen oder aber wir sitzen einfach nur so beieinander, um noch einmal über die Ereignisse des Tages zu reden bevor die Kinder um 17.00 nach Hause gehen.

Dienstag, 9.00 Uhr. Alle Mitarbeiter haben sich versammelt. Wir beginnen gleich mit der allwöchentlichen Dienstbesprechung. Ich verlese die Tagesordnungspunkte, die bislang bekannt sind und ergänze die Liste noch entsprechend, falls noch jemand etwas hinzufügen möchte. Ein Konzentrationsmarathon beginnt. Die Rolle als Gesprächsleiter, Moderator und Mitwirkender erfordert ein sehr hohes Maß an Aufmerksamkeit von mir. Die Wochenplanung wird festgelegt. Besonderheiten der Kinder sollen mit berücksichtigt werden. Anschaffungen für die Gruppe sollen getätigt werden.

Heute steht auch mal wieder das Thema Teamentwicklung auf der Tagesordnung. Die Mitarbeiter teilen mit, wie sie sich mit ihren Aufgaben fühlen. Veränderungswünsche werden diskutiert. Ergebnisse müssen gefunden werden. Immer wieder taucht das Thema „Aggressionen“ auf. Hier scheinen wir wohl noch weiterarbeiten zu müssen. Wir sind uns einig, daß wir nur gemeinsam an die Lösung solcher Probleme kommen können.

Eine Mutter hat sich über die Qualität unseres Essens beschwert. Ihr Sohn habe sich schon seit Tagen nicht mehr satt essen können. Es erscheint uns wichtig, die Mutter zu uns einzuladen, um mit ihr und ihrem Sohn gemeinsam reden zu können.

Uns stellt sich noch die Frage nach er Hausaufgabenbetreuung. Stimmt unsere Gruppeneinteilung noch ? Wie viele Kinder haben Bedarf, daß die Erwachsenen ihnen regelmäßig für Fragen zur Verfügung stehen? Wer arbeitet selbständig?

Wir beschließen in der kommenden Woche verstärkt darauf zu achten und uns bei der nächsten Besprechung noch einmal darüber zu unterhalten und zu einer Entscheidung zu kommen.

Die Mitarbeiter fühlen sich im Allgemeinen wohl. Erfreulich.

Zum Abschluß der heutigen Dienstbesprechung unterhalten wir uns noch über die diesjährige Ferienfreizeit mit den Kindern. In gelockerter Atmosphäre, läßt es sich gut Vorstellungen austauschen. Um 11.00 Uhr ist die heutige Besprechung zu Ende und jeder geht seinen Aufgaben nach.

Für mich heißt das, mich noch einmal kurz auf ein Lehrergespräch vorzubereiten, denn um 11.30 wollte die Lehrerin von Maria, die wir erst vor ein paar Wochen aufgenommen haben, zu uns kommen. Sie möchte mit mir erörtern, wie wir Maria helfen können, denn Maria spricht kaum deutsch, weil sie aus Italien stammt und auch die Eltern nur sehr wenige Brocken deutsch sprechen.

Die Lehrerin kommt pünktlich, jedoch dauert das Gespräch etwas länger als ich geplant hatte. Nun ist es bereits 12.45 Uhr.

Eigentlich wollte ich noch etwas für den Nachmittag vorbereiten und mir Angebote von Jugendherbergen, Hütten und Zeltplätzen einholen. Nun ja, dazu reicht nun die Zeit nicht mehr. Das muß ich dann morgen erledigen oder vielleicht bleibt nach den Hausaufgaben noch ein wenig Zeit, dann schaffe ich das heute noch.

Mittagessen. Die Kinder bei mir am Tisch sind ziemlich aufgebracht. In der großen Pause kam es wohl zu einer Schlägerei zwischen einem Jungen von uns und einem seiner Klassenkameraden. Der Lehrer, welcher Pausenaufsicht hatte, hatte dann noch zur Strafe angeordnet, einen Teil des Lesebuches abzuschreiben, denn Strafe müsse ja sein. Außerdem sind sich alle am Tisch schnell darüber einig, daß Lehrer ja eh alle blöd seien, die geben ja immer so viel Hausaufgaben auf.

Nach dem Mittagessen geht es bei uns im Hort wieder turbulent zu. So turbulent, dass dadurch die Türe zu unserem Hausaufgabenzimmer aus den Angeln bricht, als sie Fritz zu heftig zugeworfen hatte. Etwas erschrocken starrt er mich an. Ein bißchen sauer bin ich ja schon, daß er die Tür kaputtgemacht hatte, aber wir machen uns lieber gleich daran, die selbige zu reparieren. Ein Kollege übernimmt für mich die Aufsicht, so daß ich Gelegenheit habe, gemeinsam mit Fritz in unseren Werkraum die Türe zu reparieren. Anschließend geht's gleich an die Hausaufgaben der Kinder. Wie heute morgen besprochen, achte ich besonders darauf, wie häufig die Kinder meine Hilfe benötigen.

Das Telefon klingelt. Ein Mitarbeiter nimmt ab. Es ist ein Vertreter für Gruppenausstattungen von Kindergärten. Ich habe jetzt keine Zeit, um mit ihm zu sprechen, außerdem werden wir unsere Bestellung erst noch erarbeiten. Fünf Minuten später klingelt das Telefon erneut. Das Geräusch stört die Ruhe beim Lernen.

Die Stimmungen der Kinder während der Hausaufgabenzeit scheint heute etwas gereizt zu sein. Strafarbeiten macht halt niemand gerne.

Heute mittag veranstalten wir im Hort ein Tischfußballturnier. Jeder, der Lust hat kann mitmachen. Wir haben viel Spaß miteinander.

Wie jeden Tag, räumen wir auch heute um 16.45 Uhr auf. Adelheid wird von ihrer Mutter kurz vor 17.00 Uhr abgeholt. Sie möchte mich nur noch in aller Kürze darüber informieren, daß Adelheid ab sofort Klavierunterricht bekommt und wir sie doch Montag nachmittags etwas früher nach Hause schicken sollen, weil ihre Klavierstunde um 16.45 Uhr pünktlich beginnt. Es wäre toll, wenn Adelheid an den übrigen Tagen auch Klavier spielen könne. Die Mutter bittet mich, doch beim Schulleiter nachzufragen, ob sie vorübergehend das Schulklavier nutzen könne, bis die Mutter ein geeignetes Klavier für zu Hause gefunden habe. Es bestünden ja sicherlich bessere Chancen auf Erfolg, wenn ich ihn fragen würde. Wir, der Schulleiter und ich, kennen uns ja schließlich, denkt sie.

Damit ich nichts vergesse, mache ich mir noch einen kurzen Vermerk. Dann ist Feierabend.

Mittwoch, 8.00 Uhr. Wie gewohnt debattiert das Team über einen Einzelfall. Erziehungspläne werden entwickelt. Dies nimmt ca. 1½ Stunden meiner Zeit in Anspruch. Als Arbeitshilfe dient uns folgendes Schema:

1. Jeder Mitarbeiter ist aufgefordert das betreffende Kind möglichst wertungsfrei zu beschreiben.
2. Aufgrund der gesammelten Fakten und des Hintergrundwissens über Familie, Schule, Krankheiten (wie Bsp. MCD), u.ä. versuchen wir abzuwägen, in welchen Bereichen das Kind Unterstützung benötigt, und wie wir dies verwirklichen können.

3. Wir überlegen, welche anderen Fachkräfte bereits mit welchen Methoden versucht haben zu helfen.
4. Wir legen konkret fest, wie wir weiter verfahren sollen und wer für verschiedene Aspekte zuständig sein soll.

Auch in dieser Besprechung übernehme ich wieder die Gesprächsleitung und Moderation. Ganz genau muß ich aufpassen, daß die Diskussion nicht in eine nette, aber unsachliche Plauderei übergeht, gleichzeitig soll ja auch niemand „abgewürgt“ werden.

Heute ist das besonders anspruchsvoll, da wir über Dirk reden, mit dem wir Erwachsenen eine Menge Probleme haben. Er ist ein sehr lebhafter Junge, der uns viel Gesprächsstoff liefert. Prompt kommt die erste Aussage: „Der erinnert mich an den Günter, den wir mal hier hatten.“ Ein anderer Mitarbeiter versucht einzulenken: „Na, ja. Was wohl aus dem Günter geworden ist? Der müßte doch jetzt mit seiner Lehre fertig geworden sein.“ Nun wird es Zeit für mich um in das Gespräch mit einzusteigen. Ich versuche mit der Frage: „Was ist es denn, was Dich bei Dirk an Günter erinnert?“ den „roten Faden“ wieder zu bekommen.

Während die Besprechung läuft, klingelt mal wieder das Telefon. Dadurch wird das Gespräch kurz unterbrochen. Eine Mitarbeiterin nimmt das Telefonat entgegen. Am anderen Ende der Leitung ist eine Mitarbeiterin von einem Busunternehmen, die uns ein Angebot für die Anreise zu unserer Freizeit machen möchte. Ich entschließe mich, die Gesprächsleitung an meine Stellvertreterin zu übertragen und nehme das Telefonat entgegen. Nach wenigen Minuten nehme ich dann wieder an der Besprechung teil.

Es ist nun 9.40 Uhr. Wir haben uns im Team über Dirk ausgetauscht und die weitere Vorgehensweise bei Dirk erörtert. Als nächstes steht für mich heute die Praxisanleitung unseres Praktikanten auf dem Plan. Weil ich aber den Kopf so voll habe mit Gedanken, die sich um Dirk drehen, nehme ich mir ein paar Minuten Zeit um geistig „aufzuräumen“, um mich auf die folgende Unterredung mit dem Praktikanten einzustellen. Auch er ist für ein paar Minuten Unterbrechung dankbar, wie er mir mitteilt.

9.50 Uhr. Der Praktikant möchte von mir wissen, wie ich seine Arbeit bewerte und was er verändern soll. Wir diskutieren ca. eine Stunde lang über Aufgaben, die ein Erzieher in unserer Einrichtung wahrnehmen muß. Im Dialog versuchen wir, die bereits erreichten Ausbildungsziele zu analysieren und den Ausbildungsplan daraufhin fortzuschreiben.

Wir beenden unseren Gedankenaustausch, als die ersten Kinder von der Schule kommen. Wir begrüßen die Kinder. Nach einer kleinen Plauderei mit den Kindern steigen die Mitarbeiter ins Spiel mit den Kindern ein. Ich selbst mache eine halbe Stunde Mittagspause.

Um 12.00. Uhr kommt die nächste Gruppe, die Schulschluß hat. Ich nehme mir vor, den restlichen Tag nur noch für die Kinder dazusein. Aber, oh Schreck, eigentlich muß ja auch noch eine Einladung für die Eltern zu unserem Elternabend geschrieben werden. Das läßt sich aber bestimmt miteinander verknüpfen. Ich werde beim Mittagessen die Kinder fragen, ob mir jemand bei dieser Arbeit behilflich sein möchte.

Auch heute nachmittag muß ich mich wieder auf die Gruppenkonstellation der Hausaufgabengruppe konzentrieren. Auf einem Blatt notiere ich mir Stichworte. Da heute morgen eine Lehrerkonferenz der Hauptschullehrer stattgefunden hat, haben einige Kinder heute keine Hausaufgaben. Zwei von ihnen haben sich dann prompt bereit erklärt, eine Elterneinladung zu gestalten.

Nach den Hausaufgaben verbringen wir den restlichen Tag damit, mit Hilfe unseres Computers ein Einladungsschreiben zu formulieren.

Nachdem alle Kinder nach Hause gegangen sind, versuche ich noch Frau Pfeiffer zu erreichen, die sich über unser Mittagessen beschwert hat, um mit ihr einen Gesprächstermin zu vereinbaren. Niemand geht ans Telefon. Ich erinnere mich, daß Karl einmal gesagt hat, dass seine Mutter oft erst spät von der Arbeit nach Hause kommt. So lange bleibe er immer allein zu Hause.

Später am Abend versuche ich von zu Hause aus mit Frau Pfeiffer zu telefonieren, jedoch kann ich nur mit Josef sprechen, da seine Mutter noch immer nicht zu Hause ist.

Nun entschließe ich mich, Frau Pfeiffer schriftlich einzuladen. Das mache ich gleich, weil ich befürchte morgen im Hort komme ich nicht dazu, und zu lange möchte ich es auch nicht mehr hinausschieben.

Donnerstag, 8.30 Uhr. Treffen mit der Bezirkssozialarbeiterin des Jugendamtes. Frau Schulz ist auch anwesend. Ebenso die Leiterin des Kindergartens. Die Lehrerin von Karl hat sich entschuldigt, sie kann an diesem Treffen nicht teilnehmen. Familie Schulz, d.h. Frau Schulz und ihre beiden Kinder Karl, 10 Jahre alt und Petra, 4 Jahre alt, werden vom Jugendamt betreut. Frau Schulz kommt für den Lebensunterhalt ihrer Familie selbst auf. Bei den Ausgaben für die Kinderbetreuung wird sie vom Jugendamt finanziell unterstützt. Das heutige Treffen findet statt, weil beim Jugendamt ein Hinweis einging, daß sich Frau Schulz nicht genügend um ihre Kinder kümmern würde. Immer wieder hat sie es mit solchen Anschuldigungen zu tun. Sie selbst meint, daß sie dadurch, weil sie alleinerziehend sei, auch schon bei der Nachbarschaft in Verruf geraten sei und nicht mehr wisse, wie sie sich gegen solche Anschuldigungen zur Wehr setzen könne. Sie habe es ja eh schon schwer genug, den Haushalt allein führen zu müssen, die Kinder zu erziehen und dabei noch Geld zu verdienen.

Als Frau Schulz mit ihren Ausführungen endet, werden die Kindergartenleiterin und ich nach unseren Eindrücken befragt. Wir stellen bei beiden Kindern fest, daß sie äußerlich gepflegt auftreten. Beide verhalten sich gegenüber den anderen Kindern in ihren Gruppen recht aufgeschlossen. Ich füge noch hinzu, daß Karl täglich seine Hausaufgaben bei uns mache. Auch das macht er mit Sorgfalt. Hin und wieder kommt es bei uns vor, daß er ohne ersichtlichen Grund den Eindruck erweckt, als daß er innerlich explodieren würde. Er schlägt dann wie wild um sich, fängt an bitter zu heulen. So eine Phase dauert ca. 5 Minuten, dann hat er sich wieder vollständig beruhigt. Durchschnittlich kommt es zu solch einem „Anfall" einmal im Monat.

Wir einigen uns, die Ursachen für das Verhalten von Karl zu ergründen. Frau Schulz wird empfohlen, zunächst die Erziehungsberatungsstelle aufzusuchen. Auch wir im Hort werden weiterhin das Verhalten von Karl aufmerksam beobachten.

Um 10.30 Uhr ist die Besprechung zu Ende. Bevor ich wieder in die Einrichtung fahre, werde ich noch zu unserer Geschäftsstelle fahren. Dort werde ich mein dortiges Postfach durcharbeiten. Unter anderem ist auch ein schriftlicher Vermerk des Geschäftsführers enthalten, daß unser Antrag wegen der Neugestaltung des Außengeländes zu unseren Gunsten entschieden wurde, zwar mit kleineren Änderungen, aber doch keinen wesentlichen Kürzungen. Ich freue mich sehr darüber. Auch die Kollegen, werden sicherlich glücklich sein. Es ist ein gutes Gefühl, als ich das Schreiben in meinen Händen halte. Es gibt mir meine Hoffnung zurück, daß nicht nur der schon sprichwörtlich gewordene „Rotstift" regiert, sondern auch die Einsicht und die Vernunft der Menschen wieder eine gewisse Macht haben.

Voll Tatendrang begebe ich mich zurück in die Einrichtung, wo ich sofort den anderen Mitarbeitern die gute Nachricht überbringe. Danach schildere ich noch kurz den Verlauf des Gesprächs beim Jugendamt und mache mir darüber eine Notiz für die Akten. Schon bald, so sehe ich in meinem Kalender, findet wieder ein Hortleitertreffen statt. In regelmäßigen Abständen von ca. 6-8 Wochen tauschen sich die Hortleiter des Landkreises untereinander aus. Wir sind insgesamt zu fünft. Beim letzten Mal haben wir uns auf das Thema „Bedeutung der Horte in der Jugendhilfeplanung" geeinigt. Der Gastgeber, in dessen Einrichtung das Treffen stattfindet, übernimmt die Vorbereitungen zur folgenden Besprechung. Diesmal sind wir dran. Für mich bedeutet dies eine Vorlage zu erarbeiten, die als Gesprächsgrundlage dienen soll. Dafür brauche mindestens drei Stunden, wenn ich das Hintergrundsmaterial zusammengetragen habe.

Für heute Nachmittag habe ich bereits vor geraumer Zeit einiges vorbereitet. Für Jungen und Mädchen, die mit „Tamagotchis" spielen, soll es einen Erfahrungsaustausch geben.

Wie gewohnt, essen wir zu Mittag, und nach einer Spielpause machen wir uns an die Hausaufgaben. Für die „Tamagotchi"-Gruppe haben sich acht Kinder gemeldet, die mitmachen wollen. Nach kurzer Zeit schon entbrennt eine heftige Diskussion über die kleinen Elektronikspielzeuge. Mein Ziel ist es zunächst herauszufinden, warum diese Plastikteile bei Kindern so beliebt sind. Dann möchte ich wissen, was man alles damit machen kann. In der Diskussion, so habe ich es geplant, sollen sich die Kinder bewußt machen, was für sie ein „Tamagotchi" ist.

Nach etwa dreißig Minuten beenden wir unser Gespräch in dieser Runde, doch bei einigen Kindern scheint die Diskussion noch weiterzugehen. Gut so, denn genau das war ja unser Ziel.

Nachdem wir aufgeräumt und wir die Kinder verabschiedet haben, kommt Klaus wieder zurück. Jemand hat ihm die Luft aus seinem Fahrrad gelassen und das Ventil mitgenommen. Er ist völlig außer sich, denn er weiß überhaupt nicht mehr, was er tun könne. Zunächst braucht er wohl Trost. Wir überlegen gemeinsam, wie wir das Rad wieder reparieren können, dann besorgen wir uns ein neues Ventil im Fahrradgeschäft, pumpen das Rad wieder auf und schließlich kann Klaus wieder nach Hause radeln.

Jetzt möchte auch ich nach Hause gehen, denn zu Hause wartet bereits meine eigene Familie auf mich.

Wenn ich so darüber nachdenke, ging auch diese Woche wieder vorüber wie im Flug. Manches konnte nicht so erledigt werden, wie ich es mir vorgestellt habe. Zu solchen Gedanken nehme ich mir am Freitagmorgen Zeit.

Der Tag beginnt für mich damit, daß ich mir Fachliteratur zu Gemüte führe. Heute kann ich mich damit nicht allzu lange beschäftigen, denn die Vorlage zur nächsten Hortleiterbesprechung entwirft sich auch nicht von alleine. Wie erwartet, grüble ich den ganzen Vormittag darüber. Immer wieder werde ich durch das Läuten des Telefons unterbrochen. Unter anderem ruft mich auch Ralfs Mutter an, die meine Einladung zu einem Gespräch über die Qualität unseres Mittagessens erhalten hat, an. Wir verabreden uns für Mittwoch abend 18.00 Uhr im Hort, um gemeinsam mit Ralf übers Essen im Hort zu sprechen.

Heute ist mein AG-Tag. Mit vier Kindern geht's zum Klettern, an einer richtigen Kletterwand. Da wir so etwas im Hort nicht besitzen, müssen wir dafür in den Nachbarort fahren, wo wir von der Organisation „Netzwerk für Kinder" deren Räumlichkeiten, in der sich eine solche Wand befindet, freundlicherweise zur Verfügung gestellt bekommen haben. Heute üben wir das Anseilen und Sichern. Die Kinder haben daran große Freude, denn sie kommen heute nicht nur zum Kraxeln, sondern auch zum Schwingen in der Wand.

Um 16.00 Uhr schließt die Pforte des Hortes für diese Woche zum letzten Mal.

(Diesen Bericht verdanken wir Michael Guldi.)

Kinder gestalten ihren Hort; da können sie sich verwirklichen – „etwas bewegen“

IV. Der Hort als organisierte Institution

1. Ein Organisationsmodell des klassischen Hortes

In einer modernen Gesellschaft gibt es zahlreiche Organisationen, u.a. auch solche, die für die pädagogischen Aufgaben zuständig sind. Eine Organisation ist ein soziales Gebilde mit bestimmten Funktionen. Im Falle des Hortes spricht man eher von „Institution" als von Organisation und innerhalb des Arbeitsfeldes viel mehr noch von „Einrichtung". Gerade wenn es sich um Institutionen für Kinder und Jugendliche handelt, dann verwenden die dort tätigen Pädagoginnen und Pädagogen selbst am liebsten den Begriff „Einrichtung".

Die Organisations-Soziologie kennt drei Typen von gesellschaftlichen Einrichtungen, die sie unter folgender Begrifflichkeit führt: Kontakt-, Einwirkungs- und Leistungsorganisationen. Diese drei Gruppen ergeben sich unter dem Aspekt des Zieles, das den Organisationen jeweils zu Grunde liegt.

Bei dieser Einteilung ist es nun so, daß der Hort - wie andere pädagogische und sozialpädagogische Einrichtungen auch - als sog. Einwirkungsorganisation zu verstehen wäre. „Einwirken" will und kann natürlich nicht die Vokabel und die damit verbundene Aufgabe einer modernen kind- und lebensbezogenen Pädagogik heißen - insofern müssen wir aus pädagogischer Sicht achtsam sein mit einer eventuellen Übernahme organisationssoziologischer Terminologie. (Die Soziologie tut sich in dieser Sache leichter als die Pädagogik, weil man dort weniger auf die mit Begriffen immer auch verbundene Geistigkeit des Alltags achten muß.)

Alle Organisationen bzw. organisierten Institutionen entsprechen soziologisch sechs Grundbestimmungen (vgl. Huppertz/Schinzler, Grundfragen der Pädagogik, Köln, München 1995, S. 131 f):

1. Organisierte Institutionen werden zur Realisierung bestimmter Ziele und zur Erfüllung spezifischer Aufgaben eingerichtet, deren Durchführung einen längeren Zeitraum beansprucht.
2. Organisierte Institutionen sind durch gesetzliche Regelungen in das gesellschaftliche System eingefügt. Deshalb handelt es sich dabei um politisch bedeutsame Einrichtungen.
3. Jede organisierte Institution weist eine bestimmte Struktur auf, die durch Arbeitsteilung, Machtteilung und Verantwortungsdelegation gekennzeichnet ist. Das bedeutet, daß in einer Institution jedem Mitglied bestimmte Funktionen übertragen sind, durch die dann auch seine Rolle gekennzeichnet ist.
4. In organisierten Institutionen wird kontrolliert, ob die Tätigkeiten der Mitglieder auf das Organisationsziel ausgerichtet sind. Es werden Kontrollmaßnahmen eingesetzt, die die Erfüllung der Ziele und Aufgaben gewährleisten sollen.
5. Organisierte Institutionen setzen Kriterien fest, nach denen ihre Mitglieder aufgenommen bzw. ausgeschlossen werden. Dabei ist zu unterscheiden zwischen Institutionen, in die man bei Erfüllung gewisser Voraussetzungen einzutreten gezwungen ist, und solchen, in denen man freiwillig Aufnahme findet.
6. Die verschiedenen Personen und Personengruppen haben unterschiedliche Interessen an der Institution. Es können sich zahlreiche voneinander abweichende Vorstellungen, z.B. über Aufbau und Ziele der Organisation ergeben. Daraus resultieren Konfliktmöglichkeiten sowohl innerhalb der Einrichtung als auch an Berührungspunkten nach außen.

Diese sechs Grundbestimmungen ließen sich problemlos als Fragen formulieren und, auf den Hort bezogen, stellen und beantworten. (Implizite geschieht dies an vielen Stellen des vorliegenden Buches.)

Das folgende Schema möchte als Organisationsmodell des Hortes verdeutlichen, welche kommunikativen Verbindungen, welche gesetzlichen und administrativen Abhängigkeiten, welche realen Einwirkungen usw. es für den Hort als Einrichtung gibt.

Gleichberechtigung: auch Mädchen lernen sägen – und zwar mit links

Organisationsmodell des klassischen Hortes

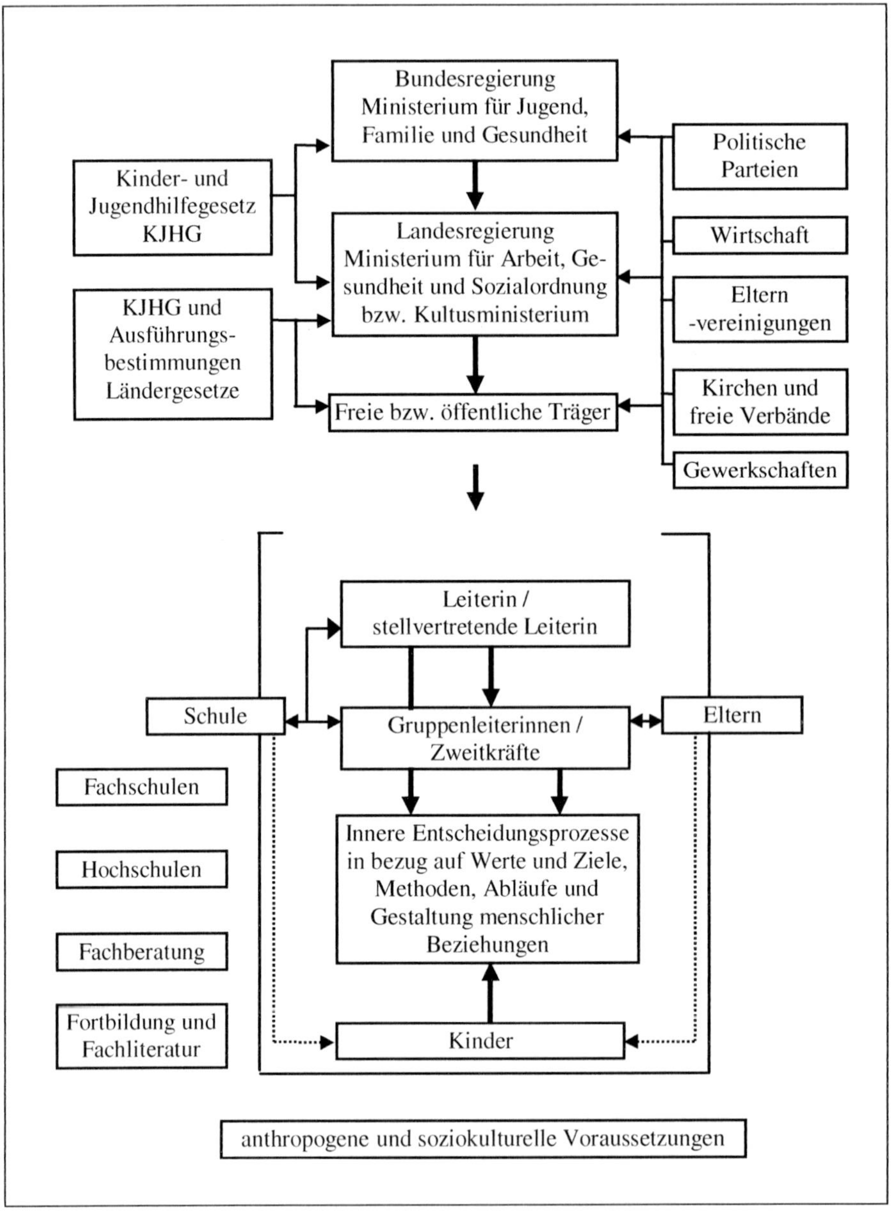

Im Zentrum stehen - pädagogisch gesehen - selbstverständlich die Kinder des Hortes und die für sie verantwortlichen Bezugspersonen - Gruppenleiterin, HortleiterIn, Eltern. Die Kinder und alle anderen Personen haben ihre Voraussetzungen, und zwar die anthropogenen (Alter, Geschlecht, Gesundheit etc.) und ihre soziokulturellen (Werte, religiöse Implikationen, Stadt/Land, Schichtzugehörigkeit, Art der familiären Einbindung etc.). Bei allen Überlegungen theoretischer Art und bei den praktischen Arbeiten sind dies zentrale Aspekte, die mit zu beachten sind. Einfach gesagt, geht es um die Frage: Welche Kinder hat der Hort und welche Personen als Betreuer? (vgl. auch VI und XIV)

Zwar im Außenbereich, jedoch mit deutlicher Wirkung auf „das Innere“ des Hortes, ist die Schule zu sehen. An ihren Ansprüchen und Erwartungen führt nicht viel vorbei (vgl. XIII).

Aber auch andere Bildungsinstanzen (Fachschulen, Hochschulen, Fortbildung, Fachberatung o.ä.) haben ihre Verbindungen zum Hort bzw. sollten sie haben.

Seine Aufgabenstellung wird dem Hort gleichsam „von oben“ zugewiesen, nämlich durch die gesetzgebenden und administrativen Instanzen, wie Träger, Ministerien, Regierungen (vgl. VII).

Auf der anderen Seite sind auch Wirtschaft und Parteien, Elternvereinigungen, Kirchen, Gewerkschaften etc. „gefragt“, wenn es um die Sache des Hortes geht.

Sämtliche hier in Erscheinung tretenden Instanzen - und dieses zu bedenken ist für Horterzieher von besonderer Bedeutung - haben im Hinblick auf den Hort ihre Erwartungen. Dabei kann es sich handeln um sog. stumme (d.h. unausgesprochene) Erwartungen. Allerdings gilt dies im Hinblick auf die jeweiligen Instanzen in sehr unterschiedlicher Form. Bei manchen ist es auch so, daß der Hort und die damit verbundene, u.a. gesellschaftliche Problematik erst einmal ins Blickfeld rücken müßte, so groß und unangemessen ist ihr Desinteresse.

Es bleibt anzumerken, daß es sich bei dem hier beschriebenen Organisationsmodell um den traditionellen, wenn man so will: reinen Hort handelt, den Hort also, der für sich allein als Einrichtung besteht. Bei anderen Horttypen ergeben sich weitere und andere Institutionsverknüpfungen und damit einhergehende Einflüsse und Abhängigkeiten, z.B. wenn der Hort in Verbindung mit einem Kindergarten besteht.

Wie bunt und vielfältig heute die „Hort-Landschaft“ geworden ist, geht aus dem folgenden hervor. Es erscheint uns recht fraglich, ob alles, was den Namen „Hort“ erhält, ihn tatsächlich auch verdient.

2. Formen und Typen von „Hort“ – o.ä.

Der Hort ist also keineswegs mehr die relativ einheitliche Einrichtung, als welche man ihn etwa nach den Gesetzen vermuten könnte, sondern er hat inzwischen eine ganze Reihe von Gesichtern und Gestalten.

Wir müssen heute deutlich unterscheiden zwischen dem originären Hort mit seinen eigenen Räumen und seinem fachlich qualifizierten Personal einerseits und anderen Maßnahmen, z.B. Hort an der Schule, Kernzeitenbetreuung o.ä., andererseits. Den letzteren Kategorien ist in allen Fällen gemeinsam, daß man keine besonderen und deutlich getrennten und in anderen Gebäuden vorhandenen Räume zur Verfügung stellt.

Was ist das, ein Hort an der Schule? So vielfältig, um nicht zu sagen verwirrend, wie hier die Sachlage mit ihren unterschiedlichen Formen oder Modellen ist, so vielfältig sind auch die zu findenden Begriffe, die - teils für dieselbe Sache - geführt werden. Auf mehr als ein Dutzend könnte man dabei kommen. In einer unsystematischen Auflistung ergeben sich Formulierungen wie „Volle Halbtagsschule, Grundschule mit festen Öffnungszeiten, Betreuende Grundschule, zusätzliche Angebote an

Grundschulen, Mittagsbetreuung an Volksschulen, pädagogischer Mittagstisch, Kernzeitenbetreuung an Grundschulen oder Grundschule von acht bis eins" (vgl. Pelzer/Frank 1996, S. 34).

a) Kernzeitenbetreuung

Bereits seit 1991 gibt es in Baden-Württemberg die sog. Kernzeitenbetreuung - eine Form, die - liest man die Werbung hierfür - alle damit verbundenen Probleme fast vergessen läßt. Hier ein Bericht aus „Schulzeit" (Kultusministerium Bad. Württ.), der im März 1991 veröffentlicht wurde mit der Überschrift „Mein Kind in guten Händen":

„Für Sibylle E. hätte es eigentlich nicht besser kommen können: Da sie einer Halbtagsbeschäftigung nachgeht, kam mit der Einschulung ihrer kleinen Tochter die Frage auf, wie sie vor und nach dem Unterricht beaufsichtigt wird. Als die berufstätige Mutter dann von der Einrichtung einer Betreuungsgruppe an Lenas künftiger Grundschule erfuhr, war für sie sofort klar, daß dies die Lösung war.

Wie Sibylle E. geht es vielen Müttern. Sie gehen einer Teilzeitbeschäftigung am Vormittag nach. Für ihre Kinder im Grundschulalter fängt oft der Unterricht erst nach Arbeitsbeginn an, vielfach stehen die Kinder auch schon vor der Tür, bevor die Mutter nach Hause kommt. Um hier den Müttern und Vätern die Sorgen zu nehmen, um ihnen Gewißheit zu geben, daß ihr Kind gut aufgehoben ist, hat die Landesregierung ein Betreuungsprogramm entworfen, das mit Schuljahresbeginn an einer Reihe von Grundschulen angelaufen ist. So wird jetzt mit der sogenannten Kernzeitenbetreuung, die den Zeitraum von etwa 7.30 Uhr bis 13.00 Uhr umfaßt, eine lückenlose Aufsicht vor und nach dem Unterricht gewährleistet. Die Eltern wissen für diese Zeit ihre Kinder in guten Händen.

Eltern bzw. Alleinerziehende, die Interesse an solch einem Angebot zeigen, können dies über die Schule bei der Gemeindeverwaltung melden.

Damit eine Gruppe zustande kommt, sollten mindestens 16 Anmeldungen vorliegen. In der Anfangsphase kann eine Gruppe auch während des Schuljahres beginnen. An den Kosten für die Betreuung - u.a. muß eine Betreuungskraft eingestellt werden - werden die Eltern in der Regel mit einem monatlichen Beitrag von etwa DM 80,- beteiligt.

Schulzeit war zu Gast in der Betreuungsgruppe der Karlsruher Südend-Schule, an der die Kernzeitenbetreuung seit Schuljahresbeginn läuft.

Georg und Christina sind die ersten, die an jenem Morgen kurz vor halb acht eintreffen. Sie schauen noch etwas verträumt drein, gut daß der Unterricht erst mit der zweiten Stunde beginnt. „Die Kinder können jetzt selbst entscheiden, womit sie sich beschäftigen wollen", so ihre Betreuerin die 27jährige P. Scherhaufer, die bereits eine Reihe von Spielmöglichkeiten vorbereitet hat. „Da die Kinder morgens alle zu unterschiedlichen Zeiten eintrudeln, sind Gruppenaktivitäten in der ersten Stunde kaum möglich." Heute haben die Kinder die Wahl, entweder ihre bereits früher angefertigten Tonfiguren anzumalen oder ein Tischspiel zu machen. Manche ziehen es jedoch vor, mit ihren Mitschülern Abziehbilder zu tauschen.

Nach dem Läuten zur zweiten Stunde wird es in der Betreuungsgruppe ruhiger, es sind nur noch wenige Kinder da, deren Unterricht erst mit der dritten Stunde beginnt. Ein großer Übersichtsplan gibt Auskunft über die Unterrichtszeiten in den Klassen und wann die 20 Jungen und Mädchen wieder zur Gruppe stoßen. Das Betreuungsangebot wird sehr unterschiedlich wahrgenommen, während manche Kinder schon zeitig zur ersten Stunde eintreffen, kommen andere erst nach Unterrichtsschluß und bleiben in der fünften und sechsten Stunde hier, bis sie gegen 13.00 Uhr abgeholt werden.

Schulleitung, Stadtverwaltung und die neugewonnene Betreuerin, eine ausgebildete Erzieherin, haben in gegenseitiger Abstimmung problemlos die Raumfrage, Möblierung sowie die Abstimmung von Unterrichts- und Betreuungszeiten geklärt. Die Sache läuft bestens.

Obwohl die Rahmenrichtlinien des Landes keine speziellen Qualifikationen der Betreuungskräfte vorschreiben, hat man sich in Karlsruhe für die Einstellung von ausgebildeten Erzieherinnen entschieden. Im Mittelpunkt der Betreuungsarbeit stehen sinnvolle spielerische und freizeitbezogene Aktivitäten, welche die individuellen Interessen und Fähigkeiten der Kinder unterstützen sollen. Spiele in der Gruppe stellen ein wichtiges Element der Betreuung dar, gleichzeitig soll es jedoch jedem Kind offenstehen, sich zurückzuziehen oder sich alleine zu beschäftigen.

Die finanzielle Beteiligung der Eltern am Betreuungsprogramm beträgt in Karlsruhe für das erste Kind DM 80,-, für jedes weitere DM 25,- monatlich. Wenn ein Kind an mehr als zehn zusammenhängenden Tagen im Monat an der Betreuung nicht teilnimmt, wird die Hälfte des Betrages zurückerstattet. Kein Beitrag wird erhoben, wenn die Eltern Leistungen nach dem Sozialhilfegesetz erhalten.

„Wenn es die Kernzeitenregelung nicht gäbe", so Sibylle E., „müßte ich ständig mit verschiedenen Leuten irgendwelche Absprachen treffen, und Lena wäre zwischen mehreren Bezugspersonen hin- und hergerissen." Daß schließlich auch Lena die Betreuungsgruppe für eine gute Sache hält, wird spätestens dann klar, als ihre Mutter nach der sechsten Stunde erscheint, Lena am liebsten aber noch hierbleiben möchte."

So schön ist das in der Kernzeitenbetreuungsgruppe, und „die Sache läuft bestens". Lena möchte gar nicht mehr nach Hause. Dieser einzelne Fall ist gewiß nicht zu bestreiten - jedoch muß bedacht werden, daß ein solches Modell niemals das erbringen kann - und zwar auf Dauer und für jedes Kind - was der traditionelle und voll ausgestattete Hort bietet.

Mit dem Kernzeitenbetreuungsmodell, das, wie gesagt, unter mehreren anderen Namen existiert, in Verbindung kann man im wesentlichen zwei Formen der Betreuung „an“ der Schule bzw. „mit“ der Schule sehen. Der wesentliche Unterschied bei beiden besteht darin, daß im einen Fall die Teilnahme freiwillig, und d.h. für einzelne Kinder, im anderen Fall dagegen obligatorisch, und d.h. für alle Kinder stattfindet. Man spricht in diesem Zusammenhang vom sog additiven Modell (a) und vom sog. integrierten (b).

Im additiven Modell (a)wird der Schule eine Betreuungsmöglichkeit beigegeben (latein. addere = hinzufügen), damit die Kinder zu den Zeiten, wo - vorgesehen oder nicht - kein Unterricht stattfindet, nicht unversorgt sind und die Schule somit verläßliche Öffnungszeiten hat.

Im integrierten Modell (b) (von latein. integrare = ein Ganzes herstellen) ist es so, daß die Trennung zwischen Bildung (durch „die Schule“) und Betreuung (durch eine sozialpädagogische Fachkraft, Hortnerin) aufgehoben und beides zu einem Ganzen miteinander verbunden ist. Man spricht in diesem Zusammenhang auch von der sog. vollen Halbtagsschule (vgl. Frank/Pelzer 1996, S. 35).

Man mag die Organisationen nennen, wie es gefällt - wichtig ist und bleibt einzig die Frage nach der realen Qualität für das Kind. Dies gilt auch für die folgende Form.

b) Hort an der Schule

Für den „Hort an der Schule“ wird ebenfalls in „Schulzeit“ geschrieben und geworben, und zwar unter dem Titel „Hort an der Schule ab dem Schuljahr 1991/92“, und es heißt:

„Frau Marion T. kann endlich aufatmen. Als alleinerziehende Mutter hatte sie immer wieder Schwierigkeiten, ihren Sohn Oliver, Schüler der 3. Klasse, so unterzubringen, daß sie unbelastet ihrem Beruf nachgehen konnte. Während Oliver im Kindergarten war, konnte sie ihre Arbeit teilweise zu Hause erledigen, doch dann kam ein Angebot, das sie, die ja

darauf angewiesen ist, für sich und ihren Sohn den Lebensunterhalt zu verdienen, nicht ausschlagen konnte. Die Oma hatte damals Verständnis und Oliver wurde von ihr gut versorgt. Leider fiel sie wegen Krankheit im vergangenen Jahr aus. Einen Kinderhort in der Nähe der Grundschule gab es nicht. Und Oliver mit Bus und Bahn alleine in die Stadt fahren lassen? Das erschien zu gefährlich. Verschiedene Betreuer wechselten sich ab. Immer wieder mußte kurzfristig umorganisiert werden. Frau T. bekam oftmals während ihrer Arbeit die große Angst. Wenn heute wieder eine Stunde ausfällt, ist Oliver allein zu Hause. Die Freundin kommt zwar pünktlich um ½ 12 Uhr und bereitet das Mittagessen; jedoch nicht schon vorher. Doch schon seit diesem Schuljahr kann Frau T. diesbezüglich beruhigter sein. Die Kernzeitenbetreuung an der Grundschule, die Oliver besucht, läßt ihn zumindest am Vormittag unter guter Betreuung wissen. Und nun ist für das neue Schuljahr sogar ein Hortangebot an der Schule vorgesehen. Für Kinder zwischen 6 und 12 Jahren ist dieses zusätzliche Angebot gedacht. Für Alleinerziehende wie Frau T. oder Eltern, die berufstätig sein müssen oder wollen, ist dies eine große Hilfe.

Der Staat hilft mit

Zwar bleibt die Erziehung und Betreuung der Kinder auch künftig in erster Linie eine Aufgabe der Familie. Kinder sollen in Familien aufwachsen, nicht damit so einem bestimmten Familienbild entsprochen wird, sondern weil dies nach allen Erkenntnissen von Pädagogik und Psychologie Kindern die besten Entwicklungschancen gibt. Andererseits kann niemand an den gesellschaftlichen Entwicklungen vorbeigehen. Die Betreuung und Versorgung der Kinder berufstätiger Eltern und Alleinerzieher ist also eine immer dringender werdende gesellschaftspolitische Aufgabe. Die Landesregierung von Baden-Württemberg will ein Zeichen setzen und das Engagement der kommunalen und der anerkannten Träger der freien Jugendhilfe zur Einrichtung von sogenannten Kindergärten an der Schule mit einer Kostenbeteiligung wie beim Kindergarten unterstüt-

zen. Die Kinderhorte sollen deshalb nicht als Einrichtungen der Schule, sondern als Einrichtungen der Jugendhilfe betrieben werden. Es handelt sich hier folglich um kein schulisches Angebot. Entsprechend ist auch die Teilnahme freiwillig. Auswahl, Einstellung und Bezahlung des Betreuungspersonals wird von der Gemeinde bzw. vom freien Träger des Schülerhortes übernommen.

Wie sieht das Betreuungsangebot aus?

Die Nachmittagsbetreuung bietet freizeitbezogene Aktivitäten, daneben nützt sie vorhandene Angebote z.B. der Sportvereine, Musikvereine, Musikschulen sowie Angebote der Schule im Bereich von Arbeitsgemeinschaften. Die Aktivitäten können durchaus auch auf Sportplätze oder Jugendfarmen ausgedehnt werden. Die tägliche Betreuungszeit soll von Montag bis Freitag mindestens 5 Stunden betragen, je nach den örtlichen Verhältnissen z.B. von 12 bis 17 Uhr. Auch beim Kinderhort geht es nicht ohne den solidarischen Finanzierungsbeitrag der Eltern und der Kommunen. Die zu bezahlenden Beträge sind jedoch für Eltern und Alleinerziehende gestaffelt, je nach Einkommen. Bereits ab August 1991 ist daran gedacht, mit ca. 100 Betreuungsgruppen zu beginnen. Sollte sich der Modellversuch bewähren, sollen die Horte je nach Bedarf im ganzen Land eingeführt werden. Interessierte Eltern wenden sich bitte an das Schulverwaltungsamt, das über die Stadtverwaltung zu erreichen ist, an die Schulleitung oder die staatliche Schulverwaltung."

Auch im Zusammenhang mit „Hort an der Schule" wären viele Fragen zu stellen - vor allem eben auch die Frage nach der dem Hort ebenbürtigen Leistungsfähigkeit. Die Betreuung der Kinder an der Schule darf, z.B. im Hinblick auf Raum und Personal, nicht hinter die erforderlichen Hortstandards zurückfallen. Keine Billiglösungen also auf Kosten der Kinder!

Wenn auch nicht immer – so kann Hortleben doch ganz schön Spaß machen

c) Volle Halbtagsschule

Zu Beginn des Schuljahres 1998/99 führte das Land Rheinland-Pfalz die „volle Halbtagsschule" flächendeckend ein, wie die Berichte auf der folgenden Seite zeigen (Bad. Zeit. 29.08.98):

Rheinland - Pfalz führt neues Grundschulkonzept ein - Soziales Verhalten und Fremdsprachen

Frühstück und Englisch in der 3. Klasse

Von unserem Mitarbeiter
Holger Rube

Rheinland-Pfalz wird als erstes Bundesland die sogenannte „Volle Halbtagsschule" flächendeckend einführen. Das bisher einmalige Unterrichtskonzept startet an allen 1000 Grundschulen des Landes nach den Sommerferien am kommenden Montag. Ab dann soll die Schule nicht mehr nur Lernstätte sein, sondern eine echte „Lebensstätte" für die 190 000 6- bis 10jährigen. Lehrerverbände sprechen von der „größten pädagogischen Reform seit der Einführung der Grundschule".

Neben der Vermittlung von Lehrinhalten will die Schule nun auch verstärkt in die ihr zugedachte gesellschaftspolitische Rolle schlüpfen. Die Schüler sollen bei einem gemeinsamen „Betreuten Frühstück" mit dem Klassenlehrer soziales Verhalten lernen. Die Eltern kommen bei ihrer Tagesplanung in den Genuß ganzjährig verbindlicher Öffnungszeiten. Erste und zweite Klasse haben künftig Unterricht von 8.00 bis 12.00 Uhr, die Klassen drei und vier bis 13.00 Uhr.

Die neuen pädagogischen Konzepte seien geprägt von einem „Unterricht der Freiräume", so Vera Reiß-Jung vom rheinland-pfälzischen Bildungsministerium gegenüber der BZ. Der feste 45-Minuten-Rhythmus und das Pausenklingeln werden abgeschafft. Die traditionellen Fächer werden umgewandelt in „Lernbereiche". Konkret heißt das, daß der Lehrer die Möglichkeit bekommt, Schwerpunkte zu setzen. Je nach Ergiebigkeit des Themas oder der Mitarbeit der Kinder kann er diesem mehr oder weniger Zeit einräumen. Zudem gibt es ab der dritten Klasse eine „integrierte Fremdsprachenarbeit". Die Kinder sollen während des normalen Unterrichts spielerisch ein Grundvertrauen zu fremden Sprachen (Englisch, Französisch) entwickeln. Spontan können die Pädagogen bestimmte Situationen in der anderen Sprache erklären, vorzugsweise aus dem Alltagsbereich.

Die 10 000 betroffenen Lehrer stehen der Reform inhaltlich positiv gegenüber. Ihr Verband Bildung und Erziehung befürchtet aber, daß die „notwendigen pädagogischen Konzepte" wegen Personalmangel nicht umgesetzt werden können. „Trotzdem nehmen wir die Herausforderung an."

Halbtagsschule

Nachmachen

Vor zwanzig Jahren rief eine kleine Avantgarde von Bildungsreformern in Deutschland nach der generellen Ganztagsschule. Das ist vergessen, und nur wenige werden es ernstlich vermissen. Verdrängt wird aber seither gerne, daß Deutschlands Schulen bis heute im Normalfall nicht einmal dies sind: Halbtagsschulen. Grundschüler treten oft nur für zwei oder drei Stunden an und sind, kaum aus dem Haus, wieder daheim. Berufstätige Eltern bringt das oft in Verlegenheit. Aber um sie geht es nicht allein. Es geht auch nicht darum, schon Grundschüler prallvollen Unterrichtsvormittagen auszusetzen, wie sie bisher aus gutem Grund nur den älteren zugemutet werden. Aber die Grundschule kann und sie sollte auch mehr leisten. Die Einführung der echten Halbtagsschule in Rheinland-Pfalz wird hiermit zur Nachahmung empfohlen. Der gleiche Unterrichtsstoff, verteilt auf mehr Vormittagsstunden - das hat nur Vorteile. Es erlaubt eine Abkehr vom unseligen Dreiviertelstundentakt, diktiert von der Pausenklingel. Es gibt Lehrern und Schülern Zeit, ins Gespräch zu kommen - warum nicht beim zweiten Frühstück, zumal dieses für manchen Schüler oft das erste ist. Und es macht im Idealfall aus der Schule mehr als nur einen Ort zum Stoffempfang: Ein Stück Lebenswelt. Das tut nicht nur Schülern gut, die ihr Zuhause über weite Strecken des Tages verwaist vorfinden. Zugegeben: Lehrern verlangt die Abkehr vom Schema F mehr Einsatz und mehr Idealismus ab. Aber ist das zuviel verlangt?

Stefan Hupka

Diese – in unseren Augen revolutionäre – Maßnahme der sog. „vollen Halbtagsschule" wird man kritisch im Auge behalten müssen, vor allem, ob die veränderte Lehrerrolle von den in der Schule Tätigen so angenommen wird. Der herkömmliche Hort ist damit nicht ersetzt – jedenfalls nicht in seiner wünschenswerten Qualität.

d) „Große Altersmischung"

Unter verschiedenen Begriffen findet sich eine Betreuungsform, die im Zusammenhang mit der Hortpädagogik nicht unerwähnt bleiben darf. Mag man sie nun „Kinderhaus" nennen oder „Familiengruppe" oder „Kindergemeinschaftsgruppe" o.ä.: es geht darum, daß die Altersmischung der Kinder von null Jahren bis zwölf oder mehr reicht; „erweiterte Altersmischung" oder „große Altersmischung" ist gleichsam das Leitwort. (Lauter nicht gerade schöne Wörter, die an die Stelle von „Familie" oder „Hort" rücken möchten.)

„Eine Familiengruppe ist altersgemischt aus Kindern von null bis zwölf und mehr Jahren zusammengesetzt. Die Gruppenstärke liegt zwischen 15 und 17 Plätzen, die sich grob zu je einem Drittel auf die Altersstufen der traditionellen Einrichtungsformen verteilen. ... In der Regel sind alle Plätze Ganztags- oder Über-Mittag-Plätze. Die Gruppe „bewohnt" einen eigenen Bereich mit mehreren Räumen, die die wichtigsten Betreuungsfunktionen gruppenbezogen abdecken. Die personelle Besetzung basiert in den meisten Fällen auf zweieinhalb bis drei Fachkraftstellen, d.h. die Gruppen sind meistens mit drei Personen ausgestattet.

Die große Altersmischung hat in den letzten Jahren eine zunehmende Verbreitung gefunden. In Deutschland ging sie Ende der siebziger Jahre von West-Berlin aus und faßte in den achtziger Jahren vor allem in Hessen Fuß. ... Wir schätzen die Gesamtzahl der Familiengruppen (große

Altersmischung) in den alten Bundesländern auf 50 (Stand Ende 1994)." (Klein / Vogt 1995, S. 14)

So wichtig und interessant auch diese hortähnliche Einrichtung mit „großer Altersmischung" sein mag, auch sie kann den qualitätsvollen Hort nur ersetzen, durch besondere Anstrengungen und eine besonders differenzierend vorgehende Pädagogik.

In diese Richtung weisen auch deutlich Forschungsergebnisse aus Schweden, wo etwa 50 % der Einrichtungen seit Jahren die Altersmischung eingeführt haben. „In seiner Untersuchung über 14 Einrichtungen mit unterschiedlicher Altersmischung gelangte Sundell (1994) zu folgenden Befunden:

- „Die erweiterte Altersmischung wirkte sich positiv auf die relative Häufigkeit altersübergreifender Interaktionen der Kinder aus.
- Die relative Häufigkeit der altersübergreifenden Interaktionen stand indes in keinerlei positiver Korrelation mit durchschnittlichen Meßwerten der kindlichen Entwicklung. Im einzelnen bedeutet dies:
- Die individuellen Unterschiede in der sprachlichen und kognitiven Entwicklung der Kinder waren nicht korreliert mit dem Faktor Altersmischung, sondern in erster Linie mit dem Alter der Kinder sowie mit dem sozio-ökonomischen Status der Herkunftsfamilie, außerdem aber mit dem Ausmaß an direkter inhaltsbezogener Beschäftigung („direct instruction") der Erzieherinnen mit den Kindern; für den zuletzt genannten Faktor gilt nun aber, daß „direct instruction" überwiegend in Phasen des Tageslaufs angesiedelt ist, in denen altersgleiche Untergruppen gebildet werden; jedenfalls aber ergab die Untersuchung eine stärkere Gewichtung von „direct instruction" und – dementsprechend – eine stärkere sprachliche und kognitive Förderung der Kinder in altersgleichen bzw. altersähnlichen Gruppen.

- Was die individuellen Unterschiede in der sozioemotionalen Entwicklung der Kinder betrifft, so waren auch diese nicht korreliert mit dem Faktor Altersmischung bzw. mit dem Ausmaß altersübergreifender Interaktion, sondern nur mit dem Alter und Geschlecht der Kinder.
- Zusammenfassend stellt der Autor fest, daß die erweiterte Altersmischung entweder eine etwas ungünstige Wirkung (dies betrifft sprachliche und kognitive Aspekte) oder aber gar keine nachweisbare Wirkung auf die Entwicklung der betroffenen Kinder ausübt." (Liegle 1998, S. 33 f.)

Mit welch einer Euphorie man in Sachen „große Altersmischung" Trends folgt – auch in einer relativ kinderfreundlichen Stadt -, zeigt der folgende Bericht, aus dem zugleich deutlich wird, daß die für das Wohl der Kinder wichtigen Entscheidungen ohne wissenschaftliche Orientierung getroffen werden (Bad. Zeit. 06.03.96):

Einstimmiger Beschluß des Gemeinderats

Freiburg baut sein erstes Kinderhaus

Im neuen Stadtteil Rieselfeld wird das erste Kinderhaus in Freiburg gebaut. Dies hat der Gemeinderat gestern einstimmig beschlossen. Gebaut wird auf der Grundlage des Entwurfs des Architektenbüros Bühler, daß beim Architektenwettbewerb den ersten Platz belegt hatte. Neben dem Kinderhaus mit fünf Gruppen wird es im ersten Bauabschnitt einen Kindergarten mit sechs Gruppen geben. In beiden Einrichtungen besteht die Möglichkeit, altersgemischte Gruppen zu bilden.

Bürgermeister Hansjörg Seeh wertete die Entscheidung des Gemeinderats als „wichtigen Startschuß". Mit dem Kinderhaus werde, so Seeh, nicht nur die notwendige Zahl der Kindergartenplätze geschaffen, sondern in Freiburg erstmals in diesem Umfang auch ein neues pädagogisches Konzept umgesetzt. Denn im Kinderhaus, das im Dezember1997 fertiggestellt sein soll, werden nicht nur Kinder zwischen drei und sechs Jahren betreut, sondern auch Kinder unter drei Jahren und von sechs bis zwölf Jahren. Die Bildung altersgemischter Gruppen fördert, so zeigen es Beispiele in anderen Städten, die soziale Entwicklung der Kinder. Sie lernen (ähnlich wie in einer Familie mit Geschwistern) mit den Fähigkeiten und Bedürfnissen von Kindern in verschiedenen Altersstufen zu leben.

Der Kindergarten, der im Endausbau sechs Gruppen beherbergen wird, soll im April 1998 folgen. Beide Einrichtungen, so verspricht Bürgermeister Seeh, sind so aufeinander abgestimmt, daß sie eine hundertprozentige Versorgung der Drei- bis Sechsjährigen und ein „bedarfsgerechtes" Angebot für die Ein- bis Drei- und Sechs- bis Zwölf-jährigen bieten.

Das erste Freiburger Kinderhaus wird gebaut nach dem Entwurf des Architektenbüros Bühler, dem ersten Preisträger des Architektenwettbewerbs. Der Jugendhilfeausschuß hatte sich allerdings für den Träger des dritten Preises, das Büro Ruser und Strau0 ausgesprochen. Ein Vergleich beider Vorschläge durch das Hochbauamt hat jedoch ergeben, daß der Entwurf des ersten Preisträgers nicht nur architektonisch, sondern auch wirtschaftlich eher umzusetzen ist. Der Kindergarten wird nach ähnlichen Entwürfen geplant wie die Einrichtung in der Belchenstraße.

gln.

Unser Kommentar: Alterserweiterte Gruppen können nur dort als sinnvoll betrachtet werden, wo man sich der Anforderungen im Sinne der Altersdifferenzierung bewußt ist und auch tatsächlich handelt. Und nochmals: Keine bildungsfeindlichen Billiglösungen, wenn es um Kinder geht. Nicht alles, was „sozial" klingt, ist deshalb auch schon sinnvoll.

Vertiefende Literatur dazu:

L. Klein / H. Vogt: Leben in der Familiengruppe. Ein Praxisbuch über die große Altersmischung, Freiburg i.Br. 1995 (Lambertus-Verlag)

M. Schäfer, Groß und klein unter einem Dach. Altersgemischte Gruppen in Kindertagesstätten, Freiburg i.Br. 1996 (Herder-Verlag)

Ludwig Liegle, Zwischen Familien und öffentlichen Insitutionen, in: Neue Praxis 1/98 S. 27 - 35

Leben und lernen – Umgang mit Messer, Gabel, Scher' und...

V. Zum Theorie- und Forschungsstand der Hort-Pädagogik –Was ist erreicht? – Was bleibt zu tun – auch politisch?

Der Hort zählt so eindeutig zu den originär sozialpädagogischen Einrichtungen wie kaum eine andere Institution mit dem Auftrag von Erziehung und Bildung. Als eine so bedeutsame Einrichtung, und besonders in ihrem Charakter als Nahtstelle zwischen Familie und Schule, dürfte man sich wünschen, daß die Einrichtung Hort auch ihren wissenschaftlich fundierten Stand im Spektrum der Forschung und Theoriebildung hätte. An dieser Stelle soll wenigstens kurz gefragt werden, wie es damit im Hinblick auf den Hort bestellt ist. Wo stehen wir heute mit der Forschung und Theorie in der Hortpädagogik?

Daß die Sozialarbeit und Sozialpädagogik generell noch längst nicht genügend erforscht sei und Theoriewissen habe, das betonen die Einen. Die anderen wenden dagegen ein, daß es große Fortschritte zu verzeichnen gebe in Forschung und Theoriebildung der Sozialen Arbeit. Wir schließen uns im Prinzip eher dieser letzten Position an, indem auch wir die immensen Leistungen, die es in den letzten Jahren und Jahrzehnten in unserem Metier gegeben hat, erkennen und ausreichend würdigen möchten (vgl. hierzu Huppertz, Theorie und Forschung in der Sozialen Arbeit, Neuwied/Kriftel 1998, bes. S. 7 ff.). Allerdings wollen wir auch nicht die Desiderate übersehen, die es eindeutig zu konstatieren gibt.

Wie steht es nun speziell mit der Theorie und Forschung im Hinblick auf den Hort? Um es vorweg zu sagen: Der Hort kann, mag man sich positionieren, wie man will, nicht so optimistisch eingeschätzt werden im Hinblick auf seinen Theoriestand. Dies wollen wir in dem hier möglichen Maße ein wenig untersuchen.

1. Was müßte gegeben sein und getan werden? – Eine Einschätzung

Im folgenden werden von uns Aspekte angegeben, mit deren Hilfe man den Theorie- und Forschungsstand des Hortes exakter prüfen könnte. Aus Gründen des Aufwandes, mit dem eine genaue Prüfung verbunden wäre, führen wir diese hier nicht durch, geben jedoch die entsprechenden Impulse dazu. Wir geben zu den einzelnen Bereichen nur jeweils grobe Einschätzungen ab.

a) Geschichte.- Zur Geschichte des Hortes liegen inzwischen verschiedene Arbeiten vor (vgl. z.B. Rolle/Kesberg 1988). Allerdings bleibt an historischer Arbeit noch sehr viel zu tun.

b) Theoriegebiete.- Hier denken wir an die verschiedenen Theoriebildungspositionen, die geeignet wären die Hortpädagogik zu befruchten, z.B. Phänomenologie, Dialektik, Hermeneutik, Empirie etc. (vgl. Huppertz 1998). Gemessen an diesem Kriterium bleibt leider nichts anderes zu sagen, als daß die Institution Hort so gut wie unerforscht ist.

c) Methodik.- Jede sozialpädagogische Einrichtung braucht ihre (!) Methoden, die gewiß zu einem großen Teil identisch sind mit den Arbeitsweisen anderer Einrichtungen. Für den Hort ist die Methodenlehre kaum ausgearbeitet (vgl. XII)

d) Arbeitsfelder und Institutionen.- Der Hort und die inzwischen in zahlreicher Form vorhandenen Typen von Hort (vgl. IV) müßten mit Hilfe organisationssoziologischer Aspekte untersucht werden. Dieses ist bisher gar nicht geschehen.

e) Grundlagen- bzw. Hilfswissenschaften.- Wir meinen hier die Disziplinen, wie z.B. Recht, Psychologie, Soziologie etc., in ihrer spezifischen

Bedeutung und Fragestellung für den Hort. Auch dieses ist so gut wie nicht geleistet.

f) Struktur und Aufbau des Feldes.- Damit meinen wir die Vernetzung des Hortes „nach oben" und „nach unten", und zwar im Gefüge der Träger – und gesellschaftlichen Strukturen. Dieses Gebiet ist ebenfalls nicht erforscht.

g) Professionalisierungs- und Ausbildungsfragen.- Hier müßte u.a. klar und kritisch den Fragen nachgegangen werden, wer bzw. welche Professionen im Hort tatsächlich arbeiten und ob diese Qualifikationen ausreichen. Das scheint nicht geleistet zu sein.

h) Internationalität und Vergleich.- Ein Vergleich des „deutschen Hortes"- was auch immer das dann bei der großen Heterogenität sein mag – mit entsprechenden Einrichtungen in anderen Ländern scheint völlig auszustehen. Quantitativ ist Deutschland in Sachen Hort gewiß zu den Schlußlichtern zu zählen. Die Qualität wäre weiter zu prüfrn – allerdings auch im Vergleich von der anderen Seite her, d.h. von den Ländern her, bei denen so viele Kinder im Hortalter „versorgt" sind – jedenfalls quantitativ. Wer die Ganztagsschule hat, verfügt damit per se noch längst nicht über eine qualitätsvolle Kindereinrichtung. Da wäre auch im Ausland vieles zu prüfen.

Vorläufiges Fazit: Will man den Theorie- und Forschungsstand des Hortes mit Hilfe der Kategorien Geschichte, Theoriegebiete, Methodik, Institutionenlehre, Grundlagen- und Hilfswissenschaften, strukturelle Verknüpfungen, Professionalität und Internationalität (Komparatistik) – messen und einschätzen, so muß leider für fast alle diese Gebiete Fehlanzeige gemeldet werden. Jedenfalls gibt es keinen Grund zu jubeln.

Um mit wissenschaftlicher Akribie die hier aufgeworfene Frage zu beantworten, müßten weiter des genaueren Antworten gegeben werden auf die folgenden Fragen:

- Wie viele Nachschlagewerke, Handbücher etc., haben wir spezifisch für die Hortpädagogik vorliegen?
- Wie viele Fachzeitschriften gibt es zum Hortbereich?
- Wie viele Reader (Artikel- und Aufsatzsammlungen) wurden herausgegeben?
- Wie viele Diplomarbeiten und Dissertationen gab es während der Vergangenheit zur Hortpädagogik und wie viele Buchpublikationen?
- Wie viele Einführungswerke zur Hortpädagogik gibt es? Usw.

Alle vorliegenden Publikationen, incl. auch Zeitschriftenartikel, wären selbstverständlich auf ihre wissenschaftliche Qualität hin zu untersuchen, und zwar nach intersubjektiv austauschbaren Kriterien (vgl. Lechner/Mägdefrau, Partial-Holismus in der Sozialen Arbeit 1998, sowie Huppertz, Theorie und Forschung in der Sozialen Arbeit 1998).

2. Unser Fazit

Über den hier skizzierten Weg der wissenschaftlichen Erarbeitung des Theorie- und Forschungsstandes der Hortpädagogik käme man dann zu einer Gesamteinschätzung. Wie sähe diese wohl aus?

Unser vorläufiges Gesamtfazit zum Stand der Theorie und Forschung in der Hortpädagogik fällt – im Ganzen gesehen – eindeutig negativ aus. Wenngleich es zahlreiche Zeitschriften- und Lexikonartikel sowie mehrere Buchpublikationen zur Hortpädagogik gibt und die vorhandenen Ansätze ihre Anerkennung verdienen, so ist schlechthin zum Arbeitsfeld von der Theorie und Forschung her, d.h. u.a. von den hierfür Verantwortlichen aus, viel zu wenig getan worden: Der niedrige Stand im quantitativen Ausbau der Hortplätze in Deutschland korrespondiert ziemlich genau mit dem Theorie- und Forschungsstand des Hortes. Die Rede vom ",,Stiefkind Hort"“ wie es unter den praktisch Tätigen oft heißt, gilt für den Theorie- und Forschungsstand nahezu ohne Einschränkung. Das muß sich ändern.

(Ein ausführliches Literaturverzeichnis findet sich am Ende.)

3. Desiderata.- Was wäre alles nötig für einen guten „Standort" der Hort-Pädagogik und des Hortes?

a) *Verbesserung der Theoriebildung*.- Wie aus dem Vorhergehenden Deutlich wird, ist im Bereich der Theorie und Forschung erheblich mehr zu tun, als es bisher der Fall gewesen ist. Die universitäre Erziehungswissenschaft, ebenfalls natürlich die Fachhochschulen für Sozialwesen, müssen ihr Interesse in Richtung Hort deutlich erhöhen bzw. dazu angehalten werden.

b) *Abbau der Defizite bei Verbänden und Ministerien*.- An diesen Schaltstellen fristen der Hort und seine Mitarbeiter ebenfalls ein Schattendasein. Die Wohlfahrtsverbände richten sich in ihren Organen (Zeitschriften) leider nach Masse und Markt, also nach dem Verkauf, und deshalb kommt der Hort zu kurz.

c) *Gründung eines eigenen Fachorgans*.- Die sozialpädagogischen Fachzeitschriften beachten den Hort recht unterschiedlich, im Ganzen jedoch in viel zu geringem Maße. Deshalb sollten Horterzieher sich stärker solidarisieren und ihre FAchzeitschrift – speziell für den Hort haben. (Eigener Verband? Eigene Gewerkschaft? etc.)

d) *Imageverbesserung in der Öffentlichkeit*.- Außer daß man ein eigenes Fachorgan hätte, müßten alle mit dem Hort Befaßten etwas für die Vergrößerung von dessen Bekanntheitsgrad und zur Imagepflege in der Öffentlichkeit tun, z.B. Ausstellungen, Politiker einladen, Zeitungsberichte etc.

e) *Auch die Ausbildung muß sich anfragen lassen*.- Ob die Ausbildung für die Hortarbeit, über welche die meisten heute im Hort Tätigen verfügen, ausreicht, muß wenigstens einmal kritisch gefragt werden dürfen. Jedenfalls handelt es sich um eine Tätigkeit, in der sehr viele Elemente aus Sozial-, Schul-, und Sonderpädagogik erforderlich sind. Auch an den Fachschulen muß der Weg „weg von der schulischen Stoffvermittlung" weiter beschritten werden, und zwar hin zu forschendem Lernen, wobei u.a. auch wenigstens kleinere Studien zum Hort durchzuführen wären. (Man möge nicht einwenden, daß dazu die Voraussetzungen der FachschülerInnen fehlten. Noch niemand hat es versucht.) Auch beim derzeitigen Ausbildungssystem müßte „der Hort" als curricularen Teil einen viel höheren Stellenwert erhalten.

f) *Die gesetzlichen Grundlagen bedenken.*- Wie es für den Kindergarten geschehen ist, so muß auch für den Hort auf bundes- und landespolitischer Ebene gefragt werden, wie man es mit der sozialpädagogischen Einrichtung Hort halten möchte. Soll sie z.B. von staatlicher Seite in Zukunft eine Kann-, Soll- oder Mußeinrichtung sein?

g) *Ausbau der Hortplätze.*- Diese Forderung geht an die verantwortlichen Politiker. Die Anzahl der erforderlichen Hortplätze wird weiter steigen, und demgemäß muß frühzeitig reagiert werden. Je nach Land und Region gibt es gravierendste Unterschiede.

h) *Die Fort- und Weiterbildung stärken.*- Nicht nur die Ausbildung für den Hort wäre zu verbessern, sondern den Erzieherinnen und Erziehern müssen viel mehr Möglichkeiten der Fortbildung im Hortbereich, vor allem aber der wissenschaftlichen Weiterbildung, d.h. des statusbezogenen Aufstiegs, z.B. über Fachhochschulen und universitäre Ausbildung geboten werden. Von ihren Verdiensten her und bei ihrer wahrlich nicht leichten Arbeit stünde dieses den Personen in der Hortarbeit ganz gewiß auch zu. In diesem Punkt geschieht nicht das Mindeste.

VI. Kinder und Jugendliche heute - Wie sie sind, was sie brauchen und was sie haben

1. Entwicklungspsychologische Aspekte des Hortalters

Von „dem Hortkind“ oder „den Hortkindern“ ist oft die Rede, und gemeint sind die Kinder, die den Hort besuchen. Kinder? Im Alter von 6 bis 14 Jahren. Kinder? So einfach kann das nicht mehr gesagt werden. Wenn Jugendliche mit 16 Jahren zur Wahlurne gehen, können sie dann mit 14 noch Kinder sein?

Für alle, die im Hort arbeiten, ist es sehr ratsam, einen Blick in die Entwicklungspsychologie zu tun und sich kundig zu machen, was dort zu dem betreffenden Alter gesagt wird. Zugegeben, daß auch die Pädagogische Psychologie als Wissenschaft in mancherlei Hinsicht noch keineswegs abschließende Forschungsergebnisse zu Tage bringen konnte; - dennoch aber müssen Horterzieher sich im Hinblick auf Latenzphase und Pubertät kundig machen. Wir können hier nur wenige Hinweise geben, empfehlen aber sehr, dies alles in der psychologischen Literatur zu prüfen und zu vertiefen.

Alle Informationen über Entwicklungsaltersstufen sind immer auf den Durchschnittsfall bezogen und dürfen insofern auch nur als Richtaussagen verstanden werden - allerdings im Regelfall mit hohem Wahrscheinlichkeitswert.

a) Das Alter der mittleren Kindheit und dessen Entwicklungsaufgaben

Hortkinder sind Schulkinder; denn bekanntlich folgt für die Sechsjährigen nach dem Kindergarten die Schule, und als soziale Einrichtung mit der Aufgabe der Erziehung, Bildung und Betreuung der Hort. Die Zeit ab dem 6. bis etwa zum 10. Lebensjahr wird oft als die sog. Latenzphase bezeichnet. (latere ist ein lateinisches Wort, von dem sich Latenz ableitet; es bedeutet so viel wie „verborgen sein".) Gemeint ist, daß die sexuelle Entwicklung des Menschen in dieser Zeit mehr oder weniger ruhe bzw. verborgen sei. Es ist zunächst auch die Zeit des Grundschulalters, und Grundschullehrer hörte man mindestens früher nicht selten davon reden, daß „die Kinder in diesem Alter noch so ruhig seien". Dieses kann trügerisch sein, und es darf daraus nicht abgeleitet werden, als wäre es dann auch pädagogisch gesehen ein so problemloses Alter.

„Dieses Alter ist dadurch gekennzeichnet, daß das Kind sich besonders interessiert verschiedenen Sachgebieten zuwendet und sich aktiv an neuen Aufgaben beteiligen möchte. Dabei wird es zunehmend fähiger, sich mit allem Neuen geistig auseinanderzusetzen und es kritisch zu befragen." (Huppertz / Huppertz 1981, S. 45)

Nicht ohne Grund fällt der Beginn dieser Zeit auch mit dem Schuleintritt zusammen. Die Kinder werden zunehmend selbständiger, lösen sich mehr und mehr von der Familie und wenden sich mehr und mehr den Gleichaltrigen zu, um dort ihre Erfahrungen zu machen. Hier muß nun der Hort seinen adäquaten Platz finden.

Kinder suchen und akzeptieren nun in stärkerem Maße eine sachliche Autorität, also jemanden, „der etwas kann". Sie wollen sich mit anderen messen und Bestätigung für die eigenen Leistungen erhalten. Das ist wichtig für die Entwicklung eines gesunden Selbstbewußtseins. Der Horterzieher, dem wir sehr empfehlen, auch und gerade inhaltlich „etwas zu können" - Bereiche wie Sport, Musik, Kunst, Handwerk usw. wären hier wichtig - wird nicht selten erleben, daß ihm vom Kind in diesem Alter gesagt wird: „Ich weiß, daß Du größer bist, als ich ... stärker bist als ich ... alles besser kannst als ich. Ich werde es Dir aber auch noch einmal zeigen." Dieses darf nie zu dauernder Enttäuschung und Entmutigung führen. Deshalb müssen den Kindern genügend Erfolgserlebnisse „zugespielt" werden. Diese Zeit ist also für die Persönlichkeitswerdung des Kindes ausgesprochen bedeutsam.

Das ist sie aber auch und ganz besonders insofern, als das Kind hier erstmalig den harten Auseinandersetzungen mit den Gleichaltrigen ausgesetzt ist und diese meistern muß, und zwar in einer ganz anderen Weise als etwa im Kindergartenalter und etwa in Konfrontation mit den Eltern. Untereinander folgen Kinder nicht ohne weiteres wegen einer liebevollen Beziehung, wie z.B. bei Eltern oder beim Horterzieher, sondern es muß argumentativ ausgehandelt werden, wie etwas zu gehen hat, und dieses müssen Kinder „bestehen" bzw. lernen zu „bestehen". Wie wichtig hier das Vorhandensein bzw. der Erwerb einer kommunikativen Kompetenz ist, das liegt wohl auf der Hand. Für den Erzieher muß deutlich sein, welche Relevanz es hat, gerade in dieser Zeit den argumentativen Dialog der Kinder zu fordern und zu fördern.

Die Auseinandersetzung mit Gleichaltrigen dient einer also in ihrer Bedeutung nicht zu vernachlässigenden Entwicklungsaufgabe der Kinder zwischen 6 und 12 Jahren. Was in der Entwicklungspsychologie traditionell als Latenzphase bezeichnet wird, wäre – je nach Aspekt – auch zu kennzeichnen als „Streitphase" (vgl. Krappmann 1984). Vergleichen wir: Kinder im Vorschulalter sind in ihrem moralischen Verhalten eng an die Vorstellungen ihrer Eltern und Erzieher gebunden. Die Einhaltung von Regeln und Normen erfolgt zum einen, weil das Kind die Gebote der Eltern achtet, zum anderen weil das Kind überzeugt ist, daß es echte Regeln gibt (vgl. Piaget 1972, S. 242 f.): Und zwar Regeln, die immerwährende Gültigkeit haben.

Erst mit Beginn des Schulalters lernen die Kinder, daß Regeln aufgrund von Verträgen zustande kommen, die ausgehandelt werden müssen. Und sie müssen auch die Erfahrung machen, wie wichtig es ist, diese Verträge aufgrund von eigenem Entschluß einzuhalten. Diese Erfahrungen sind oft schmerzlich. Eng verbunden ist damit die moralische Entwicklung. Piaget stellt fest, daß sich das moralische Empfinden der Kinder im Hortalter auf ein Gefühl gegenseitiger Achtung bezieht, und nicht mehr ausschließlich auf den Gehorsam gegenüber Eltern und Erzieherinnen. Dies alles lernen Kinder weniger durch gezielte Unterweisungen, sondern in der Auseinandersetzung mit Kindern ohne Einmischung durch Erwachsene. Krappmann hat durch Beobachtung von Spielgruppen festgestellt, daß die Phase der Auseinandersetzung und des Aushandelns von Spielregeln länger dauert, als das Spiel selbst.

Erikson hat die psychosoziale Aufgabe dieses Alters benannt als „Werksinn gegen Minderwertigkeit“ – „Ich bin, was ich lerne“. Kinder wollen teilhaben an ernsthaften Tätigkeiten. Die spielerischen Tätigkeiten sind nicht mehr nur „Als-ob-Handlungen“, sondern beanspruchen Ernstcharakter. Kindliche Leistungsbereitschaft fordert ihren Raum, insbesondere außerhalb von Lehrplänen und Stundentafeln. Die Kinder bewegen sich vom anschaulichen Denken zum Alter der konkreten Operationen. Sie wollen die Dinge begreifen, aber auch im richtigen Leben „erleben“. Eigentätigkeit ist die Grundlage der Erkenntnistätigkeit. Kinder werden besonders die Dinge verstehen, die sie selbst hergestellt haben.

Die Kinder spüren, wie gesagt, nun ebenso, daß die Familie für sie zu eng ist. Die Erwachsenenrollen sind hier schon vergeben. Jetzt suchen sie Vorbilder bei ErzieherInnen und LehrerInnen und vor allem bei Idolen aus den Medien und dem Sport.

Auch im psychomotorischen Bereich werden vorhandene Grundfähigkeiten vertieft und perfektioniert: In diesem Alter lernen die Kinder Fahrradfahren, Jonglieren, Kunststückchen, Zaubertricks usw. Erlebnispädagogische Elemente und Zirkuspädagogik müssen keine Modeerscheinungen sein, sondern eine Antwort bei der Suche nach Können und Wissen.

Bei Oerter / Montada (Weinheim 1987, S. 241 ff.) werden für Schulkinder die folgenden Entwicklungsaufgaben genannt:

- Fleiß und Leistung
- Erwerb der Kulturtechniken
- Lernen und Übernahme sozialer Rollen
- Schulfähigkeit
- Erreichen des jeweiligen Klassenziels
- Übernahme der Arbeitsstruktur
- Kooperation und Wettbewerb
- Spielen und Arbeiten im Team
- Verständnis von Gleichheit
- Verständnis von Regeln und Normen

Die hier vorgetragenen Informationen über das Grundschulkindalter und die damit verbundenen Aspekte und Ziele mögen dem Hortpädagogen helfen, den Entwicklungsstand der Kinder prüfen zu können, wie auch selbst eine Zielperspektive zu haben.

b) Themen und Inhalte der mittleren Kindheit

Kinder im Hort befinden sich in der sog. mittleren Kindheit, und wir möchten nicht versäumen, der Frage nachzugehen, ob es Themen und Inhalte gibt, für die sich Kinder in diesem Alter in besonderer Weise interessieren und mit denen sie sich besonders befassen. Man könnte sie als sog. Grundthemen von Kindern im Hortalter verstehen (vgl. dazu und zum Folgenden Lang, München 1995).

Wir können acht solcher Grundthemen für das Alter zwischen sechs und 12 unterscheiden:

(1) *Jagen und Sammeln:* Fliegendes und Schwimmendes, Vögel und Fische, machen – besonders Jungen – gerne zu ihrer Beute – keineswegs immer um des Tötens und der Grausamkeit willen. (Es ist überhaupt schwierig, die Motive und Gründe der Themen zu finden. Vielleicht ist es einfach „Kindheit".)

Jungen und Mädchen frönen in dem Alter gerne ihrer Sammlerleidenschaft: Bierdeckel, Münzen, Briefmarken, Steine, Spielautos etc.

(2) *Sich Häuschen bauen:* Hütten, Lager, Behausungen, Baumhäuser, Höhlen – aus echtem Material hierfür oder aus Polsterteilen oder Kartons o.ä. – ist für Kinder dieses Alters typisch.

(3) *Pflegen und Hüten:* Ob es der Wellensittich, der Hamster, das Kaninchen oder das Aquarium ist – alles dies kann der Pflegefreude in der mittleren Kindheit entsprechen. – Es sind auch die zahlreichen Mädchen gerade dieses Alter, die wir an den Reitställen mit „ihren" Haflingern beschäftigt sehen. Jungen tun dies weniger. Auch das eigene Gärtchen und die Zimmerpflanze kann Gegenstand dieser Tätigkeit sein.

(4) *Entdecken und Erfinden:* Hinter die Dinge schauen zu wollen, das fängt hier viel stärker an, als etwa im Vorschulalter, z.B. Baustellen und Waldstücke erkunden, Dachböden, U-Bahnhöfe, Kanalröhren und vieles mehr. „Maschinen" und Geräte, z.B. die mit dem Motor des alten Rasenmähers angetriebene Seifenkiste, sie werden „erfunden" – wenn auch vielfach nur als Gegenstand der Phantasie.

(5) *Handwerk und Handel:* Kinder unseres Alters interessieren sich – bei entsprechenden Angeboten keineswegs nur geschlechtsspezifisch verteilt – für Dinge, wie z.B. Mauern, Schmieden, Schreinern, Spinnen, Töpfern, Stricken, Knüpfen, Schneidern, Ställe bauen, Wägelchen herstellen etc. Sie wollen dieses aber alles „richtig" tun, das heißt nicht im Rollenspiel, sondern mit echtem Material und mit „richtigem" Werkzeug.

(6) *Freundschaften, Gruppen und Banden:* lauter unerläßliche Themen dieser Zeit. Sie sind unverzichtbar für die Sozialerziehung der Kinder und müssen hier ihre Möglichkeit erhalten und ausgelebt werden können.

(7) *Körpererfahrungen*: viele körperbezogene Aktivitäten werden hier erlernt und herrschen hier vor, wie z.B. auf Stelzen gehen, Schlittschuhe- und Rollschulaufen, Ballspiele, Pfeifen, Schielen, Augenzwinkern usw.

(8) *Phantasiewelten*: Es sind die Welten der Sagen, Romane und Mythen, die hier an die Stelle der Märchen treten und die Kinder beschäftigen. Oft schlägt sich das dann in den Spielen und Erzählungen der Kinder nieder. (Das reine Abhören oder Sehen der betreffenden audiovisuellen Medien wird dem hiermit verbundenen Anliegen der Kinder nicht gerecht. Lesen gibt den Phantasiewelten viel mehr und bessere Chancen.)

Erzieher im Hort müssen wissen, daß derlei Grundthemen (es müssen nicht nur die genannten acht sein) zum Kind in diesem Alter dazugehören, also seinem Wesen und seiner Natur entsprechen. Sie sind gleichsam normal und verlangen nach Akzeptanz und Förderung.

c) Die Jugendlichen im Hort

Selbst im sog. klassischen Hort, dessen Besucher sich im Alter zwischen 6 und 14 Jahren befinden sollten, hatten wir uns bereits auch mit dem Jugendalter zu befassen; denn die 14-jährigen sind wirklich nicht mehr ohne weiteres als Kinder anzusehen. Dies gilt in der heutigen Zeit um so mehr.

So sieht es recht deutlich auch das neue Kinder- und Jugendhilfegesetz vom 1.1.1991, in dem es heißt: „Kind ist, wer noch nicht 14 Jahre alt ist ... Jugendlicher, wer 14, aber noch nicht 18 Jahre alt ist ..." (§ 7,1). Auch in den Kommentaren zum KJHG wird die Subjektstellung von Jugendlichen und (!) Kindern betont, wenn es etwa um deren Beteiligung geht (vgl. § 8 KJHG). Kindern und Jugendlichen wird dabei ein klares argumentatives Mitspracherecht zugesprochen.

Entwicklungspsychologisch wird - je nach Wissenschaftsposition etwas anders - das Zeitalter der Pubertät ab 10, 11 bzw. 12 Jahren angesetzt, also eine Altersstufe, die mit dem Hortalter kongruiert: Wir können davon ausgehen, daß ein Teil der „Hortkinder" sich in der Anfangsphase der Pubertät befindet und auch insofern als Jugendliche anzusehen sind.

Am auffälligsten sind die körperlichen Veränderungen in dieser Zeit, wobei es aber geradezu fatal wäre, sich nur darauf zu konzentrieren:

„Die Pubertät beginnt bei den Mädchen etwa im zehnten oder elften Lebensjahr. Einen genauen Zeitpunkt kann man nicht voraussagen, da Anfang und Dauer der Reifezeit bei den einzelnen Mädchen unterschiedlich sind. In dieser Zeit entwickelt sich der Körper des Mädchens zum Körper der Frau. Die äußeren und inneren Geschlechtsorganc (Scheide, Scheidenlippen, Gebärmutter und Eierstöcke) werden größer, und seine ganze Gestalt erfährt eine Veränderung, indem sich der Körper stark in die Länge streckt, sich die Brüste bilden und Oberschenkel und Hüften sich stärker herausformen. Körperbehaarung im Genitalbereich und in den Achselhöhlen sind weitere Merkmale. Mit Eintritt der ersten Monatsblutung ist die Geschlechtsreife abgeschlossen. Damit ist etwa zwischen dem dreizehnten und vierzehnten Lebensjahr zu rechnen. Beim Jungen liegt der Beginn der Reifezeit meistens etwas später als beim Mädchen. Auch hier können Beginn und Dauer nicht genau festgelegt werden. Etwa im zwölften Lebensjahr beginnt der Junge sich körperlich zum Mann zu entwickeln. Merkmale sind: starkes Längenwachstum, Wachstum der Geschlechtsorgane (Penis, Hoden und Hodensack), Haarwuchs im Genitalbereich und in den Achselhöhlen, erster Bartflaum und Stimmbruch. Haben sich dann in den Hoden genügend Samenfäden gebildet, erlebt der Junge den ersten Samenerguß. Das kann schon im vierzehnten oder fünfzehnten Lebensjahr sein. Nachdem Jungen und Mädchen geschlechtsreif geworden sind, vergeht bei den meisten noch etwa ein Jahr, ehe sie fortpflanzungsfähig sind.“ (Huppertz / Huppertz 1981, S. 48/49)

Wir möchten die Zeit der Pubertät nicht als eine so problemgeladene Phase verstanden wissen, wie das hier und da geschieht; andererseits darf, von pädagogischer Seite aus betrachtet, jedoch auch nicht so getan werden, als wenn nichts wäre. Für die Jugendlichen selber stellen sich mancherlei Fragen, die vor allem ihre Identität betreffen: „Wer bin ich? Wie wirke ich auf meine Freunde und Freundinnen? Was wird aus mir? Welchen Sinn hat mein Leben? usw.“ Jugendliche sind in dieser Zeit oft hin- und hergerissen zwischen Gefühlslagen von Glück, Enttäuschung, Mut, aber auch Verzweiflung. Träume, Illusionen, Spannungen, Widersprüchlichkeiten - alles das sind Kennzeichen besonders dieser Zeit.

„Für den Umgang mit dem Jugendlichen und Heranwachsenden ist wichtig, daß wir seine Situation richtig einschätzen: er ist in einer Durchgangssituation, die von vielerlei Unsicherheits- und Diskrepanzerlebnissen geprägt wird. Der Jugendliche ist einerseits nicht mehr Kind, andererseits aber auch noch nicht Erwachsener. Er befindet sich in einem Stadium, wo die geistig-seelische Reifung mit der körperlichen nicht Schritt hält. Das macht ihm selbst manches unerklärlich, sollte aber bei der Umwelt Verständnis wecken." (a.a.O., S. 52)

Sowohl für Horterzieher als auch Eltern und Lehrer wie ebenfalls andere pädagogisch bedeutsame Personen, z.B. Jugendtrainer, kommt es nun auf einen all diesem angemessenen Verhaltensstil an - eine nicht gerade anspruchsarme Aufgabe, deren Ambivalenzen vor allem gesehen werden müssen, z.B.: Einerseits die erforderliche Ablösung von Eltern und Erziehern, andererseits aber die Notwendigkeit der Orientierungshilfe und Annahme. Freunde der Jugendlichen einladen, Kontakte ermöglichen, Gesprächsbereitschaft zeigen, Liebe und Zuwendung geben - aber dennoch dem Jugendlichen seinen (!) Weg ermöglichen und lassen - das können vielleicht einige Stichwörter für ein sinnvolles pädagogisches Verhalten an dieser Stelle sein.

d) Das Jugendalter und die Frage nach seinen Aufgaben

Hört man sich von psychologischer Seite geführte Gespräche über „das Jugendalter" an oder liest man (auch durchaus moderne) Literatur darüber, so ist immer wieder die Rede von „Aufgaben des Jugendalters" - sog. Entwicklungsaufgaben (engl. developmental tasks). Ein amerikanischer Entwicklungstheoretiker und -pädagoge namens Havighurst hat bereits vor einigen Jahrzehnten folgendes gesagt:

„Eine 'Entwicklungsaufgabe' ist eine Aufgabe, die in oder zumindest ungefähr zu einem bestimmten Lebensabschnitt des Individuums entsteht, deren erfolgreiche Bewältigung zu dessen Glück und Erfolg bei späteren Aufgaben führt, während ein Mißlingen zu Unglücklichsein, zu Mißbilligung durch die Gesellschaft und zu Schwierigkeiten mit späteren Aufgaben führt ... Die Entwicklungsaufgaben einer bestimmten Gruppe haben ihren Ursprung in drei Quellen: 1. körperliche Entwicklung, 2. kulturel-

ler Druck (die Erwartungen der Gesellschaft) und 3. individuelle Wünsche und Werte.“ (zit. nach Flammer 1988, S. 305)

In der Psychologie wird für die 12- bis 18-jährigen mit unterschiedlicher Akzentuierung von Entwicklungsaufgaben gesprochen, die wir im folgenden, von uns zusammengefaßt und das unter Latenzzeit und Pubertät bereits Erwähnte zum Teil noch einmal resümierend, hier auflisten. Es geht also um:

a) Akzeptanz des eigenen Körpers (so wie er ist) und dessen Nutzung

b) Erwerb der jeweiligen Geschlechtsrollen (männlich; weiblich)

c) Neue Beziehungen zu den peers beider Geschlechter

d) Unabhängigkeit von Eltern und anderen Erwachsenen

e) Erstreben von wirtschaftlicher Unabhängigkeit und Vorbereitung der beruflichen Laufbahn

f) Kognitive Kompetenzentwicklung für ein Auskommen als Bürger

g) Erwerb von sozial-verantwortlicher Kompetenz

h) Vorbereitung auf spätere Partnerschaft und Familie (o.ä.), verbunden mit dem Aufbau intimer Beziehungen

i) Identitätsentwicklung

j) Finden von Zukunfts- und Sinnperspektiven

Junge Leute selbst legen in unterschiedlicher Weise Wert auf die mit diesen Aufgaben verbundenen Inhalte. Nach Befragungen haben für 14- bis 16-jährige der Beruf, das Selbst und die Peers oberste Priorität; an zweiter Stelle folgen: Werte, Körper, Zukunft, Intimität, Ablösung und Rolle; an dritter Stelle stehen Partnerschaft und Familie. (Daraus ist nicht zu schließen, daß Partnerschaft und Familie für Jugendliche an sich geringe oder keine Bedeutung hätten.) Wie nun beim einzelnen jungen

Menschen die aktive Bewältigung der Entwicklungsaufgaben jeweils verläuft, hängt von vielerlei Gegebenheiten ab und scheint wohl auch noch nicht gut erforscht zu sein (vgl. dazu und zum Vorhergehenden Flammer, 1988, S. 307).

2. Was brauchen Kinder und Jugendliche? – Acht Bedürfnisbereiche – mit einem Prüfschema

Die Frage, um die es hier geht, wurde zum Teil bereits im vorangehenden Abschnitt über die entwicklungspsychologischen Aspekte gestellt und beantwortet. Es muß ihr aber, um zu einer angemessenen und pädagogisch bedeutsamen Basis zu gelangen, noch grundsätzlicher nachgegangen werden. Wir können uns dabei nach der von uns bereits an anderen Stellen behandelten allgemeinen pädagogischen Bedürfnistheorie richten (vgl. Huppertz 1992).

In acht Thesen wollen wir angeben, was Kinder und Jugendliche, und zwar auch und evtl. gerade Kinder und Jugendliche im Hort, brauchen. Mit „brauchen" meinen wir hier ihre echten Bedürfnisse, also das, ohne dessen Befriedigung sie Schaden nehmen. Ein Bedürfnis in diesem strengen Sinne darf nicht gleichgesetzt werden mit „Interesse" oder „Lust". Diese Begriffe meinen etwas anderes; sie beziehen sich auf Dinge, die uns – evtl. zu allem Notwendigen dazu – noch als angenehm erscheinen, jedenfalls für den Augenblick; die wir „gut gebrauchen können", ohne die wir aber auch sonst ganz gut – vielleicht aufs Ganze gesehen noch besser hinkämen. Die Pädagogik muß sich heute radikal darauf besinnen, was junge Menschen wirklich brauchen und was ihnen tatsächlich gut tut. Anderes muß evtl. sogar ganz gezielt ferngehalten oder auch vorenthalten werden. Das menschliche Leben kann sonst Gefahr laufen, schal und leer zu werden. Vor allem für Heranwachsende ist es geradezu fatal, wenn sie zu früh zu viel haben. Eine gute Entbehrung kann pädagogisch sehr sinnvoll sein.

Was brauchen Kinder und Jugendliche wirklich?

(a) *Kinder und Jugendliche bedürfen der menschlichen Zuwendung und Liebe; je jünger sie sind, desto mehr.*- Für das ganz junge Kind wurde die Notwendigkeit der Zuwendung bereits von René Spitz durch seine Hospitalismusstudien nachgewiesen. Zahlreiche folgende Studien kamen immer wieder zu demselben Ergebnis: Wenn die elterliche (o.ä.) Zuwendung gegenüber Kindern ein bestimmtes Maß unterschreitet, dann nehmen diese Schaden (Retardierungen und Defizite verschiedenster Art).

(b) *Kinder und Jugendliche bedürfen der sozialen Einbindung.*- Das Kind braucht also auch die Gruppe als sozialen Erfahrungsraum. Es muß mit anderen kommunizieren können, Grenzen erfahren, Anregungen aufnehmen, Freude erleben usw. Nur innerhalb einer Gruppe lernt das Kind und der Jugendliche, ja der Mensch überhaupt, wer er ist und welchen Wert er für andere hat. Für seine Identitätsfindung ist die soziale Einbindung unerläßlich. Gerade für die vielen Einzelkinder wird somit jede Gruppenerziehung und –bildung von Bedeutung.

(c) *Kinder und Jugendliche bedürfen der Bildung.*- Hier geht es um die inhaltlich-thematische Anregung, und zwar in erster Linie durch verantwortliche Erwachsene, aber auch durch die Gruppe der Gleichaltrigen. Kinder, die von früh an bildende Anregungen erhalten, können sich sehr bald auch selbst Gegenstände erschließen. Besonders dem Hortkind darf das an Bildungsgütern nicht vorenthalten werden, was bei anderen Kindern oft genug von familiärer Seite erbracht wird.

(d) Kinder und Jugendliche bedürfen der Erziehung.- Erziehung betont gegenüber der Bildung, die eher inhaltlich akzentuiert ist, mehr den Wert-Norm-Aspekt. Dessen bedürfen alle Kinder. Keineswegs ist hier nur die evtl. einengende, Grenzen setzende Seite der Sozialisation gemeint, sondern ebensosehr die Öffnung für die Großartigkeit

einzelner Werte, z.B. Solidarität, Eigenständigkeit usw., und die absichtsvolle Hinführung zu diesen.

(e) *Kinder und Jugendliche brauchen Anerkennung.*- Kindern und Jugendlichen wird vielfach nicht wenig abverlangt, z.B. durch die Schule. Oft erhalten sie dafür nicht die erforderliche Anerkennung. Häufig ist es sogar so, daß sie in der Gruppe, z.B. in der Schulklasse, gar nicht wahrgenommen werden und sich deshalb auch nicht anerkannt – und integriert – fühlen. Sie „kommen“ subjektiv gleichsam „nicht vor“. Das tut keinem Kind gut, sondern kann evtl. zu einem zu geringen Selbstwertgefühl führen. Die Hortgruppe sollte hier, falls nötig, durchaus auch eine Stelle der Kompensation sein.

(f) *Kinder und Jugendliche müssen etwas bewegen können.*- Dieses meinen wir im wörtlichen, wie im übertragenen Sinne. Junge Menschen finden heute bei uns vielfach eine „fertige“ (keineswegs immer positiv zu verstehen), großenteils betonierte Welt vor, an der sie nichts ändern und die sie nicht gestalten können. (Plätze sind gepflastert und meistens mit Autos zugestellt.) Deshalb sollte der Hort, was seine Raum- und Geländegestalt anbetrifft, nie zu „fertig“ sein. – Das Bewegen-Können möchten wir aber auch als Einflußnahme verstanden wissen: Kinder müssen auch – partizipativ (beteiligt) – gehört werden, und wir müssen auf sie hören. Sonst ist es nicht „ihre Welt“, wenn sie daran nicht mittun können.

(g) *Kinder und Jugendliche brauchen Raum und Zeit.*- Hortkinder sind im Regelfall insofern benachteiligt, als sie im Hort nicht das haben, was andere Kinder am Nachmittag in ihren Familien haben: „mein Zimmer“ – und damit den eigenen Raum. Das Hortkind hat aber genau so das Bedürfnis nach Raum, und deshalb muß gut darüber nachgedacht werden, ob in diesem Punkt alle Möglichkeiten im Hort ausgeschöpft sind. Das gilt ebenso für das Außengelände. Auch da brauchen die Kinder ihre Stellen und Nischen, aber auch ihren Freiraum.- Desgleichen muß dafür eingetreten werden, daß den Kindern ihre Zeit bleibt, über die sie tatsächlich allein verfügen können.

(h) *Kinder und Jugendliche brauchen Essen, Trinken (besonders reichlich), Wärme und gute Luft.*- Dieser Bedürfnisbereich scheint meistens deshalb nicht so betonenswert zu sein, weil wir glauben, daß es da bei uns keinen Mangel gebe. Im Sinne einer gesundheitsbewußten Lebensführung kann das aber ein Irrtum sein. Der Hort, als eine professionell geführte pädagogische Einrichtung, hätte hier sein besonderes Augenmerk auf die Qualität der angeführten Dinge zu richten, und zwar nicht nur für die Kinder, sondern auch als Aufgabe seiner Elternbildung.

Verdient: Nach des halben Tages Müh' und Last

Als eine Art Checkliste für die Überprüfung der Befriedigung der tatsächlichen Bedürfnisse der Hortkinder wollen wir die acht Bedürfnisbereiche noch einmal nennen und die Fachkräfte im Hort ermuntern, die folgenden Fragen zu bedenken, deren Beantwortung im Sinne der Prinzipien des Individualisierens und Differenzierens, also vor allem bei Berücksichtigung der situativen Gegebenheiten des jeweiligen Kindes, unterschiedlich ausfallen können:

1. Bekommen unsere Kinder im Hort genügend Zuwendung?
2. Wie sind die einzelnen Kinder und Jugendlichen in der Gruppe integriert?
3. Werden Themen und Inhalte angeboten, an denen sich unsere Kinder bilden können?
4. Geben wir den Hortkindern Orientierung und vermitteln wir ihnen Werte?
5. Erhalten unsere Kinder genügend Anerkennung – innerhalb der Gruppe und/oder von seiten der Erzieher?
6. Können unsere Kinder im Hort ihre Ideen und Vorschläge zur Raumgestaltung einbringen und bei Veränderungen sich beteiligen; bieten wir ihnen Möglichkeiten der Mitsprache?
7. Wie sieht es bei uns im Hort mit dem „eigenen Platz“ aus ? Hat jedes Kind Zeit für sich?
8. Wie ist die Qualität von Essen und Trinken, nicht nur der Produkte, sondern auch die Form des Zu-sich-nehmens? Sind die Räume angenehm gewärmt und sorgen wir für ausreichend frische Luft?

3. Was haben Kinder und Jugendliche heute? - Wovon haben sie zuviel, wovon zu wenig? - Hort als Chance

Im Gegensatz zu der Frage, was Kinder und Jugendliche heute tatsächlich brauchen und nötig haben, wird der Frage, was sie heute tatsächlich haben, vergleichsweise häufig nachgegangen, und zwar meistens unter dem Thema „Kindheit heute“ (vgl. Rolff / Zimmermann 1985; Spandel / Hotamanides 1988; Fölling-Albers 1992).

Man kann sich somit darüber, was Kinder und Jugendliche heute haben, unter welchen Umständen sie also leben, relativ gut und leicht informieren. Im übrigen erfährt der Praktiker dies alles zur Genüge in der täglichen Arbeit, wenigstens ansatzweise und im Einzelfall.

Junge Zweiradmechaniker bereiten ihre Exkursion vor: Hort 1999

Kindheit und Jugend ist am Ende des 20. Jahrhunderts und damit zu Beginn des dritten Jahrtausends nach Christus durch eine Reihe von Merkmalen gekennzeichnet, in denen man – pädagogisch gesehen – mit

Sicherheit jeweils ein „Zu-wenig“ konstatieren muß. In manchen der meisten heute beklagten Punkte kann die Hortpädagogik geradezu als eine kompensatorische Maßnahme angesehen werden, z.B.:

1. Die meisten Kinder haben heute zu wenig Geschwister und andere Kinder um sich.- Der Hort kann sich hier gut als ergänzende Möglichkeit erweisen.
2. Kinder haben zu wenig Zeit.- Der Hort wird ihnen nicht noch zusätzliche Zeit rauben, sondern helfen, sie gut zu nutzen.
3. Es fehlt den Kindern heute an wertebezogener und religiöser Einbindung.- Der Hort könnte genau dem abhelfen.
4. Kinder und Jugendliche haben zu wenig originäres Erleben.- Auch hier hätte ein Hort mit einer lebensbezogenen Pädagogik seine Chance.
5. Kindern fehlen heute oftmals die verläßlichen Bezugspersonen.- Der Hort kann dieses Problem nicht lösen.
6. Kinder und Jugendliche haben zu viel Spielsachen.- Im Hort wird man genau auf die erforderliche Beschränkung achten und nicht noch die Überhäufung fördern.
7. Kinder und Jugendliche haben fast alles für sich allein.- Das gilt für Kinder im Hort nicht; denn hier lernen sie teilen.
8. Die Medien – darin versinken heute Kinder fast.- Der Hort wird hier achtgeben und Dosierung sowie inhaltlichen Gebrauch der Medien kontrollieren.
9. Kinder haben heute zu viele kulturelle Förderangebote.- Auch diesen Punkt kann der Hort wohl steuern und ggf. dagegen steuern.

Wenn wir uns genauer vor Augen halten, wie heutige Kindheit realiter ist – wovon Kinder heute (pauschal gesehen) zu wenig bzw. zuviel haben, dann sehen wir, daß sich diese Punkte nahezu alle auf das Leben der Kinder in ihrer Freizeit und in der Familie beziehen. Einen großen Teil der ansonsten von Kindern am Nachmittag in ihren Familien verbrachten Zeit verbringen nun aber unsere Kinder im Hort. Diese Nachmittagszeit sollte der Hort als gute Chance sehen und als einen Gewinn für seine Kinder. Die negativen Einflüsse, denen viele Kinder sonst bereits unkontrolliert nachmittags ausgesetzt sind, bleiben dem Hortkind erspart – in dieser Zeit. Was ihm dann allerdings stattdessen am Abend bzw. am Wochenende bevorsteht, das darf nicht unbedacht bleiben und gehört auf jeden Fall in die unverzichtbare Zusammenarbeit der Hortpädagogen mit den Eltern.

Jedenfalls dürfte hier deutlich geworden sein, daß Kindheit im Hort keineswegs als Defizit angesehen werden muß, sondern durchaus auch Chance sein kann – wenn die Erzieher das Entsprechende daraus machen. Davon hängt es ab.

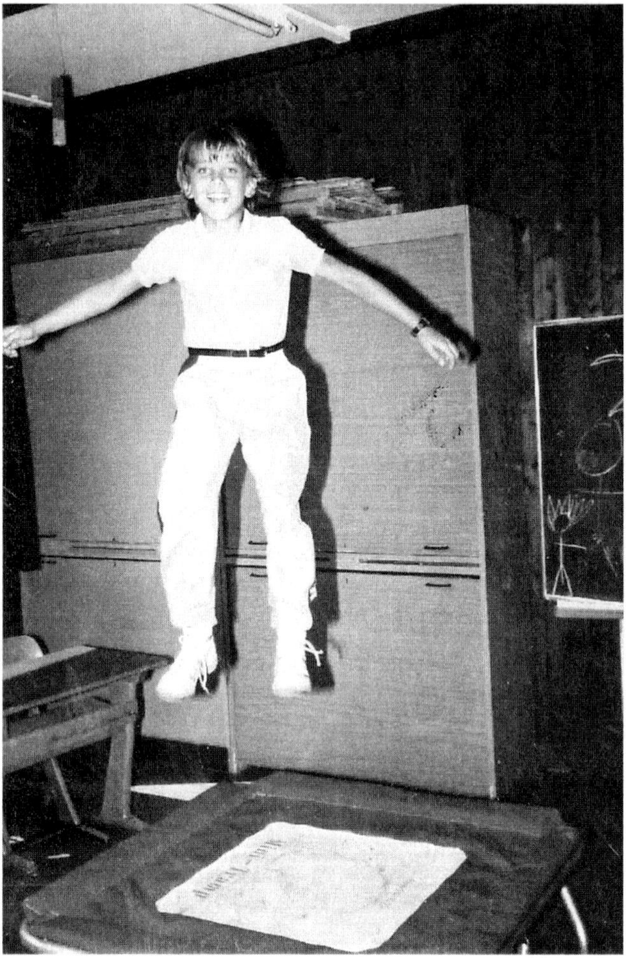

„Ich bin gut – und gerne im Hort“ – Lebensfreude pur

VII. Aufgaben des Hortes

1. Das Wort „Hort“: Was bedeutet es und woher kommt es?

Man wäre als jemand, der des Lateinischen mächtig ist, spontan geneigt, den Namen „Hort“ schlicht vom lateinischen „Hortus“ - der Garten - herzuleiten und als Pendant zum Kinder-„garten“ zu verstehen; analog die Hortnerin (als es diesen speziellen Namen und Titel noch gab) als die Jugend-„gärtnerin“. Wir glauben nicht, daß es so einfach geht. Jedenfalls findet man mehr und tieferen Sinn, wenn wir etwas weiter schauen, und zwar bis ins Griechische der Antike hinein.

Es gibt ein griechisches Wort „Chortos“ (Χηορτοσ), mit dem das lateinische hortus sprachlich verwandt ist. „Chortos“ bedeutet u.a. die „Einfriedigung“, den „eingefriedigten Raum, das Gehege“ (vgl. W. Gemoll, Griechisch-deutsches Schul- und Handwörterbuch, München/Wien 1969, S. 806).

Vom lateinischen „hortus“, der Garten, hat sich dann wohl das althochdeutsche Wort „karto“ mit derselben Bedeutung entwickelt.

Es gibt aber auch eine andere Ableitungsmöglichkeit, nämlich von Hort als „Schatz“ - unsere Sprache kennt ja die Wendung „etwas horten“. Hort in diesem Sinne, sich ableitend aus dem althochdeutschen „das hort“, heißt dann soviel wie „der verborgene Schatz“ (vgl. F. Kluge, Etymologisches Wörterbuch der deutschen Sprache, Berlin/New York 1989, S. 317).

Maskulin, also „der“ Hort, wird das Wort erst im Mittelhochdeutschen. Etymologisch, d.h. von der Bedeutung der Wortwurzel her, werden von den Sprachwissenschaftlern dann noch Wörter wie „verhuhlen, verstecken“ mit angeführt: Der Hort wäre dann „das ins Versteck Gesetzte". Hort in dieser Bedeutung ist angeblich erst mit Entdeckung des Nibelungenliedes wiederbelebt worden.

Uns schiene es nicht uninteressant zu sein, den Hort einmal als „den Schatz im Verborgenen" zu beleuchten.

2. Die Aufgabe des Hortes und seine gesetzliche Verankerung

Der Hort gehört dazu, z.B. nach dem Gesetz. So könnte man im Prinzip die hier anstehende Frage in der Conklusio beantworten.

Nach einer gut hundertjährigen Entwicklung wird der Hort heute wie selbstverständlich zu den sozialpädagogischen Einrichtungen für junge Menschen gezählt, und zwar als Einrichtung für Kinder und teilweise Jugendliche im Alter zwischen etwa 6 und 14 Jahren für den Aufenthalt während des Tages. Dabei können wir jedoch keineswegs von einer abschließenden, als definitiv etablierten Entwicklung dieser Einrichtung ausgehen, sondern eher vom Gegenteil. Vielfach muß man den Eindruck haben, als stünde man nach mehr als 100 Jahren Hort an seinem Anfang.

Allerdings ist der Hort, in welcher Variante auch immer, inzwischen in Einführungen zur Sozialpädagogik sowie in Fachlexika und Gesetzen eine feste Größe geworden - ja sogar in allgemeinen Konversationslexika.

„Kinderhort: pädagogisch geleitete Kindertagesstätte für schulpflichtige Kinder, die aus zwingenden Gründen tagsüber kein Zuhause haben." (Meyers Enzyklopädisches Lexikon, 9. Auflage, Bd. 12, S. 284)

„Hort (lat. Hortus = Garten), eine Einrichtung, die aufsichtslosen Schulkindern einen Ersatz oder eine Ergänzung der Familienerziehung in der schulfreien Zeit gibt. Im Hort werden die Kinder von ausgebildeten Hortnerinnen bei den Schulaufgaben beaufsichtigt

und durch gemeinsames Spielen und Basteln zur sinnvollen Beschäftigung in der Freizeit angeleitet." (Brockhaus Enzyklopädie, 17. Auflage, 8. Bd., S. 690)

In diesen Umschreibungen wird dem Hort eindeutig eine Notfallfunktion zugeschrieben, - genau das also, was besonders dem pädagogischen Personal im Hort bis heute nicht gefällt, wenngleich man sich über die wirkliche Lage wohl mehr oder weniger im klaren ist.

Auch ein pädagogisches Fachlexikon aus dem Jahr 1950 sieht letztlich den Hort als kompensatorische Maßnahme, wenn es heißt:

„Einrichtungen, welche Kindergarten- und Schulkinder tagsüber oder für einen Teil des Tages aufnehmen, sie betreuen und erziehen. Die Horteinrichtungen stehen denjenigen Kindern offen, welche während ihrer schulfreien Zeit von ihren Eltern aus irgendwelchen Gründen (modernes Wirtschaftsleben, großstädtische Familienverhältnisse, Wohnungsknappheit, Ehenot, mangelndes Erziehungsverständnis, ungenügendes Erziehungsinteresse) nicht hinreichend beaufsichtigt und erzogen werden können ... Der Hort soll dem Kinde das zu geben versuchen, was ihm vorübergehend, oft sogar während seiner ganzen Kinderzeit fehlt". (Kleinert u.a., Hg., Lexikon der Pädagogik, Bern 1950, S. 675)

Also: Was dem Kind sonst „fehlt", das gibt der Hort. Kritisch muß gefragt werden dürfen: „Kann er das?", und: „Soll er das? Oder hat er per se und originär mindestens auch andere Aufgaben?"

Im Gegensatz zu diesen defizit-orientierten Umschreibungen steht im Wörterbuch „Soziale Arbeit" vom Jahr 1988 (3. Aufl.) unter „Kinderhort":

„Der Kinderhort ist heute praktisch eine familienergänzende und schulbegleitende Tagesstätte für schulpflichtige Kinder; allerdings mit der Einschränkung, daß er i.d.R. nicht allen Kindern offensteht. In ihm finden Kinder Aufnahme, deren Familien die Betreuung allein nicht leisten können. Er bietet Hilfe zur Erziehung nach § 5 Abs. 3 JWG, sollte aber nach dem Selbstverständnis eine sozialpädagogische Tageseinrichtung mit „bildungspolitischem" Auftrag sein."

Am Rande sei erwähnt, daß das Jugendwohlfahrtsgesetz (JWG) 1991 vom Kinder- und Jugendhilfegesetz (KJHG) abgelöst wurde, worauf noch eingegangen wird.

Wie selbstverständlich liest sich eine Umschreibung aus dem Jahre 1994:

„Der Hort nimmt schulpflichtige Kinder während des Tages außerhalb der Schulzeit auf. Er gehört zu den Kindertagesstätten und stellt eine die Familienaufsicht ergänzende Institution dar, vor allem für Kinder ganztägig berufstätiger Eltern (sog. Schlüsselkinder). Er kann als selbständige Einrichtung bestehen oder an andere Institutionen ... angeschlossen sein." (Böhm 1994)

Die kleine Entgleisung mit den „Schlüsselkindern" wollen wir dem Verfasser des Artikels nachsehen.

Wir können also heute den Hort theoretisch und vom Anspruch her als eine sozialpädagogische Einrichtung verstehen, in der sich 6-14jährige Kinder bzw. Jugendliche während des Tages zum Zwecke der Betreuung, Erziehung und Bildung in fachlich fundierter und professioneller Obhut befinden. Der Hort wird von den Gesetzgebern gerne mit dem Kindergarten bzw. der Kindertagesstätte in Verbindung gebracht. Somit heißt es im Kinder- und Jugendhilfegesetz von 1991 (§22) nach der Überschrift „Grundsätze der Förderung von Kindern in Tageseinrichtungen“:

(1) In Kindergärten, Horten und anderen Einrichtungen, in denen sich Kinder für einen Teil des Tages oder ganztags aufhalten (Tageseinrichtungen), soll die Entwicklung des Kindes zu einer eigenverantwortlichen und gemeinschaftsfähigen Persönlichkeit gefördert werden.

(2) Die Aufgabe umfaßt die Betreuung, Bildung und Erziehung des Kindes. Das Leistungsangebot soll sich pädagogisch und organisatorisch an den Bedürfnissen der Kinder und ihrer Familien orientieren.

(3) Bei der Wahrnehmung ihrer Aufgaben sollen die in den Einrichtungen tätigen Fachkräfte und anderen Mitarbeiter mit den Erziehungsberechtigten zum Wohl der Kinder zusammenarbeiten. Die Erziehungsberechtigten sind an den Entscheidungen in wesentlichen Angelegenheiten der Tageseinrichtung zu beteiligen.“

Im „Gesetz zur Förderung von Kindern in Tageseinrichtungen“ des Landes Sachsen-Anhalt vom 26.6.1991 (§2) steht:

„(1) Tageseinrichtungen sind eigenständige sozialpädagogisch orientierte Einrichtungen der Kinder- und Jugendhilfe, in denen sich Kinder bis zum Schuleintritt oder schulpflichtige Kinder für einen Teil des Tages oder ganztags aufhalten.

(2) Tageseinrichtungen sind

1. Kinderkrippen für Kinder bis zum Alter von drei Jahren

2. Kindergärten für Kinder von drei Jahren bis zum Schuleintritt

3. Horte für Kinder bis zur Vollendung des 14. Lebensjahres, sofern es sich um eigenständige, von der Schule unabhängige Einrichtungen handelt.

Alle drei Formen können auch in unterschiedlichen Zusammensetzungen geführt werden.“

Krippe, Kindergarten und Hort werden also auch hier wie in einem Atemzug genannt, woraufhin aber dann auch gleich im §6 etwas zur „Kindermitwirkung in den Horten“ gesagt wird:

> *„Die Kinder können ihrem Alter und ihren Bedingungen entsprechend bei der Gestaltung des Alltags im Hort mitwirken. Sie können aus ihrer Mitte eine Sprecherin oder einen Sprecher für die jeweilige Gruppe wählen, die/der im Kuratorium der Einrichtung gehört werden muß.“*

Pädagogisch gesehen sehr erfreulich, daß der Gesetzgeber hier an die erforderliche Partizipation der Mädchen und Jungen im Hort gedacht hat.

Über die Aufgabe des Hortes besteht also heute auf theoretischer Ebene insofern eine ziemlich große Einigkeit, als man sich auf die im KJHG (§ 22) vorfindbaren Funktionen der Betreuung, Erziehung und Bildung beruft und die „eigenverantwortliche und gemeinschaftsfähige Persönlichkeit“ zu fördern hat. Ebenfalls gibt es kaum Streit darüber, daß es sich beim Hort um eine sozialpädagogische Einrichtung für Kinder bzw. Jugendliche im Alter zwischen sechs und vierzehn Jahren handelt. Keineswegs jedoch ist man sich auch so einig in den Fragen, was unter Erziehung und Bildung zu verstehen sei; oder für welche Kinder der Hort da sein solle (auch sog. „normale“ – welche wären das?) Die meisten Hortpädagogen haben schon immer den Wunsch „einer guten Mischung“ der Hortkinder gehabt; jedenfalls nicht nur auffällige Kinder oder sozial benachteiligte. Zur Aufgabe des Hortes gehört es, Kindern alles das zu ermöglichen, was sie an Sinnvollem brauchen für ein gelingendes Leben und für das, was sie in ihrem Alltag tun.

Wir wollen im folgenden einmal auflisten, was Kinder, die den Hort besuchen, „so alles tun“. Das Allermeiste davon gilt für jedes andere Kind, das nicht im Hort ist, ebenso. Allerdings geschieht dies beim und für das Hortkind unter professioneller pädagogischer Begleitung.

- natürlich: Kinder spielen;
- sie singen;
- sie tanzen und turnen;
- Kinder experimentieren und basteln;
- sie feiern;
- sie musizieren;
- sie beschäftigen sich;
- sie tun auch mal nichts;
- Kinder bauen (sie konstruieren und spielen dabei);
- sie reden und streiten;
- sie malen;
- Kinder schauen und betrachten (z.B. ein Buch);
- sie lesen, rechnen und schreiben;
- sie erleben, z.B. bei Exkursionen;
- Kinder verkleiden sich;
- sie erfüllen Pflichten;
- sie tun auch Unangenehmes;
- vieles ist auch für sie Arbeit;
- Kinder trösten und helfen einander;
- sie fragen und denken nach; sie staunen.
- Hortkinder haben Hausaufgaben zu machen.

Die letzte Nennung, nämlich die Hausaufgaben, ist nach aller Kenntnis und Erfahrung das zentrale Thema in der Hortarbeit. Damit exemplifiziert sich auch immer mehr oder weniger das Leben der Kinder im Hort – im Vergleich etwa zu den Kindern im Kindergarten. Hortkinder sind Schulkinder, und insofern spielt die Schule mit ihrem „Ernst des Lebens" mit allen Konsequenzen in ihren Alltag hinein. Es ist deshalb für die Hortarbeit einer jeden pädagogischen Fachkraft unbedingt erforderlich, sich mit den Schulfragen und vor allem mit der Theorie und Praxis der Hausaufgaben zu befassen (vgl. Kap.XIII).

Musikalische Bildung: Horterzieher müssen immer auch gute Lehrkräfte sein

VIII. Erziehungs- und Bildungsziele in der Hortpädagogik

1. Erziehungsziele in einem Hort

Pädagogische Ziele sind normative Vorstellungen davon, über welche Qualifikationen junge Menschen am Ende des Erziehungs- und Bildungsprozesses verfügen sollten. Erziehungsziele betreffen mehr den Wert- und Normbereich – wobei der Erziehungsprozeß grundsätzlich mit der Mündigkeit als abgeschlossen betrachtet werden sollte -, während Bildungsziele entsprechend dem Begriff und Prozeß der Bildung sich stärker auf inhaltliche Vermittlung beziehen (vgl. dazu konkreter Huppertz/Schinzler, Grundfragen der Pädagogik, Köln 1995, S. 49 ff.).

Wir geben im folgenden eine Auflistung von pädagogischen Zielen wieder, wie sie von dem Erzieherteam eines Hortes zusammengestellt wurden (Städtischer Hort, Freiburg-Landwasser):

1. *Selbständigkeit.– Dem Kind soll Hilfe und Anleitung zum altersgemäßen „Selbsttun" gegeben werden.*
2. *Selbstwertgefühl – Selbstbewußtsein.– Das Kind soll lernen, sich selbst zu bejahen.*
3. *Frustrationstoleranz.– Das Kind soll lernen, Mißerfolge und Enttäuschungen zu ertragen und zu verarbeiten.*
4. *Gemeinschaftsfähigkeit.– Das Kind soll befähigt werden, mit anderen in Kontakt zu treten, sich als Glied einer Gemeinschaft zu fühlen und sich dadurch anderen gegenüber solidarisch zu verhalten.*

5. *Vorurteilsfreiheit.– Das Kind soll lernen, Vorurteile zu erkennen und Informationen verschiedenster Art einzuholen, um zu einer begründeten Meinung zu gelangen.*

6. *Sensibilität.– Das Kind soll lernen, Vorgänge in und um Menschen wahrzunehmen und sich einzufühlen.*

7. *Konfliktfähigkeit – Kompromißbereitschaft.– Das Kind soll lernen, Konflikte in angemessener Weise anzugehen.*

8. *Problembewußtsein.– Das Kind soll lernen, Schwierigkeiten zu erkennen und sie in angemessener Weise zu lösen.*

9. *Toleranz.– Das Kind soll lernen, andere in ihrem Verhalten und ihren Meinungen gelten zu lassen.*

10. *Kommunikationsfähigkeit.– Das Kind soll lernen, seine Bedürfnisse , Erwartungen etc. anderen mitzuteilen.*

11. *Kooperationsbereitschaft.– Das Kind soll fähig werden – mit wechselnder Arbeitsteilung – zu einem gemeinsamen Ziel zu gelangen.*

12. *Echtheit - rollenunabhängiges Verhalten.- Das Kind soll dahin geführt werden, daß es sich relativ unabhängig von gegebenen Rollen verhalten kann.*

13. *Koordinationsbereitschaft.- Das Kind soll sein Denken, Fühlen und Handeln miteinander verbinden lernen, um es dann auf die Gemeinschaft übertragen zu können.*

14. *Wahrnehmungsfähigkeit.- Das Kind soll die Dinge der Umwelt erfassen und verarbeiten.*

15. *Kritikfähigkeit.- Das Kind soll zu einer eigenen Meinung gelangen und diese anderen gegenüber vertreten. Es soll vorge-*

gebene Anweisungen überdenken. Kritik an der eigenen Person soll verarbeitet werden.

16. *Das Kind soll lernen, sich einer Sache ganz zu widmen und sie in einer Zeitspanne, der seiner Entwicklung angemessen ist, durchzuführen.*

17. *Neugierverhalten – Wissensdrang.- Das Kind soll lernen, sich vielseitig für Dinge, ihre Ursachen und Zusammenhänge zu interessieren.*

18. *Flexibilität im Denken und Handeln.- Das Kind soll lernen, Ideen anderer in sein Tun einzubeziehen und sein Denken und Handeln den verschiedenen Situationen anzupassen.*

19. *Wissen und Fähigkeiten zur Bewältigung der Umwelt.- Das Kind soll befähigt werden, Lerninhalte aufzunehmen, um sie in seiner täglichen Umgebung anzuwenden und zu verarbeiten.*

Solche oder ähnliche Ziele für die Hortpädagogik zu formulieren, ist deshalb ratsam und sinnvoll, weil sonst die Orientierung fehlt, und man nicht weiß, wohin der Weg gehen soll und wie man die eigene Arbeit selbst prüfen kann. Allerdings reichen dabei - eher formal gehaltene, d.h. von konkreten Inhalten absehende – Zielsetzungen allein keineswegs aus, vor allem in der heutugen Zeit, die – bei allem Fortschrittlichen und Erfreulichen, das es gibt – von zahlreichen lebensbezogenen Gefahren geprägt ist. Deshalb bieten wir gerne die folgenden Ziele zur Reflexion an.

2. Pädagogische Ziele der lebensbezogenen Hortpädagogik

Die folgenden Ziele mit den ihnen zugrundeliegenden Wertvorstellungen wurden von uns während der vergangenen Jahre und Jahrzehnte gefunden. Wir glauben, daß sie für eine Hortpädagogik in heutiger Zeit als unverzichtbar anzusehen sind und daß sie den Horterziehern in vielen Fällen bei ihren pädagogischen Entscheidungen dienlich sind.

Ausgehend von der Frage, was Kindern heute und vor allem auch morgen noch ihr Leben und das der Menschheit überhaupt als sinnvoll erscheinen läßt, halten wir auch für die Hortpädagogik eine Erziehung und Bildung mit den folgenden Zielen für unverzichtbar:

1. *Er-leben der Wirklichkeit, z.B. durch originäres Erfahren in der Natur (Wasser, Feuer, Wind...) – (das Gegenteil: Mediatisierte Vermittlung, z.B. durch überhöhten Medienkonsum mit Fernsehen, Video, Computerspiele usw.)*

2. *Maßhalten und verzichten können (das Gegenteil: Mentalität der Überfluß- und Wegwerfgesellschaft)*

3. *Ethisches Verhalten als Bewußtsein von Gut und Böse (das Gegenteil: Handeln nur nach Profit und eigenem Vorteil)*

4. *Sicht des Ganzen (das Gegenteil: „Mein Handeln betrifft nur mich.“)*

5. *Mit-leiden (nicht Mitleid) gegenüber Benachteiligten (das Gegenteil: Abgestumpftheit und nur an sich denken)*

6. *Weltbürger-Sein (das Gegenteil: Regionalismus, Patriotismus und Nationalismus)*

7. *Kritikfähigkeit – bei Respektierung von zeitgemäßer Tradition (das Gegenteil: zu starke Anpassung und Gehorsam um jeden Preis)*

8. *Erkennen der Folgen von eigenem Handeln (das Gegenteil: anderen die Ursachen und die Schuld für eigene Vergehen zuschieben)*

9. *Die Zukunft selbst vorausschauen (das Gegenteil: gleichgültig in den Tag leben und alles „den Experten" überlassen)*

10. *Energiebewußtsein (das Gegenteil: verschwenderischer Umgang mit den Ressourcen der Erde)*

11. *Friedensfähigkeit (das Gegenteil: Konflikte durch Dominanz und Gewalt regeln wollen)*

12. *Verantwortungsbewußtsein (das Gegenteil: Egoismus und eigener Hedonismus)*

13. *Furcht, Vorsicht und Umsichtigkeit – nicht gemeint ist Erziehung zur Ängstlichkeit (das Gegenteil: Draufgängertum und Waghalsigkeit)*

14. *Bescheidenheit in der Leistungssteigerung (das Gegenteil: Immer mehr, immer weiter... durchaus in Konkurrenz zu und auf Kosten von anderen)*

15. *Innovationsfreudigkeit – d.h. u.a.: Anderes und Neues sind, wenn sinnvoll, erwünscht (das Gegenteil: aus Bequemlichkeit o.ä. immer alles beim alten lassen)*

16. *Erziehung zum richtigen Umgang mit Umwelt und Natur (das Gegenteil: Zerstörung von Umwelt und Natur)*

17. *Partizipation und Mitgestaltung (das Gegenteil: Autoritäre Anweisung „von oben" erwarten und brauchen)*

18. *Aktuelle Sensibilität über das Momentane hinaus (das Gegenteil: was gestern Schlimmes geschah, z.B. eine Katastrophe durch ein Atomkraftwerk, haben die Menschen morgen schon vergessen)*

19. *Eigene Aktivität und Initiative (das Gegenteil: anderen immer die Initiative überlassen und warten bis von ihnen Impulse kommen)*

20. *Individuelles Durchhalten, Zivilcourage (das Gegenteil: nur nicht gegen den Strom schwimmen und etwa anecken, selbst wenn man vom Richtigen überzeugt ist)*

21. *Autodidaktische Qualifikation, je nachdem wie die Welt von morgen aussieht, brauchen wir vielleicht wieder andere Fähigkeiten und Ziele (das Gegenteil: ein starres und geschlossenes Lebensbild, für dessen Bewältigung man glaubt, ausreichendes Wissen vermitteln zu können) (vgl. Huppertz 1992, S. 75 ff.)*

3. Ziele in der Praxis des Hortes – Eine Konzeptionsschrift

Daß die Zielfrage nicht rein theoretisch bleiben muß, zeigt ein Blick in die Konzeption des Hortes St. Vinzenz in Gießen, aus der hervorgeht, wie man in einer konfessionell getragenen Einrichtung auf sensible Weise seinem Auftrag gerecht wird. Auf den beiden folgenden Seiten hierzu ein Auszug aus dieser Konzeptionsschrift:

Ziele und Impulse für unsere Arbeit mit den Kindern

Wir sind eine Einrichtung in katholischer Trägerschaft und wir wünschen uns, dass dies auch in unserer alltäglichen Arbeit spürbar wird.
Wir möchten, dass die Kinder bei uns erfahren, dass sie von uns und von Gott mit ihren Stärken, aber auch mit ihren Schwächen und Fehlern angenommen werden. Sie sollen erkennen, dass gerade diese Eigenschaften sie zu einem einzigartigen Menschen machen.
Für unsere Arbeit bedeutet dies, dass wir die Kinder ein Stück auf ihrem Lebensweg begleiten, bestärken, stützen und in die Selbständigkeit führen wollen.

Wir tun das,

- indem wir Erzieherinnen christliche Normen und Werte als wichtig und richtig erachten und vorleben;

- indem wir engen Kontakt zur Pfarrgemeinde pflegen, z. B. bei der Gestaltung von Kinder- und Familiengottesdiensten, an Pfarrfesten, durch Besuche des Pfarrers und des Kaplans oder der Sternsinger in der Einrichtung;

Liebe Kinder! Liebe Eltern!

Zum Familiengottesdienst am Sonntag, d. 16.3.97 um 10.30h in der Bonifatiuskirche möchten wir Euch und Sie ganz herzlich einladen.
Die Hortkinder werden diesen Gottesdienst mit vorbereiten und uns eine Geschichte vorspielen, in der es um das "Miteinander Mahl halten" geht.

- indem wir bei unseren Programmen und Projekten die religiöse Dimension nicht ausser Acht lassen, und die Feste des Kirchenjahres Eingang finden in unseren Alltag;

- indem wir die Kinder darin unterstützen, bestärken und ermutigen, im Umgang mit den Mitmenschen ihre eigenen Wege zu finden, ohne verletzend zu sein;

- indem wir ihnen dabei helfen, die Stärken und Schwächen Anderer zu akzeptieren;

- indem wir sie bekanntmachen mit anderen Kulturkreisen und Religionen, und sie so dazu anleiten, Andersartigkeit zu tolerieren und zu achten;

- indem wir die Kinder sensibilisieren für das Geschenk "Schöpfung" , und sie so anhalten zu einem verantwortungsvollen Umgang damit;

- indem wir ihnen den Blick öffnen für das Schicksal Anderer (Aussiedler, Asylbewerber, "Dritte Welt"), und gemeinsam mit ihnen nach Möglichkeiten der Hilfe suchen, und in die Tat umsetzen;

- indem wir durch Lieder und Gebete in unterschiedlichen Situationen unsere Verbundenheit mit Gott zum Ausdruck bringen.

IX. Die Bedeutung der Themen und Inhalte

1. Mehr Reflexion in der Hortbildung

Der Hort wird, wie mehrfach erwähnt, angesehen als eine Einrichtung der Bildung, Erziehung und Betreuung, und zwar von seiten des Gesetzgebers (vgl. KJHG §22 und hier VII) wie auch von der pädagogischen und sozialpädagogischen Fachwelt her. Auch wir schließen uns diesem Verständnis an und reklamieren diese Aufgabenstellung für den Hort.

Im Hinblick auf die Betreuungsaufgabe des Hortes gibt es vom Grundsatz her wohl überhaupt keinen Zweifel. Bei der Erziehungsfunktion vielleicht schon eher, aber im wesentlichen wohl auch nicht. Schwieriger und problematischer mag es werden, wenn es gilt, die Bildungsaufgabe des Hortes überzeugend zu beschreiben; denn der Bildungsbegriff bezieht sich einerseits auf eines der schwierigsten Phänomene der pädagogischen Arbeit, ist aber andererseits nach unserem Standpunkt durch keinen anderen Begriff zu ersetzen. Wir präsentieren hier keine allgemeine Erörterung des Bildungsproblems und der Pädagogik, sondern wir definieren hier Bildung – formal – für den Hort als alles das, was mit den Inhalten der Hortarbeit zu tun hat, und zwar insofern es der intentionalen Analyse der im Hort tätigen Pädagogen zugänglich ist und diese es geplant in ihre pädagogische Arbeit mit aufnehmen können. Bedenkt, plant und realisiert z.B. eine Erzieherin im Hort ein ganz bestimmtes Projekt mit den Kindern ihrer Gruppe, dann bezeichnen wir dieses als Bildung. Auch „was“ Kinder und Jugendliche während der Freispielzeit im Hort tun, gehört zu ihrer Bildung. Natürlich gehört auch der gesamte Komplex der Hausaufgaben dazu.

Auch wenn der Horterzieher zur Gitarre greift und mit den Kindern ein bestimmtes Lied singt, nennen wir das Bildung. Bildung kann betrachtet werden als Beeinflussung durch Themen und Inhalte, und zwar angestoßen „von außen“ (Hort-Erzieher o.ä.) oder „von innen“ (von dem Zu- oder Sich-Bildenden selbst).

Bildung verbinden wir immer gerne mit für uns erfreulichen Effekten, weil wir ja ein „gebildetes Kind“ bzw. einen „gebildeten Menschen“ resultieren sehen möchten. Was bei der Bildung „herauskommt“, haben die Pädagogen des Hortes zu verantworten – insofern es in Ihrer Mächtigkeit, d.h. in ihrer Entscheidungsmöglichkeit, lag. Die Inhalte der Beschäftigung können, wie wir alle wissen, natürlich auch zu unerfreulichen Ergebnissen führen, je nachdem, um was es sich z.B. gehandelt hat.

Wir gehen davon aus, daß Inhalte, mit denen ein Mensch sich befaßt, ihn tangieren und zwar positiv, negativ oder mehr oder weniger neutral. Über die thematische Befassung mit einer Sache findet jedenfalls in aller Regel *Lernen* statt. Wir können auch sagen, daß „die Dinge“ an den Kindern nicht spurlos vorübergehen – oder positiv: Inhalte und Themen, mit denen wir Kinder konfrontieren bzw. mit denen sie sich – sich bildend – befassen, hinterlassen Spuren für ihr Leben. Das sind Bildungseffekte.

Viel zu wenig, so scheint uns, wird in der Sozialpädagogik – im Vergleich zur Schulpädagogik – über die Inhaltsfragen und ihre Bedeutung in der praktischen Erziehung und Bildung nachgedacht. Gerade für den Hort scheint es in diesem Zusammenhang noch ein weites Aufgabenfeld in Theorie und Praxis zu geben.

2. Entscheidungshilfen für die Auswahl und Bestimmung von Inhalten in der Hortbildung

Die pädagogische Bedeutung der Inhaltsfrage kann hier nicht abschließend behandelt werden, sondern es sollen an dieser Stelle lediglich einige Denkimpulse erfolgen.

(1.) *Das Inhaltliche in seiner Bedeutung besser „sehen“*.- Im Ganzen haben wir den Eindruck, daß der Inhalts- und Themenfrage – vor allem ihrer Bildungsbedeutsamkeit – in der Sozialpädagogik nicht genügend Aufmerksamkeit gewidmet wird. Dies kann teilweise in der Natur der Sache begründet sein, insofern Bildung meist mit Lehren in Verbindung gebracht wird und sozialpädagogisch Tätige nicht gerade deshalb in das Arbeitsfeld der Sozialen Arbeit gegangen sind, weil sie „lehren“ wollten; dann hätten sie „gleich Lehrer werden können“. Vielfach wird aber verkannt, wie eng die Dinge, hier also Soziale Arbeit bzw. Sozialpädagogik einerseits und Bildungsarbeit andererseits, beieinander liegen. Horterzieher sollten immer einen wachen Blick haben für „das Inhaltliche“ ihrer Kinder, und zwar in bezug darauf, was sie gezielt ausschließen (bis zum Verbot), was sie evtl. noch tolerieren und besonders, was sie gezielt einbringen bzw. womit sie ihre Kinder intentional – reflektiert – konfrontieren, z.B. in Projekten o.ä. Der Hort setzt nicht die Schule am Nachmittag fort, aber es gibt auch keinen Nachmittag für ein Kind ohne Inhalte. Deshalb ist Achtsamkeit geboten.

(2.) *Kinder auch in Ruhe lassen.*- Es klang bereits an: Keine Schule am Nachmittag. Bei aller Bildungsorientiertheit des Hortes, für die wir eintreten, darf man nicht dem Irrtum verfallen: Je mehr und zeitfüllender die Angebote im Hort, desto besser seine Arbeit. Was gemeint ist, bringt das pädagogische Sprichwort gut zum Ausdruck: „Uhren und Kinder darf man nicht dauernd aufziehen; man muß sie auch mal gehen lassen.“ Das Kind im Hort benötigt also auch unbedingt seinen inhaltlichen Freiraum, um die Möglichkeit zu haben, sich seine Dinge zu suchen und sich ihnen hinzugeben. Auf die richtigen Ausmaße des Führens und des Wachsenlassens kommt es auch in der Inhaltsfrage an.

(3.) Sinnstiftende Inhalte.- Bildung, also Inhaltsarbeit, soll Sinn geben und Sinnfindung ermöglichen. „Sinn“- ein weiter Begriff, der aber ahnen läßt, wie wichtig er ist, und zwar gerade und nicht zuletzt in

der Hortpädagogik. Es gibt Themen und Inhalte, denen per se, also von ihnen selbst her, gleichsam von Hause aus, Sinn innewohnt, und andere, bei denen das Gegenteil der Fall ist. Ein Jugendlicher, der am Nachmittag ein Buch über das Leben und Wirken von Albert Schweitzer liest, bildet sich in diesem Sinne; auch jemand, der seine Zeit für ein Dritte-Welt-Projekt der Partnergemeinde verbringt. Nicht aber jemand, der seine Kindheit zu einem großen Teil vertieft am Computer mit „Ballerspielen“ verbringt. Allerdings plädieren wir nicht für die primitive Ermahnung: „Tu doch was Sinnvolles!“, sondern für eine sinnstiftende Vorbildwirkung durch die Erzieher und Erzieherinnen im Hort.

(4.) *Auch zu Lebenspraktischem anregen.*- Wenn gelingendes Leben das Ziel der Hortarbeit sein soll, dann müssen auch die Dinge des praktischen und alltäglichen Lebens ihren inhaltlichen Platz haben. So sollte demgemäß z.B. mit Kindern, wo möglich, der Einkauf getätigt werden. Sie sollten, wo möglich – und es dürfte öfter möglich sein, als man glaubt – mit das Essen zubereiten. Die Kinder sollten telefonieren lernen; ebenso den adäquaten Umgang mit der Zeit . Usw.

(5.) Die Altersgemäßheit von Inhalten bedenken.- Die Hortpädagogen müssen sich auch fragen, was Kinder generell in einem bestimmten Alter tun, und zwar hier speziell in dem Alter ihrer Kinder (vgl. Kap. V über Kindheit).

(6.) *Individualisierend und differenzierend vorgehen.*- Der Grundsatz des Individualisierens meint, daß wir das einzelne Kind in seiner jeweiligen Lage und Befindlichkeit ausreichend sehen und beachten müssen. Differenzieren beziehen wir auf die Inhalte und Vorgehensweisen selbst und wollen damit auf die Bedeutung der Unterscheidung von der Materie her aufmerksam machen: Welcher Inhalt ist für welches Kind mit seiner Methode „passend“?, das ist die hier gemeinte

Fragestellung. Das muß u.a. zur Konsequenz haben, daß des öfteren mehrere Angebote zu gleicher Zeit vorzubereiten sind (vgl. auch XIV).

(7.) *Diese unsere Kinder hier.*- Natürlich kann, wie bereits angedeutet auch in der Hortpädagogik nicht jeder Inhalt als ein echter Bildungsinhalt angesehen werden, sondern es ist auszuwählen. Alles „Inhaltliche" im weitesten Sinne muß auf seine Einflußnahme hin geprüft werden, nicht nur das intentional Ausgewählte und Eingebrachte, sondern auch das funktional Wirkende, z.B. „Hefte" und Magazine der Kinder, Spiele, Bilder etc. Alles das tut seine Wirkung und hinterläßt seine Spuren, und alles das sollte „zu denken" geben. Bei alledem muß aber besonders gefragt werden nach seiner Bedeutung „für diese unsere Kinder hier" bei uns im Hort, d.h. diese unsere Kinder hier mit ihren spezifischen Voraussetzungen bei diesem unserem Hort mit seinem besonderen Profil.

3. Womit sich Kinder im Hort tatsächlich befassen

Die folgenden Themen, Inhalte und Vorhaben geben einen Einblick in das, was Kinder im Hort alles beschäftigt. Wir haben dies unsystematisch aufgelistet, um der Leserin / dem Leser die Möglichkeit zu geben, einfach hinzuschauen, und einen Eindruck von der Vielfalt zu bekommen oder um sich inspirieren zu lassen. (Die Frage unserer Studie lautete: *„Bitte,. zählen Sie auf, welche Aktivitäten tatsächlich in Ihrer Gruppe ... stattgefunden haben:...*)

Aktivitäten von den Erzieherinnen alleine geplant und durchgeführt

Im Hort

Abdekorieren ☆ Abschiedsfeier ☆ Abschiedsgeschenk herstellen ☆ Adventsfeier ☆ Aktivitäten zum Thema: „Wir bauen eine Brücke zu den Menschen in Afrika" ☆ Alte Brettspiele neu entdecken ☆ Angebot von Steinbaukasten ☆ Anschauen und Besprechen eines Bildkalenders ☆ Autogenes Training ☆ Backen ☆ Bastelangebot ☆ Basteln zu Weltraum und UFO ☆ Begrüßung des neuen Jahres, Wünsche und Hoffnungen dazu ☆ Bilderbuchbetrachtung ☆ Blumen über Töpfen und Steinen ☆ Brennball ☆ Broschen basteln ☆ Buchbetrachtung zum Thema Saurier ☆ Buchbetrachtungen zum Thema Meeresgrund ☆ Bücherbasar ☆ Clowns basteln ☆ Collage ☆ Comicfiguren basteln ☆ Deckblatt für den Elternbrief ☆ Dekoration zum Thema Dschungel ☆ Disco ☆ Drei-Königs-Feier ☆ Einführung in Fastenaktion ☆ Erzählen von Weihnachtsferien, Silvester ☆ Erzählungen ☆ Experimente mit Farbwirkungen ☆ Falten ☆ Fantasiereise ☆ Faschingsmasken ☆ Faschingsparty ☆ Fensterdekoration ☆ Ferienplanung ☆ Flaschen bemalen ☆ Fördergruppen ☆ Fotolabor AG ☆ Fotowände ☆ Geburtstagsfeier ☆ Gedanken zu Brauchtum ☆ Geschichte vom blinden Bartimäus ☆ Gespräch über weiterführende Schulen ☆ Gespräche über Ritter und Burgen ☆ Gespräche und Geschichten zum Thema Winter ☆ Gesprächskreis ☆ Gestaltung der eigenen Person ☆ Gestaltung der sanitären Einrichtungen ☆ Gestaltung des Rahmenplans ☆ Gestaltung eines Schaukastens ☆ Gipsfiguren ☆ Gipsmasken ☆ Girlanden herstellen ☆ Glasschmuck ☆ Gottesdienstvorbereitung ☆ Gruppenfrühstück ☆ Herstellen von afrikanischem Naturschmuck ☆ Herstellung eines Bilderbuches ☆ Herstellung von Namensschildern für Eigentumsfächer ☆ Herzchenbrillen basteln ☆ Höhle bauen ☆ Holzwerkstatt ☆ Hortsäuberung ☆ Horttreff mit Eltern und Kindern, mit Gesprächen, Spielen etc. bei Kaffe und Kuchen ☆ Infoplakat mit Fotos über den Ablauf im Hort ☆ Interessengruppe Magnetismus ☆ Interessengruppe Wecken-Puzzle ☆ Jahresgruppenkalender ☆ Jazztanz ☆ Kaltes Buffet zur Faschingsfeier ☆ Karnevalsorden aus Holz ☆ Kerzengießen in Sandformen ☆ Kinderbibel „Die Weisen aus dem Morgenland" ☆ Klärung von Konflikten ☆ „Klatschbilder" gestalten ☆ Kleben eines Schneemannsbildern ☆ Kleisterbildes ☆ Knüpf-, Knot- und Flechttechniken ☆ Kommuniosunterricht ☆ Kostüm aus Müllsäcken ☆ Krähe basteln ☆ Kreisspiel zum Thema Winter ☆ Kreisspielrunde ☆ Landkarte Afrika ☆ Legoeinführung ☆ Lichtertanz ☆ Lügengeschichten ☆ Malen von Dinosauriern ☆ Märchen ☆ Marionetten basteln ☆ Marmorieren ☆ Mäusespiel basteln ☆ Max und Moritz ☆ Meditation ☆ Musikunterricht für Musikgruppe ☆ Musizieren ☆ Muttertagskarten und Geschenken ☆ Nachtisch für alle zubereiten ☆ Nähen ☆ Naß-in-Naß-technik ☆ Neue Maltechniken ☆ Neuer Geburtstagskalenders ☆ Neues Tischgebet ☆ Obstsalat zubereiten ☆ Olympiade ☆ Osterbasteleien ☆ Pfannkuchen backen ☆ Planung der folgenden Aktivitäten ☆ Prickelbilder ☆ Projekt: Tanz, Bewegung ☆ Projekt: Vertonung ☆ Psychomotorische Spielstunde ☆ Quiz und Spiele im Schlußkreis ☆ Rasseln aus Jogurtbechern f. Fasching ☆ Ratespiel ☆ Raumdekoration zum Thema „Weltraum" ☆ Raumgestaltung ☆ Raumgestaltung zur Osterzeit ☆ Raumschiffe basteln ☆ Regale und Schränke putzen ☆ Religionspädagogik zum Thema Zachäus ☆ Religiöse Erziehung ☆ Rhythmik ☆ Rock ´n´ Roll ☆ Rollenspiel ☆ Rollenspiel „Herbergssuche" als Weihnachtsfeier mit den Eltern ☆ Ruheecke einrichten ☆ Salat zubereiten ☆ Schattenbilder ☆ Schlangenspiralen ☆ Schmetterlinge basteln ☆ Schneemann- Mobile ☆ Schneidearbeit ☆ Schulische Förderung ☆ Seidenmalerei ☆ Singkreis ☆ Singspiel „Peter und der Wolf" für Aufführung im Altenheim ☆ Sparschweinen basteln ☆ Spiel zum Thema Ritter und Burgen ☆ Spielerunde zum Sozialverhalten ☆ Spritztechnik ☆ Stoffsammlung für Faschingsfeier ☆ Stuhlkreis ☆ Suppe kochen ☆ Theaterkulisse bauen ☆ Theaterworkshop ☆ Thema Regenwald ☆ Thema Umwelt ☆ Thema: Astrid Lindgrens Kinderbücher ☆ Tischtennis ☆ Tonarbeiten ☆ Traumecke mit Matratzen und Stoffhimmel ☆ Turnen ☆ Üben des Hirtenspiels ☆ Übernachtung im Hort ☆ Videonachmittag ☆ Vorbereiten einer Exkursion ☆ Vorbereitung auf Maria Lichtmeß ☆ Vorbereitung einer Fahrt in den Osterferien ☆ Vorbereitung von Cafeteria mit Kindern, Bedienung der Gäste ☆ Vorbereitungen und Überlegungen zu Fasching ☆ Vorführungen zum Thema Zirkus ☆ Vorleserunde ☆ Vorösterliche Feier ☆ Vorstellung von Lesespurheften ☆ Waffeln backen ☆ Wasserfarbenbilder ☆ Weihnachtsaktitvitäten ☆ Weihnachtsbasar ☆ Weihnachtsfeier ☆ Weihnachtsgeschenke herstellen ☆ Weihnachtskarten gestalten ☆ Werken mit Styropor ☆ Wettspielnachmittag ☆ Wiederholung eines Morgenliedes ☆ Winterlandschaften ☆ Yoga ☆

Auf dem Außengelände

Bach AG ☆ Ballspiele ☆ Bauen eines Iglus ☆ Baumfällen ☆ Hofspiele ☆ Schlittenfahrt ☆ Spielgeräteeinweihung ☆

Öffentlicher Räume

Abfallbehälter zum Sortieren und Entsorgen ☆ Ausflug zum Schlittschuhfahren ☆ Besichtigung des neuen Flugplatzes ☆ Besichtigung in öffentlichem Dienstleistungsbetrieb ☆ Besuch eines Hufschmieds ☆ Besuch im Landesmuseum zum Thema Dinos ☆ Besuch eines Recyclinghofes zum Thema „Die Schöpfung bewahren" ☆ Besuch im Tierpark ☆ Besuch von Kino ☆ Besuch von Kirche mit Besichtigung von Krippe und hl. drei Königen ☆ Besuch von Schwimmbad ☆ Besuch von Spielplatz ☆ Einkauf von Werkzeug und Holz ☆ Einkaufen ☆ Fahrt ins Freizeitbad ☆ Hochwasserbesichtigung und Festhalten im Bild ☆ Kennenlernen des Friseurberufes ☆ Krippenfahrt ☆ Nachtwanderung ☆ Picknick ☆ Schiffsfahrt ☆ Schnitzeljagd ☆ Theaterbesuch ☆ „Tütenrutschen" ☆ Waldspaziergang ☆ Wanderung im Schloßgarten ☆ Wanderung zum See ☆ Zoobesuch ☆

Jeder schafft sein Werk – auch die Horterzieherin

Aktivitäten von Kindern und Erzieherinnen gemeinsam geplant und durchgeführt

Im Hort

Abschiedsfeier ☆ Aktionen erarbeiten ☆ Amerikakarte herstellen ☆ Aquarium gestalten ☆ Aschermittwoch vorbesprechen ☆ Basteln zum Thema Winter ☆ Bemalen der Fenster mit Fingerfarbe ☆ Bemalen von Seidentüchern ☆ Beschäftigungen zum Thema Umwelt ☆ Besuch zweier Kommunionskinder in der Gruppe ☆ Bilderbuchbetrachtung ☆ Blumen versorgen ☆ Brettspiele ☆ Briefschreiben ☆ Bücher aussuchen ☆ Chaosspiel ☆ Clowns basteln ☆ Collage zum Thema „Das sind wir" ☆ Dekoration des Gruppenraumes zum Thema Gespenster ☆ Disco ☆ Drachen und Dinos töpfern ☆ Eierwärmer nähen ☆ Elterneinladungen erstellen ☆ Erzählstunde über Weihnachtsferien ☆ Essensplan für Hortfahrt erstellen ☆ Essenspläne aufstellen ☆ Experimentieren mit dem Mikroskop ☆ Fahnen für Fasching malen ☆ Faltsterne basteln ☆ Faschingsthema ermitteln ☆ Fische basteln ☆ Friseur- und Schminkecke einrichten ☆ Futterglocke erstellen ☆ Garderobe verschönern ☆ Geburtstagsfeier ☆ Geburtstagskalender gestalten ☆ Geisterbahn bauen ☆ Geschenke basteln ☆ Gesellschaftsspiele ☆ Gespräch über Kinder in armen Ländern ☆ Gespräch über Weihnachtsfeier ☆ Gipsmasken ☆ Girlanden herstellen ☆ Gratulationsfeier für Chef ☆ Hausaufgabenbetreuung ☆ Hausaufgabenraum gestalten ☆ Hirsebrei kochen ☆ Holzarbeiten ☆ Hörspiel gestalten ☆ Hortbesprechung ☆ Hortgesetz ☆ Instrumentalspiel mit versch. Instrumenten ☆ Karnevalsdeko basteln ☆ Karte für eine „frischgebackene" Mutter basteln ☆ Kasperltheater ☆ Kennenlernspiele für Praktikantin ☆ Kerzengießen ☆ Kinderbesprechung ☆ Knoten von Bändern für Namensschilder ☆ Kochen ☆ Krippenfiguren basteln ☆ Kuchen bakken ☆ Küchendienst planen ☆ Kuschelecke einrichten ☆ Legobauten: Fahrzeuge und Wohnungen ☆ Leseecke einrichten ☆ Lesestunde ☆ Linoleumdruck ☆ Malen der Drei Könige mit Wasserfarben ☆ Mini-Playback-Show ☆ Mitbringtag ☆ Mittagessen vorbereiten ☆ Murmelkasten bauen ☆ Musizieren ☆ Mut Mach Aktion ☆ Muttertagsgeschenk basteln ☆ Namenstag vorbereiten: Gedichte, Sketch, Orffbegleitung ☆ Osterfeier ☆ Picknickvorbereitung ☆ Pinnwand gestalten ☆ Piratenschiff ☆ Pizza backen ☆ Plakate erstellen ☆ Plätzchen backen ☆ Popcorn herstellen ☆ Puppenecke einrichten ☆ Pyramide bauen ☆ Quarkspeise mit verschiedenen Früchten zubereiten ☆ Rakete bauen ☆ Ratespiel ausdenken ☆ Raumdekoration basteln ☆ Raumgestaltung zum Thema Ägypten ☆ Raumgestaltung zum Thema Zirkus ☆ Ritterburg bauen ☆ Robotertanz, Kostüme geplant und erstellt ☆ Schachtelhaus bauen ☆ Schattenspiel vorbereite ☆ Schlittenfahrt planen ☆ Schminkecke einführen ☆ Schneemänner basteln ☆ Schneewittchen als Rollenspiel ☆ Schneewolken gestalten ☆ Show-Tanz aus „Cats" ☆ Singen ☆ Spieleeinführung ☆ Spielenachmittag ☆ Spielzeugtag ☆ Spinnennetze basteln ☆ Stickarbeiten ☆ Stoffpüppchen nähen ☆ Tanze einüben ☆ Theaterstück einüben ☆ Thema Ausländer: Lebenssituation, Freundschaften ☆ Tieren aus Draht und Pappe basteln ☆ Tischdecken und - abräumen ☆ Übernachten im Hort ☆ Verkleidungsecke ☆ Vertonung ☆ Vogelhaus bauen ☆ Vollkornbrot backen ☆ Vorbereitung zur Hortsprecherwahl ☆ Vorführungen zum Thema Zirkus ☆ Waffeln backen ☆ Wandfries erstellen ☆ Weihnachtsfeier ☆ Weihnachtsgeschenken für Eltern basteln ☆ Weihnachtsschmuck basteln ☆ Weihnachtsstrauß schmücken ☆ Weltraum basteln ☆ Wettspiele in Turnhalle ☆ Wiedersehensfeier mit Auspacken der Weihnachtsgeschenken für die Gruppe ☆ Wochenplanung ☆ Zimmereinteilung ☆ Zimmerverschönerung des Hausaufgabenraumes ☆ Zusammenstellung versch. Utensilien und Pflegeprodukte ☆

Auf dem Außengelände

Bude bauen ☆ Einpflanzen von selbstgezogenen Pflanzen ☆

Öffentliche Räume

Andacht mit Gemeinde ☆ Ausflüge zum Tierpark, Abenteuerspielplatz, Stadtpark ☆ Ausgang in die Stadt zum Christkindelmarkt ☆ Besuch der Bücherei ☆ Dinoausstellung ☆ Einkauf für gemeinsames Frühstück ☆ Kindermesse ☆ Kinobesuch ☆ Parkbesuch ☆ Schlittschuhlaufen ☆ Schwimmen ☆ Spaziergang auf dem Eis ☆ Spaziergang in Wald und Feld ☆ Spaziergang zur Kirche, Besichtigung der Krippe ☆ Spiele auf zugefrorenem Teich ☆ Spielplatz besuchen ☆ Sternsingen ☆ Wandern ☆

Keine Gefahr, wenn ich mich so gut konzentrieren kann

Aktivitäten von den Kindern alleine geplant und durchgeführt

im Hort

Abschiedsgeschenke gestalten ☆ Affen aus Pappe gestalten ☆ Ägypterinnen gestalten ☆ Architekturplanungen für Höhlenbau aus Lego ☆ Arztspiele ☆ Aufräumaktion ☆ Ausdenken eines Planes für Aufräumen ☆ Band mit anschließendem Konzert gründen ☆ „Bank" spielen ☆ Bastelarbeiten ☆ Basteln für Fasching ☆ Basteln mit Holz ☆ Bau einer Autobahn ☆ Bauecke umgestalten ☆ Bauen von Ratterbahnen bauen ☆ Bauerntheate ☆ Bauwerk in der Bauecke erstellen ☆ Bemalen von Fenstern zusammen mit ausländischen Kindern ☆ Bilder mit Korkdruck ☆ Billardtisch bauen ☆ Billardturnier ☆ Brettspiel selbst entwickeln ☆ Butzen bauen ☆ Chemielabor spielen ☆ Dinosaurierlandschaft aufbauen ☆ Disco ☆ Erdenken und Bauen eines Flughafengeländes aus Lego ☆ Erstellen von Masken ☆ Faltarbeiten ☆ „Familie" spielen ☆ Fernsehen ☆ Flieger bauen ☆ Floßbau planen ☆ Flötenspiel ☆ Flugzeuge und Hubschrauber basteln ☆ Freispiel: Puppenecke, Bauecke, Kuschelecke ☆ Gameboyspielaustausch ☆ Geburtstagsfeier ☆ Geburtstagsgeschenken für Eltern basteln ☆ Geisterbahn ☆ Geschichte vorlesen ☆ Geschichten schreiben ☆ Geschicklichkeitsspiele ☆ Gesellschaftsspiele ☆ Gespensterschlosses für Fensterdeko erstellen ☆ Gespensterspielen ☆ Gestaltung eines Spielfestes für Kindergartenkinder ☆ Gipshände und Gipsfingern erstellen ☆ Girlanden basteln ☆ Gruselschloß bauen ☆ Handpuppen aus Tonpapier herstellen ☆ Handpuppenspiele ☆ Haus aus Decken und Möbeln bauen ☆ „Herzblatt" spielen ☆ Höhlen bauen ☆ Hörspiel erstellen, anschl. Anhören in Gruppe ☆ Hühner aus Eierkarton basteln ☆ Instrumentales Experimentieren ☆ Instrumente bauen ☆ Karate ☆ Kasperltheater für Kindergarten ☆ Kassettenhören ☆ Kaufladen spielen ☆ Kuschelecke umgestalten ☆ Labyrint mit Bausteinen ☆ Malen ☆ Malwettbewerb ☆ Märchenrollenspiele ☆ Mini-Playback-Show ☆ Mitbringtag ☆ Modeschau ☆ Musikvorführung ☆ Papierschwestern und Drachen basteln ☆ Pappfiguren aus Abfall basteln ☆ Phantombilder zeichnen ☆ Plakaten für Fasching zeichnen ☆ Pudding kochen ☆ Puppenspiele ☆ Ritterburg aus Kork ☆ Rollenspiel „Büro" ☆ Rollenspiele ☆ Rollenspiele ☆ Rollenspiele: Umweltschutzamt, Polizei ☆ Sammeln von Beiträgen für Fasching ☆ Schattentheater ☆ Schatzkisten bauen ☆ Schminken ☆ Schule spielen ☆ Spielkasino ☆ Sterne basteln ☆ Tanz einstudieren ☆ Tanzen ☆ Theaterimprovisation ☆ Theaterspiel ☆ Tischfußballturnier ☆ Urwaldschlangen basteln ☆ Verkaufsstand ☆ Verkleidungsspiele ☆ Waffeln und Kuchen backen ☆ Wagen bauen ☆ Weben, Stikken, Häkeln ☆ Wohnhause aus großen Bausteinen bauen ☆ Zaubervorführung ☆ Zeichnungen ☆ Zimmer umräumen ☆ Zirkusspiele im Turnraum ☆

Auf dem Außengelände

Ameisenfalle ☆ Bauen eines großen Hauses ☆ Budenbau im Freien ☆ Eishockeyspiel ☆ „Eisloch" im Garten herstellen ☆ Fußball ☆ Gartenspiele ☆ Gras säen ☆ Grubenbahn im Sandkasten ☆ Rollschuhwettlauf ☆ Säuberungsaktion am Kletterturm ☆ Schlittenfahren ☆ Schneeballschlacht ☆ Schneemann bauen ☆ Tannenbaum zersägen ☆ Tischtenniswettbewerb ☆ Trimm- Dich- Pfad☆

Öffentliche Räume

Ausflüge in nähere Umgebung ☆ Biotopbesuch ☆ Bunter Abend in Freizeit ☆ Eisplatz besuchen ☆ Freund besuchen ☆ Schnitzeljagd ☆ Spiele im Wald ☆

Zu den Inhalten und Themen bzw. überhaupt zur Hortpädagogik wollen wir noch eine wichtige Stimme aus dem Jahre 1998 hören, und zwar den „Zehnten Kinder- und Jugendbericht“, herausgegeben vom Bundesministerium für Familie, Senioren, Frauen und Jugend, der eindeutig sagt: „ Der Hort ist als qualifiziertes sozialpädagogisches Angebot an Bildung und Erziehung bedarfsgerecht auszubauen.“

Was die inhaltliche Arbeit im Hort anbetrifft, mahnt dieser Bericht eine Sache deutlich an, nämlich die geschlechtsspezifischen Themen und Inhalte bzw. das Geschlechterverhältnis: „Für den Bereich des Hortes, aber auch allgemein für Kindertageseinrichtungen, gilt es, die Gestaltung des Geschlechterverhältnisses stärker zum Thema zu machen. Ziel ist es, Benachteiligung zu vermeiden und die Handlungsspielräume für beide Geschlechter zu erweitern. Die Entwicklung und Verbreitung entsprechender Praxisansätze ist zu fördern. Zu unterstützen ist diese Arbeit durch Fortbildung der Erzieher/innen zur Geschlechterthematik und die Verbreitung entsprechender Ansätze durch die Fachberater/innen.“ (Dazu vgl. auch Permien/Frank 1995)

Der Waldarbeiter als Miterzieher

X. Zur Frage der Planung im Hort

1. Aspekte der Planungslehre

Eine Pädagogik ohne Planung ist kaum denkbar; auch nicht im Hort. Andererseits weiß jeder, wie groß die Gefahr einer zu starken Planung sein kann; und das gerade auch im Hort – wo man glaubt, daß vieles aus Organisationsgründen „einfach laufen muß". Wenn auch nicht erschöpfend, so sollen doch hier einige Hinweise zum Problem der Planung erfolgen.

Ein Plan ist eine Vorstellung, eine gedankliche Vorwegnahme, einer möglichen Realität; ein mehr oder weniger genaues Abbild einer gewünschten Wirklichkeit.

Pädagogisches Handeln geschieht immer in der Gegenwart, ist aber gleichzeitig auch jeweils zukunftsbezogen. Pädagogische Reflexion ist ohne den Aspekt der Zukunft nicht denkbar. Zukunft verlangt uns immer die Planungsentscheidung ab. Deshalb müssen wir sie nicht ganz ver-planen. Allein aber schon die Pflicht der Verantwortung entläßt den Erzieher nicht aus der Planungsnotwendigkeit.

Unsere Planungen können vielerlei Aspekte haben:

- Planung kann schriftlich oder nur gedanklich erfolgen.
- Sie kann offen oder geschlossen sein, also im Weg bzw. Ziel festgelegt – oder aber flexibel und variabel (offen).
- Planung kann gemeinsam mit anderen – oder von einem allein erfolgen.
- Sie kann lang-, mittel- oder kurzfristig angelegt sein.
- Usw.

2. Planung hat mehrere Zwecke

a) *Kind-Aspekt.-* Ohne Planung herrscht der Zufall vor, und an sich schon benachteiligte Kinder könnten noch mehr Nachteile erleiden. Dem einzelnen Kind in seiner Lage kann oft nur über geplante Maßnahmen geholfen werden.

b) *Thematischer Aspekt.-* Wenn der Hort sich als Bildungsstätte versteht, muß er „seine" Themen und Inhalte – planend – bedenken und handhaben. Sonst wäre er Aufbewahrungsstätte bzw. „Verwahranstalt".

c) *Gesellschaftlicher Aspekt.-* Als Einrichtung der und in der Gesellschaft muß der Hort seine Arbeit transparent machen. Das kann u.a. durch Pläne und Konzeptionsschriften geschehen. Die Außenwelt des Hortes (Umgebung, Eltern, Kommune, Schule usw.) könnte eine dem Zufall überlassene Hortarbeit nicht verstehen.

d) *Kooperativer Aspekt.-* Auch die Zusammenarbeit verlangt wenigstens ein Minimum an Planung (oft ist das ja genug), und zwar nach innen (mit den Kollegen), aber auch nach außen (Eltern, Exkursionsorte, Vereine etc.)

e) *Professioneller Aspekt.-* Alle professionelle Erziehungs- und Bildungsarbeit zeichnet sich gegenüber der laienhaften pädagogischen Arbeit, z.B. in der Familie, u.a. dadurch aus, daß angemessen und fachlich fundiert – erziehungswissenschaftlich – geplant wird, um so überhaupt die Dinge adäquat evaluieren zu können.

3. Impulse für die Planung im Hort

Was es im Hort alles zu planen gibt, muß man den dort Tätigen nicht vor Augen führen. Wir beschränken uns hier auf wenige grundsätzliche Hinweise.

- *Planungsmensch?*- Horterzieherinnen und Horterzieher sollten sich persönlich fragen, ob sie eher zu einer übertriebenen Planung neigen, oder eher zu einem Zuwenig an Planung.

- *Offenheit.*- Eine gute pädagogische Planung bedarf immer eines angemessenen Grades an Offenheit, d.h.: Es werden andere Wege und Lösungen nicht nur zugelassen, sondern auch akzeptiert und gutgeheißen.

- *Delegieren.*- Vieles sollte auch gezielt und geplant delegiert werden, u.a. an einzelne Kinder im Sinne von Ämtern. Das entlastet und bietet zugleich Möglichkeiten der Verantwortungserprobung.

- *Gemeinsamkeit.*- Was viele angeht, sollte von vielen beraten, geplant und entschieden werden. Deshalb ist im Hort zu fragen: Welche Dinge müssen wir regelmäßig mit allen gemeinsam planen?

- *Erziehungspläne.*- Zwar nicht so detailliert und für alle verpflichtend, wie in einem Erziehungsheim – aber evtl. doch ein wenig davon inspiriert, sollte im Hort über pädagogische Planung im Hinblick auf einzelne Kinder nachgedacht und gehandelt werden. Vermutlich würde das in manchen Fällen die Arbeit stärken und effektiver gestalten.

- *Methoden der Planung.*- Leider verfügen die meisten pädagogischen Fachkräfte nach wie vor über zu geringe Kenntnisse, was die heute vorhandenen Methoden der Planung der Arbeit und der Entscheidungsfindung anbetrifft, z.B. Blitzlichtverfahren, Expertenbeteiligung, Entscheidungsmatrix usw. Aus- und Fortbildung haben hier das meiste noch zu tun.

Nur wenn die pädagogische Arbeit im Hort in dem Maße, wie es nötig ist, ungeplant, frei und spontan erfolgt, kann es für das einzelne Kind zu einem gedeihlichen Lernen und einem gelingenden Leben kommen.

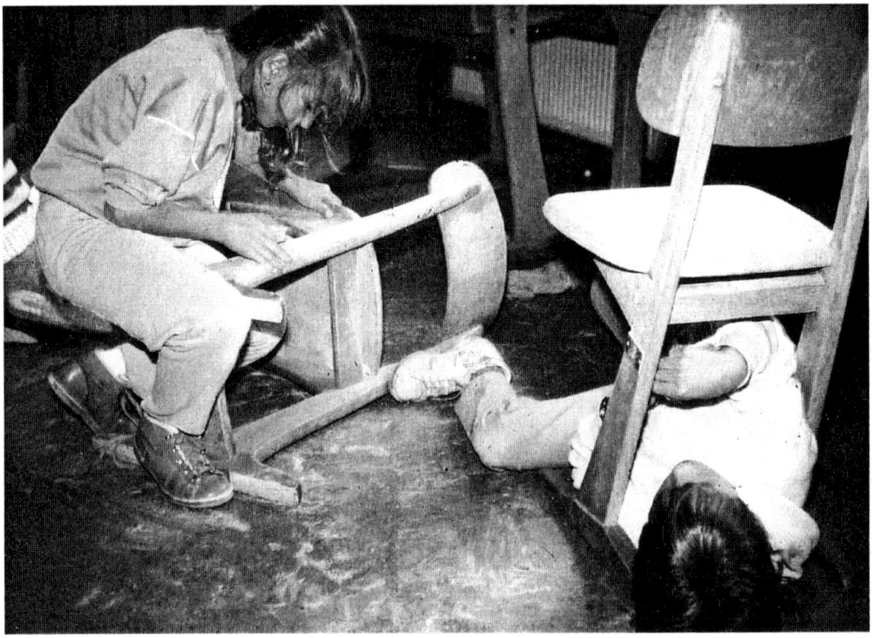

Aus alten Schulstühlen werden bunte Hortstühle

XI. Räume für Kinder – Räume für Kinder?

1. Raum entspricht einem menschlichen Bedürfnis

Der Raum ist das, was den Menschen umgibt; was ihn schützen kann; ihm Freiheit gibt; Behaglichkeit ermöglicht. Räume können uns Grenze und Schutz geben (z.B. in einem Nest), sie können uns aber auch einengen. Manche Menschen lassen sich von Räumen inspirieren. Das Wort „Raum" (vom mittelhochdeutschen „rum") bedeutet ursprünglich „Weite" und „Geräumigkeit". „Geraum" beziehen wir in unserer Sprache heute nur noch auf die Zeit („seit geraumer Zeit"), „geräumig" auf den Ort („Sie haben eine geräumige Wohnung."). Raum gehört unverzichtbar zu unserem Leben wie die Zeit. Mag der Mensch heute auch zunehmend bestrebt sein, sich über Räume und Zeit hinwegzusetzen, so entsprechen dennoch beide einem grundlegenden Bedürfnis in ihm. Deshalb sollten wir sie auch bei Kindern nicht gering erachten.

2. Räume für Kinder?

Zur Frage „Raum und Kind" wurden in der jüngsten Vergangenheit durchaus vielerlei Überlegungen angestellt und Versuche durchgeführt – allerdings keineswegs immer orientiert an den Bedürfnissen und Empfindungen der Kinder. Räume wurden und werden in Kindereinrichtungen häufig deshalb verändert, weil sie den Erwachsenen nicht mehr gefallen, also ohne jede sachliche Notwendigkeit. Das ist oft ein Fehler. Der größte Fehler bei der Raumgestaltung in pädagogischen Einrichtungen besteht darin, daß die Perspektive des Kindes gar nicht oder nicht in ausreichendem Maße eingenommen wird; Erwachsene – Architekten, Träger, Erzieher Eltern – denken und planen von ihrer Warte her. Diese ist aber grundsätzlich anders als die „des Kindes".

Raumfragen können – pädagogisch – nur zufriedenstellend gelöst werden, wenn wir als Erwachsene in radikal phänomenologischer Weise von sämtlichem Theorieballast absehen und nur die Sicht des Kindes einnehmen: „Werden wie die Kinder", das ist hier gefragt. Dann machen wir die Räume nicht zu klein und nicht zu groß; tun nicht zu viel und nicht zu wenig hinein. Es relativiert und erübrigt sich dann vieles. Die folgenden Hinweise mögen das hier Gemeinte konkretisieren.

3. Kriterien und Prüffragen – Ein Test

Unbestritten ist, daß Räume ihre pädagogische Relevanz haben. Insofern sind sie ein wichtiger Indikator für die Strukturqualität einer Einrichtung.

Besonders für den Hort gilt, daß es nicht ausreicht, die Horträume im engeren Sinne zu betrachten. Vielmehr sind drei Bereiche wichtig, die jeweils gesondert zu sehen sind, wenngleich sie im Erleben des Kindes auch ein Ganzes bilden. Selten wird man ideale Situationen vorfinden. Insofern sind die jeweiligen Punkte, Hilfen, um die Situation zu beurteilen, zu planen oder zu verändern.

a) Raum als Umgebung

- Straßenverkehr im Umfeld: Ist die nahe Umgebung verkehrsberuhigt? Liegt der Hort in einer Tempo-30-Zone oder ist das Verkehrsaufkommen rund um den Hort sehr stark?
- Kinder als Verkehrsteilnehmer: Können Kinder alleine Haltestellen des öffentlichen Personen-Nahverkehrs erreichen? Gibt es sichere Fußwege und/oder Fahrradwege zwischen Hort, Schule und Elternhaus?
- Öffentliche Räume: Gibt es in unmittelbarer Nähe Spielplätze, Schulhöfe, Parks etc., die die Kinder alleine aufsuchen können?

- Unmittelbares Umfeld: Gibt es zwischen Hort und öffentlichem Raum „fließende Übergänge“, die sowohl von Hortkindern als auch von Kindern aus der Nachbarschaft zum Spiel aufgesucht werden?

b) Raum als Außengelände

- Naturnahe Gestaltung: Gibt es Möglichkeiten mit Erde, Feuer, Wasser umzugehen?
- Ausstattung: Ist die Ausstattung altersgemäß, z.B. Tischtennisplatte, Basketballkorb?
- Gestaltungsmöglichkeiten: Gibt es Bauten aus Holz oder anderen „Fundstücken“ der Kinder, die zu Veränderung und Weiterbau einladen? Sind großflächige Erd- und Sandbewegungen erlaubt und möglich?
- Offenheit zum Umfeld: Sind die Räume abgeschlossen mit Zaun und Tor oder lädt die ganze Gestaltung Kinder aus dem Umfeld ein?

c) Raum als Innenräume

- Größe und Anzahl der Räume: Kann sich jedes Kind ausbreiten? Hat es seinen Platz?
- Variabilität und Multifunktionalität: Sind die Räume veränderbar und gestaltbar? Können die Räume für vielfältige Aktivitäten jeweils umfunktioniert werden?
- Kommunikation und Rückzug: Laden die Räume Kinder ein, miteinander in Kontakt zu treten? Sind die Flure und Übergänge zwischen Räumen Teil der Horträume oder nur „Verkehrsflächen“? Gibt es genug Möglichkeiten für Kleingruppenaktivitäten, aber auch Rückzugsmöglichkeiten?

- Sinnen-volle-Räume: Werden die Kinder herausgefordert zu experimentieren, zu phantasieren, aktiv zu sein und zu gestalten?
- Offen nach innen und außen: Sind die verschiedenen Gruppenräume offen für alle Kinder? Gibt es zumindest teilweise offene Bereiche, in denen sich Besuchskinder jederzeit aufhalten können? Läßt das Gebäude die Blicke nach draußen zu und gewährt es der Umgebung Einblicke?

Holzarbeiten im eigenen Haus – natürlich unter meisterlichen Anleitung des Horterziehers

Dieser Kriterien- und Fragenkatalog läßt sich gut ergänzen um weitere Punkte, die einem wichtig erscheinen. Man kann auch problemlos damit die Raumqualität einer Einrichtung einschätzen, und zwar nicht nur im nachhinein, sondern evtl. auch bevor ein Hort irgendwo eingerichtet wird, z.B. mit dem folgenden Schema:

Unser Hort erhält im Hinblick auf ....Punkte

Bitte verteilen Sie durch Ankreuzen Punkte,

von 6 Punkte = sehr gut

bis 0 Punkte = mangelhaft

Sehr gut ... mangelhaft

		6	5	4	3	2	1	0
Raum als Umgebung	Straßenverkehr im Umfeld	O	O	O	O	O	O	O
	Möglichkeiten für Kinder als Verkehrsteilnehmer	O	O	O	O	O	O	O
	Öffentliche Räume in der Nähe, Spielplätze o.ä.	O	O	O	O	O	O	O
	Unmittelbares Umfeld – fließende „Übergänge"	O	O	O	O	O	O	O
Raum als Außengelände	Naturnahe Gestaltung	O	O	O	O	O	O	O
	Ausstattung (z.B. Basketballkorb)	O	O	O	O	O	O	O
	Möglichkeiten der Gestaltung, z.B. Wasser, Sand, Holz	O	O	O	O	O	O	O
	Relative Offenheit zum Umfeld (Zaun mit Tor o.ä.)	O	O	O	O	O	O	O
Raum als Innenräume	Größe und Anzahl der Räume	O	O	O	O	O	O	O
	Variabilität und Multifunktionalität	O	O	O	O	O	O	O
	Kommunikation und Rückzug	O	O	O	O	O	O	O
	Sinnen-fülle der Räume	O	O	O	O	O	O	O
	Offenheit nach innen und außen (Ausblicke und tragbare Einblicke)	O	O	O	O	O	O	O

d) Hort in der Wöhlerstraße in Burghausen - ein Beispiel

Das Gebäude ist zweistöckig. Im Erdgeschoß liegt der Kindergarten, im Obergeschoß der Hort. „Jeder Gruppe stehen ein Hausaufgabenraum und ein Gruppenzimmer zur Verfügung". So steht es in der Informationsschrift zur Einweihung. Diese nüchterne Beschreibung vermittelt allerdings nicht den Eindruck, der durch die Betrachtunge des Grundrisses entstehen kann. Vieles von dem ist denkbar, was Horträume Kindern heute ermöglichen sollten:

① Rückzugsräume für die Geborgenheit in einer Gruppe bzw. einem gruppeninternen Bereich. Der Zugang zu den Gruppen kann je nach Bedürfnis verändert werden. Hierzu ein Vorschlag: Türen, die in der Mitte geteilt sind (bekannt als „Stalltüren"). Ist der untere Teil geschlossen, wird die Kommunikation nicht gänzlich unterbrochen, aber trotzdem wird signalisiert: „Wir möchten jetzt unter uns bleiben." Der Grundriß beinhaltet auch eine vielfache Variabilität für gruppenübergreifende Arbeit: Im einen Flügel mehr laute, im anderen Flügel mehr leise Aktivitäten usw.

② Halböffentliche Räume in: Werkraum, Mehrzweckraum und Garderobe, die für alle Kinder der Einrichtung jederzeit zugänglich sind und darüber hinaus zusammen mit Gastkindern genutzt werden können; z.B. um mit einem Freund von außerhalb im Mehrzweckraum Tischfußball zu spielen oder im Werkraum am Modellschiff weiterzubauen.

③ Schließlich die Halle und der Eingangsbereich, den Besuchskinder betreten können, um eventuell Verabredungen zu treffen oder zu warten, ohne das Hortleben wesentlich zu beeinträchtigen.

Das Haus ist kommunikativ, ohne Offenheit aufzudrängen. Große Fensterfronten lassen die Blicke ins Freie und gewähren Einblicke ins Hortleben. „Das Gestalt gewordene Zwischen", die Auflösung der aggressiven Trennung von privatem und öffentlichem Raum, wie es die „Strukturalisten" in der Architektur fordern. (Viele interessante Beispiele finden sich hierzu bei: Herman Herzberger; Lessons for Students in Architecture, Rotterdam 1991)

Grundriß des Hortes in der Wöhlerstraße in Burghausen

(Vorlage aus: „Information zur Einweihung Wöhler - Kindergarten und Hort“)

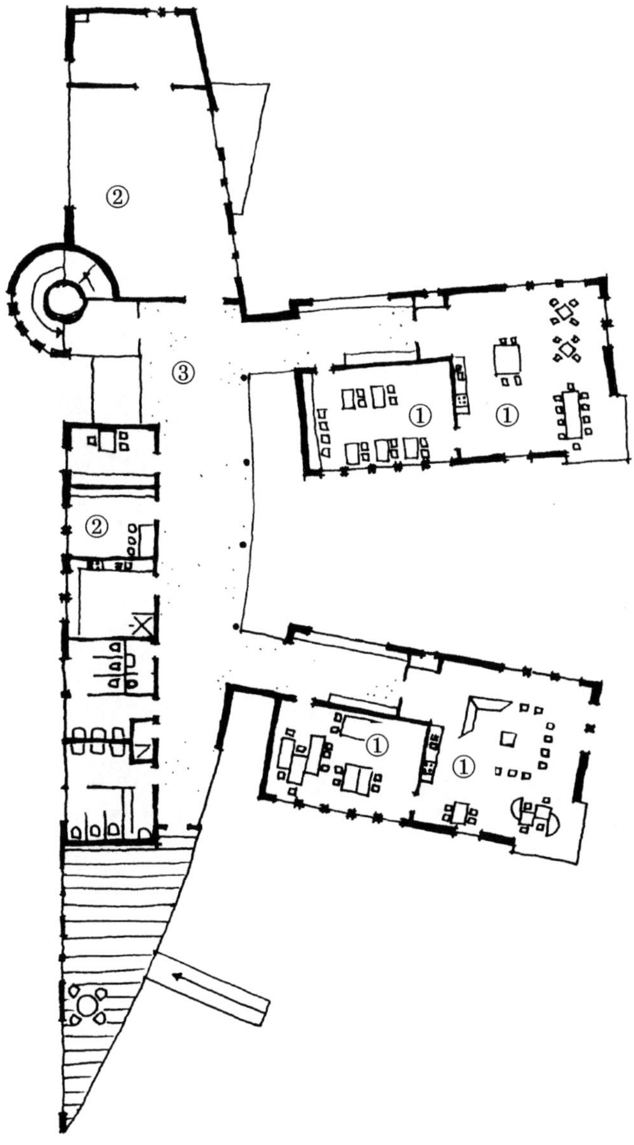

Das macht Spaß – und will gekonnt sein

XII. Methoden und Arbeitsformen in der Hortpädagogik

Für die gesamte Hortarbeit gilt, daß sie nicht - Verzeihung - die schlechte Schularbeit vom Vormittag, ortsverlagert, am Nachmittag wiederholt oder verlängert, lediglich mit anderen Namen versehen. Dies gilt in besonderem Maße im Hinblick auf die Methoden und Arbeitsformen in der Hortarbeit. Für die hortpädagogische Fachkraft kann es insofern nur sinnvoll sein, wenn sie über ein breites Methodenspektrum und besondere gruppenpädagogische Fähigkeiten verfügt. Die folgenden kürzeren oder längeren Beschreibungen können solche Fähigkeiten nicht vermitteln, sondern sie sollen zu deren Erwerb lediglich anregen. Im übrigen wird unsere Beschreibung unvollständig bleiben.

Wir unterscheiden im folgenden nicht scharf zwischen Arbeitsformen und Methoden, sondern gehen dabei von fließenden Übergängen aus. Je umfassender eine Vorgehensweise ist, z.B. Gemeinwesenarbeit, um so weniger wäre sie natürlich mit einer Methode, wie z.B. der Projektmethode, gleichzusetzen. Die praktische Anregung ist uns hier wichtiger, als die begriffliche „Reinheit".

1. Die Gruppenarbeit als übergreifende Methode

a) Begriffsklärung

Hier und da kann man hören oder lesen, daß „die" Methode der Hortarbeit „die soziale Gruppenarbeit" sei. Wir können dem so nicht ohne weiteres beipflichten, wenngleich auch wir der Meinung sind, daß in der Methodik der Hortpädagogik die Soziale Gruppenarbeit bzw. die Gruppenpädagogik eine unverzichtbare Rolle spielen muß und daß kein Horterzieher ohne gründliche Kenntnisse und Fähigkeiten dieser Verfahrensweisen auskommen kann. Es ergibt sich jedoch allein schon aus der Bedürfnislage des Kindes im Hort, daß man die Methoden nicht einfach auf die Soziale Gruppenarbeit reduzieren darf. Wie soll das Kind denn sonst in seinen individuellen Belangen, nehmen wir z.B. die Notwendigkeit des Alleinsein-Könnens und der individuellen Anerkennung, zu seinem Recht kommen?

Es ist gut, wenn wir zwischen Sozialer Gruppenarbeit und Gruppenpädagogik folgendermaßen unterscheiden:

a) Soziale Gruppenarbeit ist eine spezifische Methode (oder Arbeitsform) der Sozialarbeit bzw. Sozialpädagogik, in der eine für die Soziale Arbeit ausgebildete Person mit auffällig gewordenen Menschen arbeitet, und zwar mit der Zielsetzung eines alsbaldigen gelingenden Lebens dieser Menschen. (Das können z.B. Schuldner, Alkohol- und Drogenabhängige, von ihren Männern mißhandelte Frauen, Jugendliche im Gefängnis usw. sein.)

b) Gruppenpädagogik dagegen definieren wir als eine Arbeitsmethode für alle pädagogischen Arbeitsfelder, bei der eine pädagogisch geschulte Person mit nicht-benachteiligten Menschen arbeitet, wobei mehr das sachliche Ziel und das thematische Programm im Vordergrund steht, als die Betroffenheit und Befindlichkeit der Gruppenmitglieder.

Mag diese Unterscheidung auch nicht ganz unproblematisch sein - liegt ihr doch letztlich die Differenz zwischen dem „normalen" und dem „auffälligen" Menschen zu Grunde, und wer darf diese schon setzen? -, wir kommen in der Sozialen Arbeit und besonders in der Hortpädagogik nicht an ihr vorbei. Anderenfalls wird alles zu einem undifferenzierten Brei. Selbstverständlich wird man nicht akzeptieren, daß Hortkinder in toto als auffällig (verwahrlost, asozial o.ä.) abgestempelt werden. Deshalb, aber vor allem aus rein sachlichen Gründen, reklamieren wir als

Methode für die Hortarbeit in erster Linie nicht die Soziale Gruppenarbeit, sondern die Gruppenpädagogik. Wir sind uns dabei im klarem darüber, daß die Übergänge fließend sind und daß teilweise auch die eben beschriebene Soziale Gruppenarbeit im Hort ihre Berechtigung hätte, allerdings kann man dem Horterzieher nicht auch noch abverlangen, therapeutische Soziale Gruppenarbeit durchzuführen. Therapeutische Spiele allerdings, oder überhaupt Interaktionsspiele, passen gut in das Konzept der Gruppenpädagogik.

b) Wichtige Aspekte der Gruppenarbeit

Auch und besonders in der gruppenpädagogischen Arbeit des Hortes sind die folgenden Fragen zu bedenken, wenn eine Gruppenaktivität geplant wird:

- Wie groß soll bzw. kann die Gruppe für das Vorhaben sein?
- Wie ist die Befindlichkeit und welches sind die Bedürfnisse in der Gruppe?
- Wie ist die Zusammensetzung (jünger/älter; männlich/weiblich etc.)?
- Zielsetzungen und Aufgaben
- Zeitfragen: Dauer der Aktivität; Dauer des Verbleibs der Beteiligten in der Gruppe;
- Dynamik und gruppendynamische Positionen in der Gruppe
- Führung: findet die Führung von innen statt, evtl. ein Gruppenmitglied oder ein Erzieher, oder kommt jemand von außen, der die Gruppe leitet?

Usw.

c) Fünf Arbeitsgrundsätze der Gruppenpädagogik

In der Theorie der Gruppenpädagogik sind Arbeitsprinzipien entwikkelt worden, die auch für die Hortpädagogik eine gute Anleitung darstellen können. (Daß diese nahezu identisch sind mit den Arbeitsgrundsätzen der Sozialen Gruppenarbeit, hat verschiedene Gründe und muß hier nicht diskutiert werden.)

(1) Anfangen, wo die Gruppe steht und sich dann mit ihr in Bewegung setzen.-

Dies ist, wie alle Arbeitsprinzipien und methodischen Anleitungen, im Sinne eines Appells gemeint und will im Klartext sagen: Du, Hortpädagoge, sollst erst einmal schauen, was mit der Gruppe ist - wie weit sie in einzelnen Bereichen ist, z.B. kognitiv, sozial etc., - also eine Art Diagnose durchführen. Hast Du dieses getan, dann sollst Du nicht dabei stehen bleiben, sondern den Weg gehen, und zwar nicht nach Deinem Tempo, sondern mit der Gruppe gemeinsam nach deren Tempo.

Eine Gruppensituation, also die Frage, wo die Gruppe steht, kann natürlich durch vielerlei Faktoren bestimmt sein: Beziehungen (Sympathie/Antipathie/Gleichgültigkeit), Vorurteile, Bildungsunterschiede, soziale Herkunft, Gewohnheiten und Laster. Nicht nur ein guter diagnostischer Blick, sondern auch eine Reihe pädagogischer Tugenden, z.B. Geduld und Warten-können, werden hier vom Gruppenpädagogen gefordert.

(2) Pädagogisch begleiten, also u.a. Grenzen setzen.-

Bei der Gruppenpädagogik handelt es sich um eine originär partnerschaftliche und demokratische Methode, deren Ziel letztlich deutlich „im Sozialen“ liegt. Es wird sehr stark auf Aktivierung, Beteiligung u.a. gesetzt.

Insofern muß vom Horterzieher das richtige Ausmaß an Leitung und Führung gefunden werden; ja, es stellt sich die Frage, inwieweit in der Gruppenpädagogik überhaupt Erziehung im strengen Sinne am Platze ist, und inwiefern - um die zutreffende und erforderliche Geisteshaltung zu ermöglichen - nicht auch eine veränderte Terminologie nötig wäre. Eindeutig sind wir der Auffassung, daß die hier gemeinte Arbeitsform bzw. Methode erzieherischen Charakter haben muß und daß man sich dabei nichts vormachen darf: Die pädagogische Fachkraft im Hort ist und bleibt die zuständige und verantwortliche Erziehungsperson - allerdings muß dabei das zutreffende Verständnis von Erziehung zu Grunde gelegt werden. Dieses zeigt sich vor allem im partnerschaftlichen Erzieherverhalten und Erziehungsstil.

Weil uns dieses so wichtig ist, sprechen wir bei diesem Prinzip von „pädagogisch begleiten", und nicht etwa von „erzieherisch eingreifen", wenngleich dieses, falls situativ bedingt erforderlich, gemeint sein kann. Nur von „begleiten" zu reden, wie es vielfach in Mode gekommen ist, halten wir für unzulänglich, weil „begleiten" allein vom Wesensverständnis her nur zum Teil das Phänomen der Erziehung umfaßt: Erziehung impliziert u.a. auch (!) „begleiten", ist aber vom Wesen her viel mehr. Weil es in aller gruppenpädagogischen Theorie auch um das Setzen von erzieherischen Grenzen, z.B. bei Verboten zum Schutz vor Gefahren oder anderen unerwünschten Personen, sprechen wir von „pädagogisch" begleiten. D.h., daß beide Seiten des Erzieherverhaltens betont werden: die lenkende und (!) die freilassende. Damit klingt auch das folgende Prinzip bereits an.

(3) Sich selbst überflüssig machen.-

Gerade den Engagierten unter den pädagogisch Tätigen fällt es oft schwer, das zu tun, was hier gemeint ist: sich nicht so aktiv zu verhalten und dauerhaft so einzubringen, daß der Eindruck entsteht, man sei unentbehrlich. Alle Pädagogik, besonders die Gruppenpädagogik, aber auch überhaupt die Soziale Arbeit - alle haben sie das hier in Frage stehende Problem erkannt und auf verschiedene Weise artikuliert. Immer ist gemeint: genügend Zurückhaltung üben - und hier besonders: die Adressaten (Kinder, Jugendliche, Alte) dann sich allein überlassen, wenn es angebracht ist: sich eben dann überflüssig machen.

Die klassische Sozialarbeit hat in diesem Zusammenhang immer schon von der „Hilfe zur Selbsthilfe" gesprochen, und damit gemeint: Wir müssen dem Hilfebedürftigen helfen, dürfen ihn aber nicht abhängig machen, sondern die Art und Dauer der Hilfe müssen so gestaltet sein, daß sie zur Unabhängigkeit führt - daß der Mensch sich selbst helfen kann; sich also emanzipiert und (wieder) frei wird. Maria Montessori formuliert den Sachverhalt, indem sie sagt: „Hilf mir, es selbst zu tun!" (Also: Tue es nicht für (!) mich, sondern: Befähige mich (!), es zu tun.) In der Theorie des pädagogischen Verhältnisses heißt es: das pädagogische Verhältnis strebt danach, sich überflüssig zu machen, d.h. den Zögling oder Educandus, wie die klassischen Pädagogen zu sagen pflegten, der Selbständigkeit entgegen gehen zu lassen. Genau das Gleiche meint auch das berühmt gewordene Bild vom Hungrigen und vom Fischen: Ist es nicht besser, einen Hungrigen das Fischen zu lehren, als ihm täglich einen Fisch zu geben? Die Antwort liegt auf der Hand, und wir müssen das Bild nicht interpretieren. Die Gruppenpädagogik hat in diesem Zusammenhang den Begriff des Enablers, also des „Ermöglichers", geprägt und meint damit, daß die verantwortlichen Pädagogen immer nur soviel tun sollen, daß die Aktivitäten der Adressaten „möglich" werden. Daß dabei die Rolle des Erziehers schließlich nicht geschmälert wird, sondern eigentlich erst ihren Sinn erfüllt, dürfte einleuchten. Der Horterzieher wird nicht überflüssig - nur seine Rolle ändert sich.

(4) Ein Programm gestalten.-

Es wurde bereits erwähnt: Gruppenpädagogik ist nicht per se therapeutische Arbeit über und durch die Gruppe als solche. Insofern sind hier andere Punkte von Belang. Einer davon ist das Programm. Mit „Programm" ist hier der Inhalt bzw. die Thematik, mit denen sich die Gruppe befaßt, gemeint. Es liegt auf der Hand, daß hierfür prinzipiell alle auch sonst für die Hortarbeit relevanten Sachthemen in Frage kommen.

* * * * * * *

Die Geschichte des verzauberten Steines – Ein gruppenpädagogisches Beispiel

Abenteuerspiele bieten gute Möglichkeiten, Gruppenprozesse zu beeinflussen und zu beobachten. Die Kinder lösen die Aufgaben in der Regel voller Stolz und Begeisterung. Die Spiele sind so konzipiert, daß unterschiedliche Fähigkeiten gebraucht werden: Mal braucht man ein besonders leichtes Kind, mal ein schweres Gewicht, das am Seil zieht, mal einen „Analytiker". Die Gruppe kann nur als Ganzes gewinnen oder verlieren; letzteres sollte man allerdings als geschickter Spielleiter verhindern. Sehr schöne Spielvorlagen, so auch die hier geschilderte, finden sich bei Gilsdorf/ Kistner: Kooperative Abenteuerspiele, Kallmeyersche Verlagsbuchhandlung, 1995. Die folgende Geschichte wurde von Reinhard Meier-Musahl mit viel Erfolg mit Kindern einer Kinderzirkusgruppe, einer Hortgruppe, einer Gruppe aus einer OT und einer Klasse der Fachschule für Sozialpädagogik durchgeführt.

1. Station: Die Vorbereitung, methodische Hinweise

Bevor die Gruppe startet, muß sie sich auf die Reise vorbereiten. Zunächst wird den Kindern die Geschichte erzählt. Die Kinder erhalten einige Ausrüstungsgegenstände - je nach Aufgabenstellung. Als nächstes sollen sie sich überlegen, welche Eigenschaften unterwegs wohl besonders hilfreich wären, um das Abenteuer zu bestehen. Vier Eigenschaften dürfen mitgenommen werden. Die gewählten Eigenschaften werden jeweils einem Stein zugeordnet. Vier Kinder werden nun als Hüter der Eigenschaften bestimmt, indem sie den Stein mit tragen.

Sofern es möglich ist, kann man den Kindern auch einen Plan geben, wie sie gehen müssen oder den Weg irgendwie markieren. Ansonsten kann der Spielleiter die Kinder auch von Station zu Station führen.

Die Geschichte

„Ihr Kinder vom Hort, ihr seid hierher nach Strittberg gekommen, um dem Dorf einen großen Dienst zu erweisen. Früher hat das Dorf Glücksberg geheißen. Die Bewohner lebten in Frieden miteinander. Alles schien ihnen zum Besten zu geraten. So kamen sie zu Wohlstand. Hatte jemand ein Problem, so halfen sie sich gegenseitig aus. Dies alles war nicht nur auf ihren Fleiß und sonstige gute Tugenden zurückzuführen, sondern alles wurde unterstützt durch einen Zauberstein. Diesen Stein hatte ein Einwohner von Glücksberg von einer weiten Reise mitgebracht. Dieser Stein wurde dem Dorf eines Tages gestohlen. Ein Zauberer aus dem Zauberwald auf einer nahen Insel entwendete den Stein und mißbrauchte ihn für seine Zwecke. Es kehrte Mißgunst und Streit im Dorf ein. Jeder achtete nur noch auf seinen Vorteil.

Viele haben schon versucht, den Stein zurückzuholen, keiner ist von seiner gefährlichen Aufgabe zurückgekehrt. Ihr könnt diesen Stein von seinem Fluch befreien, wenn ihr als Gruppe zusammenhaltet. Die Aufgabe ist nicht ungefährlich, viele lebensbedrohliche Situationen müßt ihr bewältigen. Ein Einzelner kann diese Aufgabe nicht lösen. Wir Erwachsene können euch nicht helfen. Ihr seid ganz auf euch alleine gestellt. Lediglich den Weg kann ich euch zeigen.

Bevor ihr startet, bekommt ihr noch ein paar Ausrüstungsgegenstände mit: Ein Bergsteigerseil, einen Klettergurt, zwei Zauberpillen (jede Pille schützt ein Auge für 20 Minuten vor giftigen Säuren), einen Verbandskasten.
Dies war eure äußere Vorbereitung. Ihr müßt euch jetzt noch innerlich vorbereiten: Entscheidet euch für vier Eigenschaften, von denen ihr annehmt, daß sie der Gruppe bei der Lösung der Aufgabe besonders hilfreich sein werden. Dies können Eigenschaften sein wie Glück, Mut, Tapferkeit, Zusammenhalt usw.. Wenn ihr euch entschieden habt, ordnet die ausgewählten Eigenschaften einem der Steine zu, die hier in der Mitte liegen. Nehmt diese Steine mit und merkt auch gut, für welche Eigenschaft welcher Stein steht."

2. Station: Das Tor - methodische Hinweise

Zwischen zwei etwa zwei Meter auseinander stehenden Bäumen wird ein starkes Holz befestigt (z.B. mit Spanngurten). Die Höhe muß entsprechend der Körpergröße der Kinder so gewählt werden, daß kein Kind alleine an dieses Holz fassen kann. Die Höhe ist dann richtig gewählt, wenn die Kinder beim ersten Anblick sagen: „*Das schaffen wir nie.*" Vorsicht vor Übertreibung! Die Kinder sollen sich selbst eine Strategie überlegen. Alle herumliegenden und mitgebrachten Hilfsmittel dürfen eingesetzt werden. Bei der Konsensfindung ungeübte Gruppen brauchen zurückhaltende Unterstützung von seiten des Spielleiters.

Die Geschichte

Wir sind jetzt schon ganz dicht am Zauberwald. Über das Haupttor einzudringen, wäre unmöglich, da dieses gut bewacht wird. Ich kenne allerdings ein Seitentor, das nur mit Sensoren ausgestattet ist, die jede Bewegung am Tor sofort an den Zauberer melden. Sobald ihr also das Tor berührt habt, habt ihr nur noch 30 Minuten

Zeit, in das Zauberreich einzudringen. Bevor ihr also loslegt, müßt ihr euch eine Strategie überlegen. Sonst läuft euch die Zeit davon. Bitte denkt daran, ihr müßt alle mitgehen. Kein Kind darf zurückbleiben.

3. Station: Überquerung des reißenden Flusses - Methodische Hinweise

Dieser Spielteil setzt natürlich einen vorhandenen Bach voraus, der so breit sein sollte, daß man ihn nicht einfach überspringen kann. Es ist von Vorteil, eine Stelle zu wählen, an der für das Übersetzten Hilfsmittel herumliegen.

Die Geschichte

Unsere Reise hat uns nun an das Ufer eines reißenden Flusses geführt. Weit und breit keine Brücke und trotzdem müssen wir hinüber. In dem Wasser leben Piranhas. Ihr könnt also nicht einfach durch das Wasser waten.

4. Station: Der Giftsee - methodische Hinweise

In einem Hochwaldstück wird eine kreisförmige Fläche von ca. 20 Metern Durchmesser mit einer Schnur abgegrenzt. In der Mitte steht eine Schatztruhe - mit Griff oder Schlaufe zum sicheren Anfassen - , in der der Plan und eine kleine Belohnung für die Kinder enthalten ist. Denn nach Lösung dieser Aufgabe, bietet sich eine kleine Pause an.

Die Geschichte

Jetzt sind wir an dem Giftsee angekommen. Paßt auf, daß ihr nicht ins Wasser faßt, eure Hände und Füße wären sofort zerfressen, eure Augen würden sofort erblinden, wenn ihr über das Wasser kommt. Am Rande des Sees steht allerdings ein Baum mit heilenden Kräften. Wird ein Mitglied eurer Gruppe verletzt, könnt ihr

demjenigen wieder zu vollständiger Gesundung verhelfen, indem ihr euch um den Baum versammelt und einen Zauberspruch aufsagt.
In der Mitte des Sees, auf einem aus der Säure herausragendem Fels, steht eine Schatzkiste, die ihr für eure weitere Reise unbedingt haben müßt. Denn in der Kiste liegt der Plan, wo der Stein verborgen ist. Nur dem Zauberer ist es möglich, unbeschadet zu dem Felsen zu kommen. Deshalb ist dieser Platz auch gar nicht bewacht. Überlegt euch gut eure Strategie und denkt auch an alle Hilfsmittel, die ihr erhalten habt.

5. Station: Die finstere Schlucht - methodische Hinweise

Quer durch den Wald, über Lichtungen und durch Unterholz wird eine Schnur von mindestens 150 Metern Länge in Handlaufhöhe gespannt. Die Kinder sollen, wenn möglich alleine mit verbundenen Augen dieser Schnur entlang gehen. Die Augenbinde bringt eine starke Erfahrung des sonst vernachlässigten Sinnes und schützt darüber hinaus die Augen. Trotzdem darauf achten, daß spitze Äste beseitigt oder umgangen werden. Diese Vorsicht ist insbesondere im Fichtenforst geboten.

Die Geschichte

Als nächstes führt euch der Weg durch eine finstere Schlucht. In der Schlucht hausen gefährliche Drachen, die jeden auffressen, der sich verrät. Die Schlucht ist nicht nur finster, sondern auch von giftigen Dämpfen durchzogen, die eure Augen schwer schädigen könnten. Deshalb habe ich euch Augenbinden mitgebracht.
Die einzige Chance, den Weg durch die Schlucht zu finden ist, am Lebensfaden entlang zu gehen. Paßt aber auf, daß dieser nicht abreißt. Die Kinder nach euch wären in diesem Fall unrettbar verloren. Am Ausgang der Schlucht werdet ihr den Platz finden, an dem ihr den verzauberten Stein finden könnt.

6. Station: Das Versteck des Steines - methodische Hinweise

Die Kinder sollen anhand des Planes, den sie aus der Schatzkiste erhalten haben, den Stein finden. Dies muß natürlich ein besonders schönes Exemplar sein. Der „Plan“ kann natürlich auch aus einem Rätsel bestehen.

Wenn der Stein gefunden ist, muß er noch von seinem Fluch befreit werden. Die Kinder müssen dazu zuerst überlegen, welche der zu Beginn ausgewählten Eigenschaft, besonders gut von der Gruppe gezeigt wurde.

Die Geschichte

Hier müßt ihr nun den Zauberstein suchen, Wenn ihr ihn gefunden habt, müßt ihr den Stein noch von seinem Zauber befreien. Dies ist nun eure letzte Aufgabe: Überlegt euch, welche von den Eigenschaften, die ihr zu Beginn ausgewählt habt, eure stärkste Eigenschaft war. Welche Eigenschaft habt ihr als Gruppe gut ausdrükken und erleben können? Nehmt den betreffenden Stein und haltet ihn über den Zauberstein: Der Zauberstein wird seine alte Kraft wiedergewinnen und soll euch als Gruppe auf eurem Weg begleiten.

Als Abschluß gehört natürlich noch eine Reflexion dazu.

Ein weiteres Beispiel

Im folgenden ein Beispiel aus der gruppenpädagogischen Literatur - mag es auch aus „vergangenen Tagen" rühren, so sind Hortkindern solche Möglichkeiten heute neu zu wünschen (vgl. Schiller 1966, S. 156 f.).

Bubengruppe aus einer Erziehungsberatung (9-14 Jahre)

Die Jungen entdeckten auf einem gemeinsamen Spaziergang eine Insel in dem nahegelegenen Flüßchen. Sie liegt ein wenig abseits der Spielwiese, der Straßen und Häuser, und der Weg, der über sie führt, wird wenig begangen. Teils ist sie mit Bäumen und Sträuchern bewachsen, teils ist sie freies Gelände. Die Jungen hatten mit ihr einen Ort gefunden, der ihren Bedürfnissen entsprach. Franz hatte beim Herumstöbern auf dem Gelände eine alte Flasche gefunden, und er äußerte den Wunsch, eine Flaschenpost abzusenden. Diese einfache Betätigung wurde ein großes Erlebnis für alle Gruppenmitglieder. Es war das erste für die Jungen große „Wir-Erlebnis" der Gruppe. Die Vorgänge in den Gruppenstunden, die bisher größtenteils nur das Interesse einzelner Gruppenmitglieder hervorgerufen hatten, erweckten von nun an in stärkerem oder schwächerem Maße die innere Beteiligung aller Gruppenmitglieder.

Die Insel hat tausend Möglichkeiten, sich zu beschäftigen. „Indianer und Trapper", „Fangen" und „Verstecken" waren die beliebtesten Spiele. Besonders „Indianer und Trapper" wirkte sich gut auf die Entwicklung der Gruppenmitglieder aus. Es bot die Möglichkeit, Aggressionen in legaler Form herauszubringen, Stärke zu zeigen oder sein Geltungsbedürfnis zu befriedigen, indem sich unsichere Jungen Namen eines berühmten Indianers geben konnten.

Das herumliegende Holz und die alten Ziegel regten die Phantasie der Jungen zu konstruktiven Betätigungen an. In gemeinsamer Ar-

beit bauten sie sich eine Hütte. Diese Zusammenarbeit festigte das Gemeinschaftsgefühl der Gruppenmitglieder, stellte die verschiedenen Fertigkeiten der einzelnen heraus, schaffte ihnen Anerkennung und gab das Gefühl, ein wertvolles Gruppenmitglied zu sein.

Das gruppenpädagogische Prinzip der Programmgestaltung hat letztlich seine tiefere Verwurzelung in der Bildungstheorie der Pädagogik, indem davon auszugehen ist, daß das Befassen mit „Sachen" - welcher Art auch immer - seine „bildenden" Spuren hinterlassen wird bei denjenigen, die sich mit den Dingen befassen.

* * * * * * *

(5) Mit den Stärken der Einzelnen arbeiten – Individualisieren,-

Hortkinder gehören oftmals nicht gerade zu denjenigen, die überall Anerkennung finden und akzeptiert werden. Dieses wiederum kann Einfluß nehmen auf ihr Selbstwertgefühl, und zwar in negativer Weise. Gerade deshalb ist das hier besprochene Prinzip so wichtig.

Jeder Mensch hat seine individuellen Stärken, d.h. seine bestimmten Fähigkeiten auf einem bestimmten Gebiet, und diese gilt es zu sehen und zu nutzen. Überhaupt haben wir in der Pädagogik jeden Jungen und jedes Mädchen, die uns anvertraut sind, in ihrer Persönlichkeit und Einzelheit zu sehen und zu respektieren. Besonders in einer Pädagogik der Gruppe („Gruppenpädagogik") läuft man leicht Gefahr, den Menschen in seiner Jeweiligkeit zu übersehen. Vergessen wir nicht, daß Hortkinder am Vormittag in der Schule vielfach solche Erfahrungen machen, bei denen sie nur im Klassenverband „vorkommen" und sich oft genug in ihrer Individualität mißachtet fühlen müssen. Lehrer wollen dieses oft nicht, sondern vielfach liegt es in der Natur der Schule selbst. Eben auf Grund dieser Erfahrungen brauchen die Kinder gerade am Nachmittag ihre individualisierenden Erfahrungen.

Das hier gemeinte Prinzip möchte u.a. auf die Situation des jeweiligen Kindes aufmerksam machen und uns anhalten, diese positiv und, wo nötig, auch schützend zu handhaben, z.B. wenn ein Kind ein Defizit hat, etwa einen Sprachfehler. Wer würde es dann etwa einer Gruppennorm oder einem Gruppenzwang aussetzen, wobei es evtl. verlacht würde. Wir betonen deshalb den Grundsatz der individuellen Stärke, verbunden mit dem individuellen Schutz und der individuellen Förderung; d.h. u.a. auch: nicht alle über einen Kamm scheren, wie das Sprichwort sagt; denn auch jedes Kind im Hort hat seine Bedürfnisse, Neigungen, Interessen und Wünsche - und seine Stärken. (Vgl. auch XIV,2.)

Exkurs: Erfahrungen zwischen Gruppenpädagogik und Projektmethode – Zwei Beispiele aus dem Hort

Als Ausgangspunkt nehmen wir die folgenden zwei Projektberichte (Wir verdanken sie der Horterzieherin Heike Augsten.). Sind es wirklich Projekte? Man mag die mit den später zu gebenden Leitsätzen und Kriterien der Projektmethode selber prüfen.

Projektbeispiel 1: Hüttenfreizeit in Simonswald - Thema: Indianer

Teilnehmer/innen: Grundschulkinder des Hortes Bugginger Str. 40 aus Freiburg-Weingarten; 11 Mädchen, 9 Jungen; im Alter von 6-10 Jahren.

Fachkräfte: Im Hort arbeiten drei pädagogische Fachkräfte, eine Erzieherin im Anerkennungsjahr, ein Erzieher und eine Sozialarbeiterin.

Zusätzlich wurden diese von einer Vorpraktikantin und einer Erzieherin aus dem Kindergarten unterstützt.

Kurzbeschreibung: Einmal jährlich findet in den Pfingstferien eine Hüttenfreizeit statt. Die Freizeit 1997 sollte erstmalig auf ein Schwerpunktthema ausgerichtet sein.

Themenauswahl nach mehreren Gesichtspunkten:

- Interessen der Kinder und Erzieherinnen sind zu beachten.
- Die Stadtkinder sollten die Möglichkeit haben, Natur zu erleben.
- Spaß und Spiel sollten im Vordergrund stehen.
- Die Umsetzbarkeit mußte in fünf Tagen mit geringem Materialaufwand gewährleistet sein. (Alle Materialien sowie Verpflegung mußten mitgenommen werden.)

Angebote: Bei der Planung werden die Fähigkeiten und Fertigkeiten der Erzieherinnen berücksichtigt sowie kreative Vorschläge umgesetzt. Die Angebote werden bereits im Vorfeld festgelegt, dabei wird für jeden Tag eine Schön- und eine Schlechtwetterplanung gemacht. Spiel- und Kreativangebote sowie der Koch- und Küchendienst werden jeweils mit zwei Personen besetzt.

1. Tag:

- Abfahrt im Hort nach dem Mittagessen. Ankunft am frühen Nachmittag.
- Aufteilung der Zimmer. Abendessen.
- Einführung in das Thema: Vorstellung einer Weltkarte mit Eintragung der Herkunftsländer der Kinder.
- Fortsetzungsgeschichte: Die Geschichte eines Indianerjungen. Namensgebung der Kinder und Herstellung eines Buttons.

2. Tag:

- Nach dem Frühstück: Aufbruch zur Suche nach einem geeignetem Baum für unseren Totempfahl sowie dessen Bearbeitung.
- Weiteres Angebot: Naturerkundung in Feld, Flur und Fluß.
- Mittagessen, danach Mittagsruhe.

Hüttenralley: Spurensuche, dabei galt es 60 verschiedene Aufgaben rund um das Thema „Indianer" in Kleingruppen zu lösen.

- Abendessen: am Lagerfeuer mit Stockbrot, Kartoffeln, Quark und Salat. Fortsetzungsgeschichte.

3. Tag:

- Direkt nach dem Frühstück geht es los zur Tageswanderung, die keine nähere Anbindung an das Projektthema hat. Beeindruckendes Erlebnis: Durchwanderung eines Bannwaldes.

4. Tag:

- Nach dem Frühstück: Bearbeitung des Totempfahles.
- Weiteres Angebot: Schmuckherstellung mit verschiedenen Materialien (z.B. Kork, Efa-Plast, Federn, Muscheln, Erbsen).
- Nach dem Mittagessen und Mittagsruhe: Suche nach dem verlorenen Indianerschatz.
- Abendessen.- Anschließend das Indianerfest „Powwow".

5. Tag:

Nach dem Frühstück: Packen (auch des Totempfahles), Putzen und Heimfahrt.

Fazit: Das Projektthema hat sich als Rahmen der Veranstaltung Horthütte bewährt. Hauptvorteil ist die Möglichkeit einer guten Strukturierung und damit verbunden ein großes Stück Sicherheit für Kinder wie Erwachsene. Jedoch stellte es sich auch als sinnvoll heraus, den Kindern die Möglichkeit zu lassen, an keinem Angebot teilnehmen zu müssen und einfach nur gemeinsam mit einer Erzieherin die Umgebung erkunden zu können.

Die Hüttenfreizeit wurde durchgängig von allen Erzieherinnen als sehr harmonisch empfunden. Die Kinder fanden die Freizeit toll und waren stolz auf ihre gefertigten Produkte, vor allem auf den Totempfahl, der jetzt den Garten unserer Einrichtung verschönert.

Projektbeispiel 2: Erlebnisspieltag - Thema: Die unglaubliche Reise der Mondmäuse

Teilnehmer/innen: 27 Kinder der Kindertagesstätte Bugginger Str. 40 aus Freiburg-Weingarten im Alter von 3-10 Jahren.

Fachkräfte: Vier pädagogische Fachkräfte für Spielleitung und Betreuung einzelner Spielstationen (eine Erzieherin im Anerkennungsjahr, zwei Erzieherinnen, eine Sozialarbeiterin).

Kurzbeschreibung: Während der Klausurtage des Kita-Teams (Kindergarten und Hort) wurden Möglichkeiten einer verstärkten Zusammenarbeit der beiden Teileinrichtungen erarbeitet. Die kurzfristige Planung beinhaltete mehrere Klein- bzw. Tagesprojekte mit Kindern aus allen Altersgruppen, d.h. mit Kindern von 3-10 Jahren. Die Projekte wurden an verschiedenen Tagen innerhalb einer Pfingstferienwoche 1997 angeboten. Dabei hatten alle Kinder die Möglichkeit, sich für ein Projekt zu entscheiden. Eine Aktion aus dieser Palette war ein Projekttag zum Thema 'New Games' und Erlebnisspiele, die von je einer Mitarbeiterin aus dem Kindergarten und aus dem Hort geplant wurde.

Den Rahmen des Spielprojektes bildete dabei eine Geschichte, und zwar:

„Die unglaubliche Reise der Mondmäuse“

Spieldauer: ca. 2,5 Stunden

Teil 1: *Es gab einmal vor langer, langer Zeit, als eure Eltern und Großeltern und Urgroßeltern noch lange nicht das Licht der Welt erblickt hatten, ein großes, wunderschönes, altes und verlassenes Geistergruselschloß. Und genau dort in diesem unheimlich alten Gemäuer lebte eine edle Maus, die natürlich sehr gut gekleidet war.*

Eines Tages, es war zufällig gerade der Geburtstag unserer Maus, beschloß diese, weil sie sich soooooo einsam und verlassen fühlte, eine Riesengeburtstagsparty mit Käse, Speck und Tanzmusik zu veranstalten.

Und so kam es, daß alle Mäuse aus den umliegenden Mauselöchern eine sehr schöne schriftliche Einladungskarte bekamen. Die Freude war so groß, daß sie alles stehen und liegen ließen und sich auf der Stelle auf den Weg ins Geistergruselschloß machten. Dort erwartete sie außer Käse, Speck und anderen Mäuseleckereien eine große Auswahl von herrlichen Spielen.

An dieser Stelle wurde die Geschichte unterbrochen, um eine Spielrunde einzulegen. Es wurden unterschiedliche Spiele rund um den Fallschirm angeboten:

- Bau eines Riesenmauselochs
- Kennenlernspiele für kleine Mausegäste (z.B. Platztausch)
- Katz und Maus

Danach wollten die Mäuse sich ein klein wenig ausruhen und lauschten der großen Geschichtenerzählermaus. Diese erzählte die unglaubliche Geschichte des herrlich duftenden Käsemondes.

Dieser Mond, so dachten sich die Mäuse, muß wohl das reinste Mäuseparadies sein. Die Geschichtenerzählermaus sagte nämlich, daß dieser Mond durch und durch aus dem feinsten französischen Käse bestehen würde.

Da hatten die Mäuse eine tolle Idee. Sie beschlossen, sich gemeinsam auf die weite Reise zu machen und dieses Mäuseparadies zu suchen. Aber noch wußten sie nicht, auf was sie sich da eingelassen hatten.

Hier wurde die Geschichte nochmals unterbrochen, um gemeinsam einen Hindernisparcours zu bewältigen.

Der Parcours bestand aus verschiedenen Geschicklichkeitsübungen, die zu zweit problemlos bewältigt werden konnten:

- Pedalo oder Ministelzen (nach Wahl)
- Überqueren verschiedener Wackel- und Wippbretter
- Sackhüpfen
- Taubalance
- Weitsprung in den Sandkasten
- Schubkarrenfahrt

Zur Stärkung durften alle Kinder danach einen Mohrenkopf verzehren (ohne Benutzung der Hände).

Nach dem langen und beschwerlichen Weg hatten die Mäuse eine kleine Rast eingelegt. Und natürlich machten sich alle Gedanken darüber, ob sie wohl jemals an ihr Ziel kommen würden. Denn schließlich wußte niemand so genau, wie man nun wirklich zu diesem herrlichen Käsemond gelangte. Doch da rief plötzlich eine ganz kleine Maus von noch nicht einmal vier Jahren: „Hier! Hier ist es!" Natürlich dachten alle anderen Mäuse, daß diese arme Maus wohl den anstrengenden Weg nicht verkraftet hatte und nun verrückt geworden sei. Da die kleine Maus aber nicht aufhörte zu rufen, schauten sie es sich doch alle an. Und da sahen alle ein Schild, und darauf war der Käsemond. Es gab allerdings ein ganz kleines Problem, das Schild zeigte direkt ins Weltall. Da hatte die Erfindermaus die rettende Idee: „Wir müssen uns ein Raumschiff bauen."

Und so machten sich alle Mäuse ans Werk und bauten das schönste Raumschiff, das die Mäusewelt je gesehen hatte, und flogen auf und davon. Und wenn sie nicht gestorben sind, dann leben sie glücklich und zufrieden als Mondmäuse auf dem Käsemond und genießen die Aussicht.

Hier erfolgt die letzte Unterbrechung für den Bau eines Raumschiffes. Die Kinder wurden in drei Gruppen eingeteilt und konnten aus verschiedenen bereitgestellten Materialien (z.B. Tische, Stühle, Seile, Tücher, Decken usw.) ein Raumschiff bauen.- Ende.

Fazit: Das Erlebnisspielprojekt hat allen Beteiligten viel Spaß gemacht, alle Kinder waren bis zum Schluß bei der Sache. Dies vermutlich auch, da es eine Besonderheit innerhalb des Kita-Alltags darstellte. Während des gesamten Angebotes gab es keine Konflikte zwischen Schul- und Kindergartenkindern. Wie selbstverständlich gaben die Schulkinder beim Geschicklichkeitsparcours Hilfestellung und dies ohne vorherige Einteilung oder Absprache.

2. Die Projektmethode und ihre Kriterien

Die Sache, um die es geht, wenn von „Projekt“ die Rede ist, scheint keineswegs immer eindeutig zu sein, viel mehr wird der Projektbegriff oft eher lax, wenn nicht gar unpassend verwendet. Manchmal könnte man auch einfach von „Vorhaben“ oder „Unternehmung“ sprechen. Im nichtpädagogischen Sprachgebrauch steht Projekt u.a. auch für Plan oder Entwurf. (Das Wort „Projekt“ kommt vom lateinischen proicere = vorwärtswerfen, hinwerfen. Projektum ist „das nach vorne Geworfene“.)

In der Methodik der Pädagogik wird der Projektbegriff meistens mit einem hohen Anspruch verwendet. Wir werden im folgenden Aspekte aufweisen, die beim Projektverfahren leitend sein können und auch dazu geeignet erscheinen, um zu prüfen, ob und inwieweit es sich bei einer Unternehmung um ein echtes Projekt handelt. Es mag dabei nicht erstaunen, daß es Übereinstimmungen gibt z.B. zwischen Arbeitsgemeinschaften und Projekten; dennoch hat die Projektmethode ihre eigenen Wesensmerkmale. Mit Hilfe der folgenden Merkmale bzw. Leitsätze läßt sich gut prüfen, in welchem Grade eine Aktivität tatsächlich Projektcharakter besitzt:

(a) *Längerfristigkeit.*- Rein zeitlich gesehen hat das Projekt nicht nur Momentcharakter, sondern es geht um ein längerfristiges Unternehmen, z.B. einige Tage, Wochen oder gar Monate.

(b) Begrenzung.- Einen zeitlichen Aspekt enthält auch die Begrenzung „nach vorne und nach hinten“: Ein Projekt beginnt zu einem bestimmten Zeitpunkt und hört zu einem bestimmten Zeitpunkt auf; Anfang und Ende sollten zeitlich festliegen.

(c) Zielsetzung.- Das Arbeitsziel eines Projektes bezieht sich meistens auf bestimmte Ergebnisse. Diese sollten - wenn möglich - wirklichkeits- oder gesellschaftsbezogen sein, d.h.: man wirkt (!) ein, verändert etwas oder bringt etwas hervor.

(d) Inhalt.- In engster Verbindung mit dem Ziel sind die Inhalte und Aufgaben zu sehen. Diese werden festgelegt - möglichst jedoch nicht fremdbestimmt, sondern von den Beteiligten oder Betroffenen selbst. Die Projektidee kann sich u.a. aus einem konkreten Problem ergeben, z.B. „Der Spielplatz ist langweilig, die Geräte sind defekt“ o.ä.– oder aber auch aus einem nicht so nahen Anliegen, z.B. „Wir wollen Geld sammeln für ein Kinderprojekt in Brasilien“. Auch bei den Inhalten dürfen die Prinzipien der Partizipation und relativen Selbstbestimmung der Akteure nicht vergessen werden.

(e) Handlungsbezug.- Deutlich sei auch der praktische Aspekt hervorgehoben: Projekte sind (minimal) geplant und werden handelnd durchgeführt - eben nicht nur am grünen Tisch reflektiert. Gerade dieser Punkt übt auf die am Projekt Beteiligten den besonderen Reiz dieser Methode aus („endlich etwas tun (!) können“).

(f) Initiative.- Es klang schon an: Projekte sollen möglichst viel an Selbstbestimmung aufweisen, und möglichst wenig an Fremdbestimmung. Für die Hortarbeit heißt dieses, daß Projekte nicht nur von Erzieherseite, sondern auch von den Kindern selbst initiiert und getragen werden sollen.

(g) Anzahl und Rollen.- an einem Projekt kann sich in der Regel nur eine begrenzte und überschaubare Anzahl von Personen beteiligen. Wichtig ist, daß sie, dem Prinzip der Differenzierung folgend, jeweils ihre Rolle einnehmen können (Arbeitsteiligkeit).

(h) Verpflichtung.- Zum Projektverständnis muß gehören, daß die Beteiligten sich zum Durchhalten verpflichten, bis das Vorhaben realisiert ist.

Es gibt nun genügend Unternehmungen im pädagogischen Bereich, die keineswegs alle soeben benannten Punkte erfüllen, aber dennoch unter dem Projektbegriff geführt werden. Wenigstens kommt dabei das Bemühen um einige Ziele zum Ausdruck, die mit der Projektmethode verbunden sind. (Die auffälligsten Beispiele in dieser Hinsicht finden wir bei den alljährlich in unseren Schulen durchgeführten sog. „Projekttagen". Vieles an diesen zwei bis drei Tagen Absolvierte hätte jeden anderen Namen verdient, nur nicht den des „Projektes".)

Ein Projektbeispiel: Seifenkistenauto – mit Rolf

Die Projektmethode läuft in der Regel in folgenden Phasen ab:

1. Ideen entwickeln: Impulse aus der Lebenssituation oder aus aktuellen Tätigkeitsbedürfnissen der Kinder, aber auch gesellschaftlich wichtige Ereignisse. Die Projektidee kann von den Kindern und/oder der Erzieherin stammen.

   Rolf, der Praktikant im Anerkennungsjahr, ist auf der Suche nach einem geeigneten Schwerpunktthema für seine Jahresarbeit. Es ist bereits Januar, allerhöchste Zeit, sich Klarheit zu verschaffen. Aus Vorerfahrungen mit dem Bau eines Vogelhauses weiß er, daß großes Interesse besteht an Holzarbeiten im Werkraum. Allerdings bedarf dieser Werkraum einiger Investitionen, da Werkzeug und Material fehlt.
   Beim Mittagessen spricht er mit den Kindern über seine Überlegungen. Plötzlich ist die Idee geboren: Wir bauen ein Seifenkistenauto! Rolf vereinbart mit den Kindern, dieses Vorhaben mit dem Hortleiter zu besprechen und eventuell zu einer Planungskonferenz einzuladen.

2. Ideen auf pädagogische Gehalte überprüfen: Mögliche Zielsetzungen, Durchführbarkeit, Zeitbedarf, Geld etc.

   Am Spätnachmittag hat Rolf Gelegenheit mit dem Hortleiter über das Vorhaben „Seifenkistenauto" zu sprechen. Daß dies ein sinnvolles Vorhaben ist, das gerade Hortkinder anspricht, da ist man sich schnell einig. Erste Vorüberlegungen ergeben, daß die notwendigen finanziellen Mittel die Möglichkeiten des Hortes nicht übersteigen werden, wobei vereinbart wird, Kinder und Eltern zu aktivieren, notwendiges Material und Werkzeug zu spenden. Um nicht andere Dinge ins Hintertreffen geraten zu lassen, wird allerdings vereinbart, das Projekt erst nach den Fastnachtstagen zu starten.

3. Planung: Sehr zurückhaltend sein mit eigenen Ideen, Kinder sammeln Praxisideen und unterziehen sie einer ersten Bewertung, Durchführungsplan entwickeln, Zielsetzung formulieren

   Bei der nächsten Kinderkonferenz berichtet Rolf allen Kindern von der Projektidee und von seinem Vorgespräch. Die Kinder wenden ein, daß sie aber nicht bis nach Fastnacht warten wollen, sondern gleich loslegen möchten. Man einigt sich, vorher noch die Planung durchzuführen aber mit der konkreten Arbeit noch zu warten.
   Beim ersten Planungstreffen - sechs Jungen sind anwesend -, erzählen die Kinder von Berichten aus dem Fernsehen von Seifenkistenrennen. Es werden erste Skizzen gemacht und Materiallisten zusammengestellt. Die Jungen trennen sich mit dem Vorsatz, daß jeder zu Hause nachschaut, was er aus dem häuslichen Fundus beisteuern kann.

   In einem weiteren Treffen, wird ein erster Zeitplan formuliert, Maße festgelegt und zusammengestellt, welches Material vorhanden und was noch gekauft werden muß.

4. Durchführung: Sich auf den Weg machen. Offen sein für neue Lösungen. Immer wieder Reflexionszeiten einlegen: Wo stehen wir? Ist unsere Zielsetzung noch richtig und realistisch? Wollen wir ein neues Ziel? Müssen wir Umwege gehen? etc.

Die Durchführung verläuft dann über drei Monate mit nie nachlassender Begeisterung. Natürlich „arbeiten" nicht immer alle Kinder. Manchmal sind sie nur da, um mit den anderen zu reden oder zuzuschauen. Die Kinder hätten gerne jeden Tag an ihrer Kiste gebaut, was wir im Hort aus organisatorischen Gründen leider nicht machen können.
Zunächst wird mit Hilfe eines von mir mitgebrachten Zeichenbrettes ein genauer Plan gezeichnet. Ich kann den Kindern mein Wissen, über technische Zeichnungen weitergeben.
Dann gehen wir zunächst mal einkaufen: Die Grundplatte, fehlendes Werkzeug und notwendige Kleinteile. Da der Baumarkt am anderen Ende der Stadt liegt, kann Rolf die Kinder leider nicht alleine los schicken.
Als nächstes legt Rolf Wert darauf, daß die Kinder an Probestükken den richtigen Umgang mit den Werkzeugen und Maschinen kennenlernen und unter seiner Aufsicht ausprobieren: Umgang mit der Bohrmaschine und der Stichsäge; Vorsichtsmaßnahmen mit herumhängenden Kabeln etc.
Dann geht es endlich zur Sache. Immer wieder gibt es Rückschläge: So wie die Lenkung konstruiert ist, funktioniert sie nicht, die Bremse muß neu gebaut werden, bei der ersten Probefahrt bricht ein Rad ab etc. Während der Arbeit hat Rolf viel Gelegenheit mit den Kindern zu sprechen. Er ist sehr beeindruckt, wieviel die Kinder so nebenbei erzählen.
Als letzte Arbeit ist das Sprayen dran. Hier kann Rolf seine Jugendhauserfahrungen des richtigen Umgangs mit der Spraydose weitergeben.
Bei der Erprobung in der Praxis zeigt es ich, daß immer noch technische Verbesserungen vorgenommen werde müssen.

5. Reflexion (mit Kindern und im Team): Gewonnene Erfahrungen, Formulierung neuer Projektziele und Inhalte

Die Kinder beurteilen in einem abschließenden Gespräch ihre gewonnenen Erfahrungen sehr positiv. Sie beschließen, im Herbst am Seifenkistenrennen, das in der Stadt verunstaltet wird, teilzunehmen. Leider wird unsere Seifenkiste dann nicht zugelassen, da unsere Lenkkonstruktion nicht den Vorschriften entspricht. Dies spornt die Kinder aber nur noch mehr an, bei einem nächsten Modell alles besser zu machen.

Bei der Besprechung im Team wird festgestellt, daß sich das Sozialverhalten und Selbstwertgefühl der Beteiligten verbessert hat. Auch nicht direkt beteiligte Kinder verfolgen mit großem Interesse, was da gebaut wird. Das Projekt hat als Nebenprodukt jedenfalls dazu geführt, daß der Werkraum stärker wahrgenommen wird. Gesehen wird allerdings, daß nur Jungen beteiligt waren. Deshalb sollte in einem eventuell folgenden Projekt drauf geachtet werden, ob sich auch Mädchen zur Mitwirkung gewinnen lassen.

3. Medienarbeit

Je nach Verständnis mag es evtl. nicht ganz logisch erscheinen, wenn wir die Medienarbeit als (eigenständige) Methode anführen; es hat dennoch seine Berechtigung, wenngleich diese Form auch unter Projekt oder AG fallen könnte. Bei der Medienarbeit geht es um die gelingende Handhabung, oder besser um das Hervorbringen, von Medien, z. B. eines Videos. So kann es eine interessante Sache sein, mit Kindern und Jugendlichen etwa einen Videofilm über den eigenen Hort und das Leben und Lernen dort zu drehen, den man dann bei passender Gelegenheit den Eltern oder der Öffentlichkeit, evtl. auch der Nachbarschaft, vorstellt. Mit der Videocamera oder anderen Medien können aber auch sonstige Themen und Inhalte gut bearbeitet werden, z. B. Sport oder Umweltfragen.

Ratsam ist aber auch die Überlegung, inwieweit man sich in solchen Veranstaltungen mit den neuen elektronischen Medien, z. B. Computerspielen etc., konstruktiv befassen könnte.

4. Aktivitätsangebot

Auf keinen Fall also, wie gesagt, noch einmal Unterricht am Nachmittag im Hort, etwa als verlängerter Vormittag aus der Schule. Nein, der Hort muß alles, was seinen Adressaten gezielt an Aktivitäten angeboten wird, sehr genau überlegen; denn gerade die vorbereiteten Angebote sind oft nicht, je nachdem, um welche Kinder es sich handelt, aktivierend, sondern sie können evtl. sogar den Konsumcharakter der Schule fortsetzen.

Dennoch: wir plädieren für Aktivitätsangebote, und meinen damit das zeitlich kurze Angebot von Erzieherseite. Es soll vorbereitet sein und auch so auf die Adressaten wirken, und zwar animativ (ermunternd). Es darf nicht fertig sein und damit gleichsam, nur noch auf den Genuß bzw. Konsum warten.

Inhaltlich kommt nahezu alles in Betracht, was dem Wohl der Hortkinder dienlich ist, ob es sich nun um Dinge aus dem musischen Bereich, aus dem Sport, aus dem PC-Gebiet o. ä. handelt, oder ob es etwa um eine Exkursion mit besonderen Aufgaben geht, usw.

Wichtig ist hier besonders, daß es gelingt, das angemessene Erzieherverhalten zu verwirklichen: Der Erziehungsstil muß „stimmen"; gerade hier, wo eine aktivierende Wirkung gefragt ist, muß die Balance zwischen Führen und Wachsenlassen gefunden werden, wobei sicher - je nach Inhalt und Ziel - manchmal eine stärkere Betonung der Führung vorliegen darf, z. B. im Sportlichen, o.ä.

5. Einzelarbeit

In der sozialpädagogischen Arbeit des Hortes muß, wie in aller Pädagogik, darauf geachtet werden, daß die situative Lage der Kinder nicht übersehen wird, insbesondere die Befindlichkeit eines jeden einzelnen Kindes. Es ist nicht herabsetzend oder gar etikettierend zu verstehen, wenn darauf hingewiesen wird, wie oft Hortkinder ihre Herkunft in Familien mit prekären Bedingungen haben und daß gerade dort oft nicht genügend auf die individuellen Bedürfnisse des Kindes und deren Befriedigung geachtet wurde. Deshalb ist das Augenmerk in der Hortarbeit vielfach nicht in erster Linie auf gruppenpädagogische Aspekte zu richten, sondern auf die individualisierenden Momente im Sinne der Einzelarbeit.

Damit betonen wir das Kind als Individuum, möchten aber auch darauf hinweisen, daß die Betonung und Bedeutung der Einzelarbeit von der sachlich - inhaltlichen Aufgabe abhängig zu sehen ist, also etwa von der Frage, ob es sich um die Bewältigung der Hausaufgaben handelt oder etwa um das besondere Üben in einem bestimmten Gebiet, wo es etwas zu kompensieren gilt, z. B. Lücken in einem Schulfach; Einzelarbeit mit einem Kind kann aber auch im Zusammenhang mit Problemberatung angezeigt sein.

Die Einzelarbeit im hier gemeinten Sinne ist also, wie die gezielte pädagogische Arbeit mit einem einzelnen Kind, dem sich der Horterzieher in besonderem Maße und mit besonderer Intensität zuwendet, im Gegensatz dazu, daß er es sonst fast immer mit mehreren Jungen oder Mädchen zu tun hat. Dazu bedarf es von seiten des Erziehers einer besonderen Kompetenz im Hinblick auf Lernen und Problemberatung. Ziel kann z. B. sein, daß einem Jungen oder einem Mädchen, der bzw. das noch nicht in der Lage ist, die Hausaufgaben normalerweise selbständig zu erledigen, dieses vermittelt wird, und zwar im Sinne einer gezielten Einzelfallhilfe; oder wenn es darum geht, eine bestimmte Verhaltensstörung abzulegen, oder sich besser in die Gruppe integrieren zu können.

In der hier gemeinten Einzelarbeit ist im Grunde so vorzugehen, wie in der allgemeinen Caseworkmethode der Sozialarbeit, d. h. u. a., daß die Beziehung, also hier das pädagogische Verhältnis zwischen Erzieher und Kind, eine besonders wichtige Rolle zu spielen hat.

6. Die Arbeitsgemeinschaft (AG)

Diese Arbeitsform bestimmt sich stark vom Rahmen, vom Inhalt und vor allem von der Verbindlichkeit der dauerhaften Teilnahme her.

Die AG kann tendenziell so etwas wie Kurscharakter haben. Es handelt sich bezüglich der Personen um eine gut überschaubare Gruppe von Hortkindern - evtl. auch gemischt mit Kindern von außerhalb des Hortes -, die unter Anleitung an einer bestimmten „Sache" arbeiten, und zwar soll die Anleitung fachlich fundiert sein. Die anleitende Person soll wesentlich mehr von der Materie verstehen, als es bei den Teilnehmern der Fall ist. Allerdings muß es nicht immer „ein Meister" sein, aber auch nicht gerade das Gegenteil, nämlich selbst „ein Lehrling". Nicht der gruppendynamische Aspekt oder der emotionale Zusammenhalt steht bei der AG im Vordergrund und ebenfalls nicht die Veränderung oder das Erleben einer bestimmten Wirklichkeit (wie z.B. beim Projekt), sondern eher der Erwerb einzelner Fähigkeiten durch die angeleitete Sachbeschäftigung.

Geleitet wird die AG wohl im Regelfall von Erwachsenenseite, also durch einen Horterzieher oder einen „Experten" von außen, der zu diesem Zwecke in den Hort kommt oder außerhalb, u.a. für die Hortkinder, ein Angebot macht. Es muß auch keineswegs als ausgeschlossen betrachtet werden, daß eine solche AG von älteren Hortkindern geleitet wird - je nachdem, um was bzw. wen es sich handelt.

Wichtige Kriterien der AG sind einerseits die zeitliche Befristung, z.B. 10 Wochen, andererseits aber auch die Verpflichtung der Teilnahme, nachdem eine „Anmeldung" erfolgt ist. Gerade der letzte Punkt ist für die

Kinder in heutiger Zeit von großer Bedeutung: sie müssen lernen, bei einer Sache zu bleiben und sie kontinuierlich zu betreiben. Die heute üblichen zahlreichen Angebote und Verlockungen verleiten leicht dazu, ständig etwas Neues zu beginnen und das Alte an den Nagel zu hängen. Auf diese Weise wird kaum Durchhaltevermögen erworben, und vor allem wird die Beziehungslosigkeit gegenüber Menschen, Tieren und Sachen eher gefördert. Es wird immer gerade das getan, „wozu man Lust hat" und „was Spaß macht". Das kann pädagogisch nicht gut sein, und deshalb sind Gegenmaßnahmen angesagt.

Impulse zur Gründung von Arbeitsgemeinschaften können aus Überlegungen der Erzieher hervorgehen, wie ebenfalls aber auch von den Interessen oder Erfahrungen der Kinder bestimmt sein. Im Einzelfall kann der Ursprung durchaus in einem besonderen Vorfall oder einer situativen Begebenheit liegen.

Es sollte hier nicht der Eindruck entstehen, als könnten oder wollten wir alle für AGs möglichen Themen und Inhalte benennen. Arbeitsgemeinschaften werden sich thematisch erstrecken vom Töpfern bis zum Fußball, und außer Tischtennis, Musik, Judo und Backen wird es Dutzende von anderen inhaltlichen Möglichkeiten geben. Wichtig ist, daß, außer der Freude am inhaltlich bestimmten Tun der Erwerb von sinnvollen und lebensbezogenen Fähigkeiten seinen Platz hat.

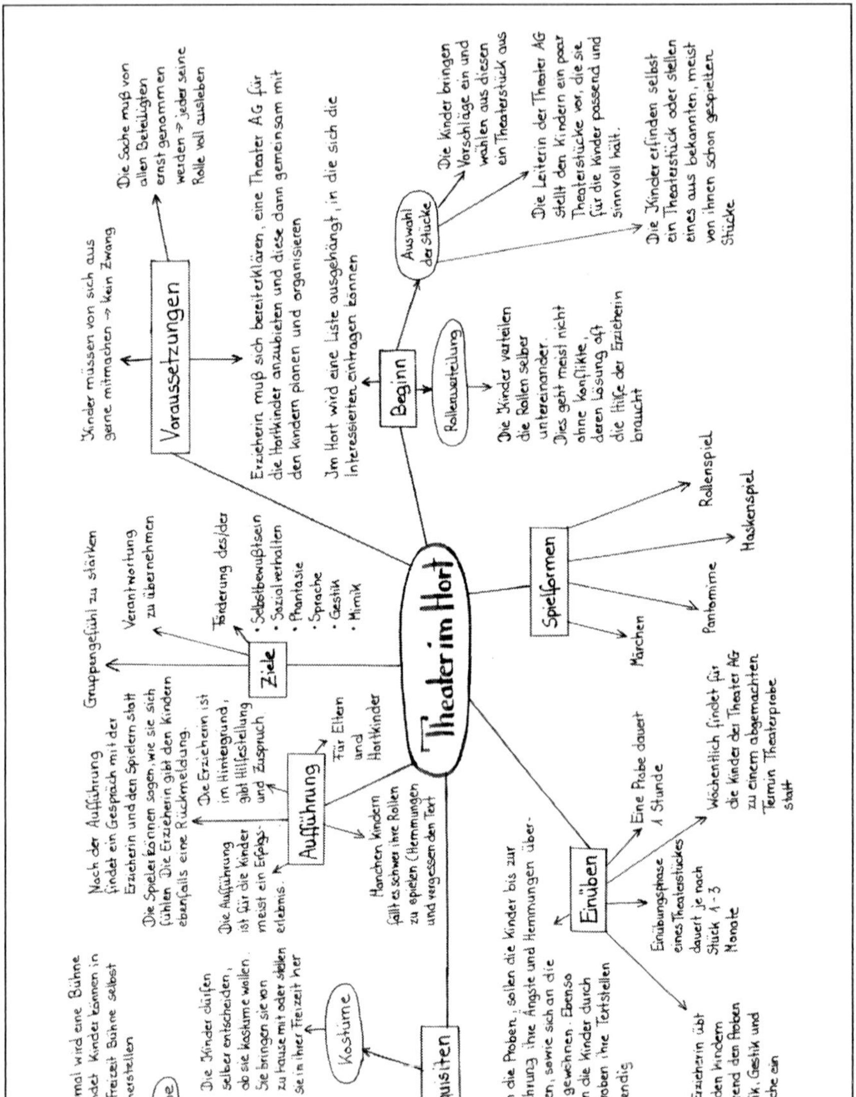

Das Mind Map wurde erstellt von Tina Olbrych entsprechend einer AG im DRK-Hort Tiengen.

7. Die Alleinbeschäftigung – oder Selbstbeschäftigung

Ein unumstrittenes und unbestreitbares Ziel von Erziehung und Bildung ist es, daß Kinder und Jugendliche lernen, sowohl mit anderen zusammen sein zu können und kooperativ etwas zu tun, als auch für sich allein sein zu können und sich allein sinnvoll zu beschäftigen. Auf diese beiden Dimensionen, nämlich die soziale zum einen, und die individuelle zum anderen, muß auch die Hortpädagogik ihre Aufmerksamkeit richten. Und das muß sich dann auch unter methodischen Aspekten in der Alltagswirklichkeit der Einrichtung zeigen. Deshalb hat auch die Methode der Alleinbeschäftigung ihr Recht und ihren Stellenwert. Gemeint ist schlicht und einfach, daß das Kind sich allein beschäftigt und daß der Horterzieher dieses zuläßt und evtl. fördert bzw. (pädagogisch angemessen) anregt.

Es sollen mit der Alleinbeschäftigung natürlich nicht die isolierenden Aktivitäten, wie sie von vielen Kindern gerade in der modernen Medienwelt praktiziert werden, auch noch eine Förderung erfahren. Das wäre unsinnig, und deshalb muß man genau zusehen, um was es sich handelt. Wir müssen uns dabei auch vor Augen führen, was Kinder und Jugendliche, die nicht im Hort sind, heute normalerweise in ihrer Freizeit tun. Wir haben dieses in mehreren Studien untersucht (vgl. Huppertz 1996, S. 29 ff.). Nach einer Rangfolge, die sich daraus ergibt, was Jugendliche nach eigener Einschätzung am häufigsten in ihrer Freizeit tun, lassen sich folgende Beschäftigungen nennen: Musik hören, mit anderen einfach so zusammensein, Sport treiben, Fernsehen, mit Freunden rumziehen, draußen andere treffen, Faulenzen, Telefonieren, Lesen, ins Kino gehen, Sportveranstaltungen besuchen, Computern, Video schauen, Musik machen, Disco gehen, Jobben, Kneipe gehen, Basteln/Handwerken.

Es lassen sich bei diesen Aktivitäten mehrere Unterscheidungen treffen. Man könnte u.a. danach fragen, was hiervon für das Hortkind mehr oder weniger kaum in Frage kommt, - eben weil es im Hort ist. Es gibt aber auch manches, bei dem man sich wünscht, daß Kinder hierzu ihre Zeit erhalten und genügend Motivation haben, um es für sich allein zu tun, z.B. Lesen, Musizieren, Sport treiben usw. - und dazu muß die Alleinbeschäftigung ihre Wertschätzung erfahren. Bei der Alleinbeschäftigung bestimmt das Kind selbst und allein den Gegenstand seines Tuns, das Tempo, die Zeitdauer und, wenn möglich, sogar den Ort. Insofern hat diese Form ihren besonderen pädagogischen Wert in sich, ohne nun gleich jede Minute des Hortlebens „pädagogisieren" zu wollen. Im übrigen wurde den Alleinaktivitäten auch von den großen Pädagogen oft genug ihre Bedeutung beigemessen. Wer denkt nicht dabei gleich an die Montessori-Pädagogik und dabei des genaueren an die sog. Polarisation der Aufmerksamkeit?

Die Bildungsinhalte hinterlassen ihre Spuren: Thema „Pflanzen"

8. Das Plenum oder die Kinderkonferenz

Wenn Kinder, wie es das Gesetz (KJHG) vorschreibt, zu einer demokratiefähigen (gemeinschaftsfähigen) Persönlichkeit erzogen und gebildet werden sollen, dann bedarf es der dazu erforderlichen Personen, Mittel und vor allem Methoden. Eine solche Methode ist mit Gewißheit das Plenum bzw. die Kinderkonferenz, ein Verfahren, das zu jeder Einrichtung mit dem Bildungsziel der Partizipation dazugehören sollte.

Zunächst ist wichtig, daß die Erzieher das Bewußtsein haben, daß Kinder „etwas zu sagen haben". Wir meinen dieses im zweifachen Sinne: (a) wörtlich: Kinder können tatsächlich viel beitragen, und (b): sie sollen mitsprechen und mitentscheiden, wo immer es möglich und verantwortbar erscheint. (Verantwortlichkeit darf dabei nicht jeder Erzieher danach definieren, was ihm paßt und wie er es möchte, sondern nach den Wesenspunkten von Verantwortung.)

Das Plenum sollte regelmäßig stattfinden, z.B. einmal wöchentlich, und möglichst konferenzähnlich durchgeführt werden: Leitung, Rednerliste, Beschlüsse, Ausführung, Timing, Protokoll usw.

9. Gemeinwesenarbeit im Hort?

Was heißt Gemeinwesenarbeit? Es handelt sich dabei nach gängigem Verständnis um die Tätigkeit eines Sozialarbeiters in einem Stadtteil oder einer Ortschaft (oder auch in einer Pfarrgemeinde), der Aktivitäten initiiert bzw. initiieren läßt, die zur Verbesserung der Sozialkontakte oder der Infrastruktur führen sollen, wobei es in besonderem Maße gilt, die Bedürfnisse der betroffenen Menschen zu berücksichtigen.

Nun stellt sich die Frage: Was geht das den Hort an, ob das ein Sozialarbeiter tut – oder auch nicht? Die Antwort ergibt sich zum Teil von selbst: Jeder Hort gehört zu einem Gemeinwesen und wird insofern von dessen Wohl und Wehe berührt. Er ist immer mit seinem Gemeinwesen verbunden, und zwar nicht nur geographisch, z.B. durch seine Lokalität und Straßenlage, sondern die Verbindung muß vor allem sozial und strukturell gesehen werden. Die Kinder und deren Eltern „kommen" aus dem Gemeinwesen; wenn es diesem gut geht, geht es ihnen auch besser.

Hortarbeit sollte sich – partial-holistisch – als Teil der Arbeit im Gemeinwesen betrachten, d.h. etwa im Sinne konzentrischer Kreise von sich aus – denkend in die nächste und übernächste Nachbarschaft, in den Ortsteil, in die Kommune, den Kreis, die Region ... global. So läge ein guter Blick für einen Ansatz von gemeinwesenbezogener Hortarbeit vor.

Konkreter und durchaus profitabler lassen sich demgemäß die folgenden Fragen aufwerfen, nämlich:

- Was brauchen wir als Hort vom Gemeinwesen, z.B. an
  - Vereinen
  - Plätzen
  - Kirchen
  - Geschäften
  - Praxen
  - Unternehmen
  - Werkstätten

  etc.

Es darf aber auch gefragt werden:

- Was geben wir dem Gemeinwesen, z.B.
  - Betreuungsmöglichkeiten
  - Projektarbeiten
  - Elternbildung
  - Generelle Anregung

  etc.

Bei der Beachtung des Gemeinwesenaspektes in der Hortpädagogik entsteht ein anderes Bewußtsein. Es ergeben sich für alle – innerhalb und vor allem auch außerhalb des Hortes – andere, und zwar bessere Gefühle der sozialen Integration. Die Einrichtung verliert so auch am ehesten das Bild, das seien „die vom Hort".

Horterzieher und ihre Kinder sollten vom Gemeinwesen profitieren und dieses von ihnen profitieren lassen. Dazu bedarf es jedoch der aktiven Öffnung nach außen und eines ganz ausdrücklichen und intensiven Gemeinwesenbezugs.

Gemeinwesenarbeit als Prinzip muß so zu einem selbstvervständlichen Merkmal der Hortpädagogik werden. Das ist vielfach dann nicht eine Frage der Mehrarbeit, sondern des anderen – politischen – Denkens und Handelns. Hortarbeit kann so wesentlich reicher und farbiger sein.

10. Weitere Methoden: Rollenspiel, Planspiel, Blitzlicht und Brainstorming

Daß das Methodenreservoir in der Pädagogik allgemein, in einer lebensbezogenen Pädagogik jedoch besonders, im Prinzip unerschöpflich ist und daß unsere Beschreibung hier insofern nur Hinführungscharakter hat, das wollen wir noch einmal besonders herausstellen. Auf die o.g. Methoden soll aber noch kurz eingegangen werden.

(a) Rollenspiel.- Wir meinen damit nicht allein und nicht einmal in erster Linie das eingeübte Theaterspiel oder anderes, das – eingeübt – vorgetragen wird, sondern das eher spontane Rollenspiel, bei dem die Rollen verteilt werden und dann spontan – ungeleitet – verkörpert und ausgefüllt werden. Eine gute Methode, mit deren Hilfe z.B. Konfliktsituationen durchgespielt werden können. (Vertiefend zum Rollenspiel: B. Kochan, Rollenspiel als Methode sprachlichen und sozialen Lernens, Kronberg/Ts 1974)

(b) Planspiel.- Es hat viel Verwandtschaft mit dem Rollenspiel, ist aber mehr für komplexe Zusammenhänge und über längere Zeiträume, z.B. einen ganzen Nachmittag, gedacht; vielleicht eher etwas für die Ferien. (Vertiefend dazu: M. Rehm, Das Planspiel als Bildungsmittel, Heidelberg 1964)

(c) Blitzlicht.- Bei der Anwendung dieser Methode ist es so, daß jeder in einer Runde spontan etwas zu seiner Befindlichkeit im Hinblick auf einen bestimmten Problempunkt sagt, und zwar kurz und bündig und ohne jeden Kommentar anderer. Auch der Leiter der Runde läßt vorerst jede Äußerung unkommentiert im Raume stehen. Am Schluß wird zusammengefaßt und gemeinsam eine Schlußfolgerung gezogen.

(d) Brainstorming.- „Sturm auf's Gehirn“ bedeutet es wörtlich. Gemeint ist, daß zu einer Frage, einem Problem, einem Anliegen etc. eine Gruppe alle Lösungswege, die den Gruppenmitgliedern einfallen – vernünftige oder verrückte – sammelt und festhält, auf ihre Realisierungsmöglichkeiten hin überprüft und dann gemeinsam ausführt. Eine äußerst kreative und oft sinnvolle Methode – garantiert auch etwas für den Hort.

XIII. Hausaufgaben – Kein notwendiges Übel

1. Ein Leben ohne Hausaufgaben?

Schule und Hausaufgaben spielen im Leben eines jeden Menschen eine besondere Rolle - je nach Lernphase mehr oder weniger. Insofern müßte es nicht erstaunen, daß Hort und Hortkinder davon auch tangiert sind. Wie gewaltig allerdings die Dominanz der Schule mit ihren Hausaufgaben gerade beim Hort sein kann, das wird erst bei näherem Hinsehen und bei Betrachtung der Einrichtung Hort in empirischer Breite deutlich.Werfen wir einen Blick in den Hort:

Es ist 13.30 Uhr. Die Mittagspause im Kinderhort ist beendet, und die 25 Hortkinder sitzen im Gruppenraum, in dem sie zuvor zu Mittag aßen und sich nunmehr in kleineren Gruppen beim Nachtisch unterhalten. Noch herrscht bei den Kindern eine lebhafte Unruhe; lachend werden noch kleine Neckereien verübt, wird ein Nachtisch gegen Sammelbilder getauscht und informiert man sich schnell über die Ergebnisse des letzten Schülerfußballturniers. Als sich die Erzieher der Hortgruppe - ein Sozialpädagoge und eine staatlich anerkannte Erzieherin - von ihren Plätzen erheben, verebben die Aktivitäten, und einige der Hortkinder begeben sich in den Flur, ihre Schultaschen zu holen. Die kleineren Kinder gehen mit der Erzieherin in den Gymnastikraum; dort werden in der nächsten Stunde Bewegungsübungen und Spiele durchgeführt. Die Schulkinder kramen in ihren Taschen. Lustlos und oft mit mürrischem Gesicht werden die Schulbücher auf die Gruppentische gelegt. Der Sozialpädagoge setzt sich zu einer Gruppe der Schüler und erfragt von jedem einzelnen seine Aufgaben. Unbehagen gibt es bei beiden, beim befragten Schüler und bei dem Sozialpädago-

gen; denn sie wissen: Wieder wird der größte Teil des Nachmittags mit der Erledigung der Hausaufgaben vergehen.

Einige Schüler äußern besondere Anliegen; eine Englischarbeit steht an, ein Schüler möchte gern noch für diese Arbeit üben. Vier Schüler einer Jahrgangsklasse haben ein schulisches Problem mit ihren Mitschülern, das sie gern mit dem Sozialpädagogen diskutieren möchten. Zwei Schüler verstehen nicht die Aufgabenstellung ihrer Hausaufgabe; ihre lakonische Bemerkung: „Das haben wir ja auch noch nicht gehabt!" reizt den Sozialpädagogen, und er reagiert unwirsch auf den Wunsch der Schüler, den Lösungsweg und das mögliche Arbeitsverfahren erneut erklärt zu bekommen.
Die Vorstellung, den ganzen Nachmittag - mit Ausnahme einer kurzen Zeit der Spielmöglichkeiten - ungeliebte Hausaufgaben anfertigen zu müssen, ist für die Gruppensituation belastend, und schon nach einer Dreiviertelstunde der Aufgabenbearbeitung herrscht eine gereizte und gedrückte Stimmung. Die Schule ist überall präsent; auch an diesem Tag lastet der schulische Anspruch auf der pädagogischen Arbeit im Hort.

(aus E. Kerkhoff (Hrsg.) Alltagssituationen in der Sozialpädagogik, Heidelberg 1978)

Man sollte es sich klar machen und - soweit es geht - es akzeptieren: An der Sache mit den Hausaufgaben führt nichts vorbei. Bei unserem Schulsystem wird es immer so bleiben, daß die sozialpädagogische Einrichtung Hort eine ergänzende Aufgabe der Schule zu erbringen hat. Hausaufgaben können im System der Halbtagsschule nicht abgeschafft werden - mag man über Sinn und Zweck in zahlreichen Einzelfällen auch noch so sehr streiten können. Hortpädagogen müssen lernen, mit „den verflixten Hausaufgaben" in pädagogisch konstruktiver Weise umzugehen. Wirklichkeit und Bewußtsein vieler Erzieher im Hort bilden hier jedoch eine deutliche Ambivalenz.

2. Wozu Hausaufgaben alles dienen

Wir meinen, daß zu bedenken ist, welchen Sinn und welche Bedeutung die Hausaufgaben haben bzw. haben können - oder in manchen Fällen auch wozu sie benutzt bzw. evtl. sogar auch mißbraucht werden. Mit den folgenden Funktionen der Hausaufgaben lassen sich vielfach sinnvolle pädagogische Ziele in Verbindung bringen. Dabei ist jedoch zu unterscheiden, ob es sich um Realziele handelt, d.h. solche, die tatsächlich auch erreicht werden, oder nur um Konzeptziele, d.h. solche, die sich die Lehrerschaft oder sonstige Verfechter der Hausaufgaben lediglich vorstellen bzw. erhoffen.

Die folgenden Funktionen werden von uns jeweils mit einem Kunstwort wiedergegeben, dessen Bedeutung kurz erläutert wird.

1. *Kommunizieren.* - Hausaufgaben haben insofern eine kommunikative Funktion, als das - zum großen Teil der Einwegkommunikation zuzurechnende Unterrichtsverfahren im Ganzen und als solches durchbrochen wird und die Schüler hier in eine ganz andere Kommunikationsart eintreten: die Mehrwegkommunikation; denn sie tun und erarbeiten bei der Durchführung der Hausaufgaben selbst etwas, und dieses wird (hoffentlich) zur Rückmeldung für den Lehrer. Es findet also, wenigstens im weitesten Sinne, ein wechselseitiger Austausch statt. Deshalb können wir von einer kommunikativen Funktion der Hausaufgaben sprechen.

2. *Exerzieren* (Üben). - Über und durch Hausaufgaben also „üben". Es ist jedem bekannt, daß vieles in der Schule „vom Lehrer", - didaktisch und methodisch mehr oder weniger gut aufbereitet - präsentiert wird, bei vielen Schülern aber „an einem Ohr rein, am anderen wieder raus geht", wie der Volksmund sagt. Vorausgesetzt, „die Botschaft" kommt

überhaupt beim Schüler an. Viele Schüler sind im Unterricht so unkonzentriert oder uninteressiert (oder beides), daß die Inhalte kaum ankommen können. Aber selbst dann, wenn es nun doch glückt, ist keineswegs sicher, daß der Schüler auch mit dem Gehörten bzw. Gelernten umgehen und es anwenden kann. Um dieses zu gewährleisten und um den Lerneffekt zu sichern, gibt es die Hausaufgaben. Wer um eine grammatische Figur einer Fremdsprache nur „weiß", muß sie noch längst nicht „anwenden" können. Wer die 8er-Reihe nur kennt, muß damit noch lange nicht umgehen können. Auch die Vokabeln einer Fremdsprache bedürfen des ständigen Übens, damit sie „sitzen". Der Lernstoff soll über die Hausaufgaben internalisiert werden. Somit könnte die Funktion auch lauten: exerzieren und repetieren. Für Horterzieher wichtig, dies zu wissen.

3. *Fundieren* (Vertiefen). - Der Lernstoff soll über die Hausaufgaben vertieft werden. Das ist sicher verwandt mit dem Vorhergehenden; dennoch: Bei Vertiefen ist mehr gemeint, als ein gewöhnliches „Besser-Behalten", z.B. von Wörtern und Formeln, Daten und Fakten. Der Gegenstand soll durch ein weiteres Befassen damit beim Schüler einen anderen Bildungswert erhalten. Er soll ihm möglicherweise ein Stück Welt mehr erschließen, als es sonst der Fall wäre. Hat der Schüler möglicherweise in der Schule den Gegenstand, z.B. eine Gegend in Frankreich (etwa Burgund mit Taizé und Cluny) nur kennengelernt, so wäre zu wünschen, daß er dieses über ein vertiefendes Umgehen damit evtl. schätzen und lieben lernt. Es muß nicht erwähnt werden, welches Können hier von dem Hausaufgabengeber zu erwarten ist - jedoch kaum mehr als von dem, der sie „zu Hause" zu begleiten hat.

4. *Selektieren* (Auslesen). - die Erziehungssoziologen haben der Schule als solcher während der vergangenen Jahrzehnte oft vorgehalten, daß sie - so wie sie gestaltet sei - eine Ausleseeinrichtung darstelle: sie lese diejenigen, die „gut" seien, aus allen übrigen heraus, um ihnen

durch gute Noten und Zeugnisse ihre Stellen in der Gesellschaft zu ermöglichen. Daß Schule dieses durch ihr Lern- und das damit verbundene Sanktionssystem de facto tut, kann wohl kaum geleugnet werden, wenngleich es auch eher funktional, denn intentional geschieht.

Geleugnet werden kann auch nicht, daß Familie und häusliches Milieu für den Schulerfolg eines Kindes oft ausschlaggebender sind, als die Schule selbst es ist. Eltern sind oft als die „Hilfslehrer der Nation" betitelt worden, und dies bezog sich insbesondere auf den Nachmittag und die damit verbundenen Hausaufgaben. Wieviel für den Schulerfolg eines Kindes von der klugen (z.B. nicht gängelnden und dauernd kontrollierenden) Hausaufgabenbegleitung, etwa durch Mutter oder Vater (oder eine andere Kraft), am Nachmittag, besonders je nach Lage und Situation des Kindes, abhängen kann, das liegt auf der Hand. Davon wird oft auf Gedeih und Verderb die gesamte Schullaufbahn beeinflußt, vor allem auch bedingt durch den Bildungsgrad und die soziale Lage der Eltern. Damit werden Hausaufgaben zu einem Faktor der sozialen Selektion. Das muß der Hort wissen, und Horterzieher haben hier elterliche Aufgaben in dem beschriebenen Sinne. Tragen sie nicht auch die damit verbundene Verantwortung?

5. *Recherchieren* (Erforschen). - Eltern sind oft erstaunt - und entsetzt - darüber, daß ihre Kinder „Hausaufgaben aufhaben, die sie nicht können, weil sie das noch gar nicht wissen". Sie mokieren sich dann am Elternabend, weil sie die (hoffentlich vom Lehrer durchdachte) Theorie, die dahinter steckt, nicht kennen: Es kann eine sehr vernünftige und ratsame Sache sein, wenn Schüler als Hausaufgabe „etwas erforschen" sollen. Sei es ein kleines Experiment, eine Untersuchung, etwas nachzuschlagen o.ä. „Entdeckendes Lernen" kann hier die Idee sein, und natürlich die damit verbundenen Vorteile, wie z.B. Eigenständigkeit in Tempo, Gegenstand, Ziel etc.

Selbstverständlich müssen auch die dabei evtl. auftretenden Probleme gesehen werden; denn das Kind als Forscher ist auf das Vorhandensein der „Forschungsquellen“ (Literatur etc.), aber evtl. auch auf begleitende und wegweisende Andere angewiesen, wobei evtl. wieder soziale Ungleichheiten zum Tragen kommen können, und zwar im einen Fall positiv, im anderen negativ. Sollen Lehrer deshalb diese - an sich zu begrüßende - Methode gar nicht praktizieren? Das ist schwer zu sagen; jedenfalls hat sie unter sozialen Aspekten eindeutig ihre Grenzen.

Im Hort jedoch dürfte dieses nicht mit solchen Schwierigkeiten verbunden sein, da die Hortkinder unter fachlichen Aspekten bei den Hausaufgaben geradezu als privilegiert angesehen werden müssen; haben sie doch pädagogisch ausgebildete Fachleute um sich herum, von denen sie bei den Hausaufgaben so gut betreut werden könnten, wie es etwa die Lehrerschaft in der Ganztagsschule am Nachmittag zu tun in der Lage sein müßte. Fachlich fundierte Hausaufgabenbetreuung ist bei einer ausgeprägten Professionalität keine unerhörte Erwartung - allerdings, so glauben wir, eine lohnende Forderung.

6. *Informieren* (In Kenntnis setzen). - Mit den Hausaufgaben werden, ob gewollt oder nicht, auch diejenigen, die nicht direkt am Schulgeschehen teilnehmen, z.B. Eltern, informiert über die Inhalte des Unterrichtes. Wer „seinem“ Kind bei der Erledigung der Hausaufgaben auch nur flüchtig über die Schultern schaut, der glaubt mindestens über den inhaltlichen Stand des Unterrichtes in dem jeweiligen Fach instruiert zu sein. Inwieweit das dann überhaupt zutreffen kann, ist eine andere Frage.

   De facto sind die Hausaufgaben - neben den Heften - oft die einzige Möglichkeit, sich über die Schule und deren Bildungsinhalte in Kenntnis zu setzen. Für die Horterzieher gilt dieses alles analog. Jedoch sollte hier erwartet werden können, daß die Kontakte zur Schule so gut sind, daß es andere Informationswege gibt, als lediglich die Hausaufgaben. Dennoch wird die hier beschriebene Funktion der Hausaufgaben auch im Hort ihre Bedeutung haben.

7. *Permittieren* (Loslassen). - Es war schon die Rede davon, daß Kinder bei den Hausaufgaben - je nachdem, wie diese gedacht und gestellt sind - so etwas wie forschendes Lernen praktizieren können (recherchieren = erforschen; s. 5. Funktion). Bei dem hier gemeinten Permittieren (los- oder freilassen) geht es darum, daß sich bei den Hausaufgaben, die ja (im Vergleich zum Schulunterricht in der Klasse) dem Schüler mehr Freiraum zubilligen, die Kräfte des Kindes frei entfalten können. Stellen wir uns einmal vor, ein junger Mensch ist so weit, daß er darüber entscheiden kann, wann, wo und evtl. mit wem gemeinsam er die Hausaufgaben machen kann - und dies auch noch hoch engagiert und qualifiziert könnte und täte - wäre das für diesen jungen Menschen nicht ein erfreulicher Zustand? Der Hort hat hier jetzt noch „seine eigenen Gesetze", dies wissen wir. Allerdings glauben wir auch, daß Hausaufgaben im Hort einen anderen, erfreulicheren Stellenwert - bei allen Beteiligten - erhalten müssen. Dazu gehört aber nicht in jedem Fall und für jedes Kind die strengere Hand, sondern oft gerade das Gegenteil, nämlich das Loslassen und das freie Sich-entfalten-lassen der Kräfte im Kind. Jedes Kind hat Kräfte in sich, und wir müssen sie in pädagogisch kluger Führung und Zurückhaltung (!) - wachsen lassen. (Vgl. Hinweise an späterer Stelle.)

8. *Evaluieren* (Auswerten). - Auch die Rückmeldung gehört in das Verständnis dieser Funktion. Lehrer sollten sich vergewissern, was aus dem wird, was sie vermitteln bzw. zu vermitteln bestrebt sind. Das geschieht seit jeher u.a. immer auch mit Hilfe der Hausaufgaben; denn: „Hat der Schüler die Hausaufgaben ordentlich und richtig gemacht, dann hat er auch den Stoff verstanden", glaubt man, und wie irrig dieser Glaube sein kann, das weiß auch jeder. Die Hausauf-

gabenkontrolle gehört zum Unterricht und zur Arbeit des Lehrers wie selbstverständlich dazu. Daß oftmals Hausaufgaben nur aufgegeben werden und daß man sich dann gar nicht mehr darum kümmert, weder kontrollierend noch anerkennend, halten wir für eine üble Praxis. Viele Schüler wenden deshalb auch so wenig Sorgfalt auf ihre Hausaufgaben.

Wir möchten hier betonen, wie sehr wir glauben, daß der Kontrollaspekt abnehmen muß zugunsten des Evaluierens: Hausaufgaben können insofern ein wesentlicher Teil der Auswertung des Unterrichts für den Lehrer sein. Dieses gilt natürlich nicht für jeden Typ von Hausaufgabe, sondern nur für solche, an Hand derer tatsächlich „Durchgenommenes“ gefragt ist. Kontrolle und Evaluation können sich dann durchaus bedingen, wobei dem Auswertungsaspekt die größere Bedeutung beizumessen ist. Das wäre übrigens auch für das Bewußtsein des Schülers sehr wichtig.

9. *Elaborieren* (Erarbeiten). - Der Aspekt, um den es hier geht, mag schon des öfteren angeklungen sein, z.B. bei recherchieren (erforschen) - er soll aber unter dem Stichwort „elaborieren“ besondere Betonung erfahren: „sich selber eigenständig etwas erarbeiten“. Welch ein großer Wert im Sinne von nachhaltigem Lernen damit verbunden ist, hat die Pädagogik vielmals und in immer wieder anderen Formulierungen hervorgehoben, z.B. wo die Rede ist von „entdeckendem Lernen“, der Würdigung der „eigenen Kräfte“ des Kindes usw. Immer wenn Kinder Hausaufgaben machen, „er-arbeiten“ sie etwas für sich - je eigenständiger sie es tun und je größer der jeweilige Lernschritt ist, der sich damit verbindet, um so besser. Deshalb sollte es auch individuell unterschiedlich gestaltbare Hausaufgaben geben, damit die Kinder sie ihrem individuellen Vermögen gemäß erarbeiten können. Solche Hausaufgaben zu stellen, ist nicht einfach; sie in dem Sinne zu begleiten, ist aber äußerst wichtig.

Im Sinne der eigenen Erarbeitung (elaborieren) bekommt das Kind das Gefühl: Das ist das Meinige. Das habe ich persönlich hervorgebracht, und es gehört mir. Dabei wird deutlich, daß die Hausaufgaben und der ganze Umgang damit durchaus etwas mit dem Selbstwertgefühl und mit dessen Entwicklung und Stärkung zu tun haben. Das sollten wir nicht geringschätzen.

10. *Kompensieren* (Ausgleichen). - Hausaufgaben können durchaus auch die Funktion haben, einen Ausgleich in solchen Bereichen zu bieten, die sonst, z.B. aus zeitlichen Gründen, evtl. zu kurz kämen. Möglichkeiten des Ausgleichens sehen wir in zweierlei Hinsicht: einmal von seiten des Lehrers, zum anderen von seiten des Schülers.

Daß in einer Halbtagsschule, wie wir sie prinzipiell in der Bundesrepublik haben, nicht alles das, was erforderlich ist, gelehrt und gelernt werden kann, liegt auf der Hand. Insofern ist es nur konsequent, wenn gefragt wird, was am Nachmittag gelernt wird, und wenn der Nachmittag als reguläre Lernzeit anzusehen ist - mit der Konsequenz, daß „der Schüler“ dann in starkem Maße auf sich gestellt ist, aber auch viel Freiheit hat und lernen muß, mit dieser umzugehen. Nicht nur wird der am Vormittag nicht gelehrte Stoff am Nachmittag kompensiert und (hoffentlich) gelernt, sondern es werden auch andere, wichtige Qualifikationen erworben, z.B. sich seine Zeit einzuteilen, sich nicht ablenken zu lassen, etwas eigenständig zu arbeiten etc.

Aber auch aus der Sicht des Schülers erfolgt eine Kompensation, insofern es ihm möglicherweise im Unterricht am Vormittag „zu schnell gegangen ist“ und er den Lehrstoff nicht genügend verstanden hat. Das kann er (hoffentlich) am nachmittag durch Alleinarbeit, evtl. auch durchaus kooperativ mit „dem Schulkameraden“ über das Telefon, ausgleichen.

11. *Disziplinieren.* - Das scheint seit jeher so gewesen zu sein: „Strafe muß sein", so glaubte man, und Strafarbeiten - die zu Hause zu erledigen waren - ebenfalls. Das gehört nun keineswegs der Vergangenheit an; denn bis auf den heutigen Tag hagelt es nur so Strafarbeiten: etwas abschreiben, etwas auswendig lernen, etwas hundertmal schreiben usw.

    Die Hausaufgaben - es handelt sich ja dabei um „Aufgaben für zu Hause" - erhalten damit im Empfinden der Bestraften einen häßlichen Beigeschmack, und es ist davon auszugehen, daß die Lehrerschaft die negative Verknüpfung, die sich hier mit den an sich von den Lehrern für wertvoll erachteten Hausaufgaben ergibt, nicht erkennt. Es kann nämlich leicht passieren, daß der Schüler, wenn er Hausaufgaben oft genug mit Strafen in Verbindung erlebt hat, diese unangenehme Verbindung zwischen beiden prinzipiell internalisiert. Das aber kann niemand wollen. Deshalb ist Achtsamkeit geboten und mehr Sensibilität beim spontanen Verhängen von Strafmaßnahmen. Ist es schon schwer genug, sinnvolle Hausaufgaben zu stellen, so ist der Anspruch in der Pädagogik mindestens genau so hoch bei der Frage nach sinnvoller Strafe. Dazu sollten Hausaufgaben nicht herhalten müssen.

12. *Legitimieren* (Rechtfertigen). - Sich rechtfertigen durch Hausaufgaben? - Daß Schule von ihrer Aufgabe und Funktion her auch immer wieder in die Diskussion gerät, das liegt in ihrer Natur. In jüngerer Zeit geht der Streit um die Sinnhaftigkeit von Schule bis hin zu der Forderung, sie abzuschaffen.

    Mit der Bedeutung bzw. verringerten Bedeutung der Schule wandelt sich auch die Wichtigkeit des Lehrpersonals, und je nach dem, wie es mit dessen Befindlichkeit (generell und individuell) steht, wird es sich evtl. anders verhalten, z.B. im Hinblick auf Öffentlichkeit, Eltern, Schüler - u.a. auch was die Hausaufgaben anbetrifft: Lehrer, die keine oder kaum Hausaufgaben aufgeben, oder solche, die schlampig damit umgehen, sie z.B. nicht anschauen und damit die Schülerarbeit nicht anerkennen – gehören nicht gerade zu denjenigen, denen man das größte Engagement nachsagt. Dies ist aber umgekehrt der Fall bei dem Lehrer, der als „fleißig" gilt: Er gibt auch Hausaufgaben auf und sieht sie als sinnvollen Teil des Lernprozesses an. Wer als „guter Lehrer" dastehen möchte, gibt tendenziell eher und mehr Hausaufgaben auf. Hier dürfte auch von objektiver Seite „etwas dran sein"; denn gute Hausaufgaben aufzugeben bereitet Arbeit, und mit Hausaufgaben „gut umzugehen" ebenso. Dies gilt übrigens nicht nur für den Lehrer, sondern ebenfalls bzw. erst recht für den Schüler; denn die Tatsache der Halbtagsschule führt ja zwangsläufig zur schulbezogenen Nachmittagsbeschäftigung beim Schüler. Auch er legitimiert sich oft genug durch Hausaufgaben.

3. Zur Notwendigkeit der Hausaufgaben für das Hortkind

Zur Lebenssituation der Kinder im Hort gehört also die Schule und somit, wie gesehen, auch die Hausaufgaben. Darüber, ob die Hausaufgaben die schulische Leistungen tatsächlich verbessern können, wird immer wieder widersprüchlich diskutiert. Unabhängig von einem wissenschaftlichen Nachweis gilt: Ein Kind, das regelmäßig keine oder unvollständige Hausaufgaben hat, fällt negativ auf. Um das Merkmal „Fehlende Hausaufgaben" können sich noch einige weitere Dinge „herumranken" (man spricht in diesem Zusammenhang vom sog. Hof-Effekt), so daß das betreffende Kind beim Lehrer Gefahr läuft, insgesamt in eine Spirale von negativer Auffälligkeit zu geraten. Schon allein um dieses Stigma zu vermeiden, ist eine pädagogisch qualifiziert begleitete Hausaufgabenerledigung absolut erforderlich und sinnvoll.

Kinder, die den Hort besuchen, haben überdurchschnittlich oft schulische Probleme. Das hat vielfältige Ursachen. Auch und gerade deshalb bedarf es der gründlichen Begleitung des schulischen Lehrstoffes und der besonderen Aufmerksamkeit der Erzieher. Nach der Hortzeit sollen die Kinder weitgehend von schulischen Aufgaben entlastet sein. Eltern und Kinder müßten dann eher Zeit für ein gemeinsames Spiel finden, als für die Erledigung der Hausaufgaben oder zusätzlicher Übungen.

4. Eine Hausaufgabendidaktik tut not

Wir können davon ausgehen, daß die HorterzieherInnen annähernd zwei Stunden täglich mit der Erledigung der Hausaufgaben beschäftigt sind. Dies geschieht in der arbeitsintensivsten Zeit. Verkürzt heißt das: Hortzeit ist Hausaufgabenzeit. In Relation dazu wird aber der Hausaufgabenfrage bisher in der Hortpädagogik keine besonders große Bedeutung beigemessen. Zunächst gälte es also, den Stellenwert der Hausaufgaben innerhalb der Hortpädagogik zu bestimmen.

Wir plädieren hier für eine realistische Betrachtung der Hausaufgabenfrage: In Richtlinien o.ä. findet man Hinweise darauf, daß Kinder selbständig arbeiten mögen, daß die Kinder eine gewisse Zeit, z.B. 30 Minuten im ersten Schuljahr, nicht überschreiten sollten etc. Eltern und Erzieher wissen, daß dies oft nicht der Realität entspricht.

Ein großes Defizit darf hier nicht übersehen werden, und zwar sowohl in der sozialpädagogischen als auch in der schulpädagogischen Literatur. Die Sozialpädagogik hat sich bisher kaum mit dem Thema Hausaufgaben beschäftigt. Die Schulpädagogik tut dies immer aus dem Blickwinkel des Lehrers, dann vielfach im Hinblick auf die Eltern. Hausaufgabenhilfe im Hort sollte neue Dimensionen eröffnen in der Kooperation zwischen den beiden unterschiedlichen Professionen von Schul- und Sozialpädagogen.

5. Fragen zur Hausaufgabenpraxis im Hort - Reflexionshilfen

Hausaufgaben bedürfen einer guten Organisation sowie einer qualifizierten pädagogischen Begleitung. Wir bieten im folgenden Reflexionshilfen, die Zeit und Ort, aber auch das Kind, sowie die eigene Rolle des Erziehers betreffen.

(1) Wann ist die beste Zeit zum Lernen? Ist diese mit dem Tagesablauf abgestimmt?

(2) Wie lange können die Kinder arbeiten? Ab welchem Zeitpunkt werden die Hausaufgaben nur noch zur disziplinarischen Übung?

(3) Welche Hilfsmittel brauchen die Kinder?

(4) Wo kann eine Zusammenarbeit kultiviert werden? Können sich die Kinder gegenseitig helfen und in Gruppen arbeiten?

(5) Wie steht es um die Lernatmosphäre im Raum? Haben die Kinder ihren ruhigen Platz? Keine ständigen Störungen, aber auch keine völlige Absonderung!

(6) Welche individuellen Hilfen kann und muß ich anbieten? Dazu ist es erforderlich zu wissen, wo man das Kind „abholen" muß. Hausaufgabenhilfe planen (d.h.: Beobachten, Analysieren, Handeln, Reflektieren usw.). Lernstrategien anwenden.

(7) Wie sehe ich als Erzieherin bzw. als Erzieher meine eigene Rolle bei der Hausaufgabenhilfe? - Bin ich ungeduldig? - Leite ich die Kinder wirklich zur Selbständigkeit an, oder mache ich sie von meiner Hilfe abhängig? - Klammere ich mich nur deshalb an die Hausaufgabenhilfe, um die eigene Unsicherheit zu überwinden oder eine Legitimation für berufliches Handeln zu erlangen, weil mich die Hortkinder sonst nicht brauchen? Usw.

(8) Wo muß ich das Kind vor Überforderung schützen? Usw.

6. Zehn konkrete Hinweise für den Erzieher – Soll man Hausaufgaben kontrollieren?

Außer den eben gegebenen Reflexionshilfen bedarf es einer Reihe praktischer Hinweise, die selbstverständlich individuell und situativ zu handhaben sind. Die pädagogische Fachkraft kann diese 10 Punkte als Fragen für sich formulieren und auf sich beziehen, und zwar etwa so:

- Tue ich, bezogen auf ein ganz bestimmtes Kind in dem betreffenden Punkt, z.B. Kontrolle, zu viel?
- Liege ich gerade richtig?
- Oder tue ich davon zu wenig?

(1) *Kontrollieren.* – Freuen wir uns über jedes Kind im Hort, das seine Hausaufgaben so sorgfältig und zuverlässig erledigt, daß die Kontrolle überflüssig ist. Ziel sollte das sein. Der Weg dorthin ist meistens sehr steinig – wahrscheinlich in den meisten Fällen von einer stärkeren Kontrolle hin zu einer abgeschwächten. Einblick in den Qualitätsstand, also Kenntnisse darüber, wo das Kind in Sachen Schule und Hausaufgaben steht, ist immer erforderlich.

(2) *Motivieren.* – Nicht ständig treiben und antreiben ist hier gemeint, sondern vielmehr die kindgemäße Ermunterung – nicht nur zum Beginnen mit den Aufgaben, sondern auch zum Durchhalten bei Schwierigkeiten.

(3) *Erklären.* – Gerade damit ist achtsam umzugehen. Erklärungen müssen sachlich richtig, nicht zu weitschweifig, vor allem aber situationsgerecht sein. Nicht zu viel und nicht zu wenig; vor allem verständlich. Das eine Kind braucht mehr, das andere weniger Erklärungen.

(4) *Zurückhaltung üben.* – „Hilf mir, es selbst zu tun. Aber tue es nicht für mich!“ Dieser Satz der adäquaten Zurückhaltung ist bei der

Hausaufgabenbetreuung wichtig. Die meisten sind viel zu schnell mit der Lösung zur Stelle und geben dem Kind selbst damit keine Lernchance. Der Grundsatz muß lauten: Eher weniger sagen als mehr; denn das könnte zu viel sein. Nur immer so viel sagen, daß das Kind es noch selbst entdecken kann und dann auch das Gefühl hat: Ich habe es selbst gefunden. Man spürt doch jedesmal mit, ein welch großartiges Erlebnis es für ein Kind ist, wenn es bei zurückhaltender Hinführung zur Lösung eines Problems bei einer Aufgabe die letzten Schritte wenigstens noch selbst und eigenständig tun konnte.

(5) *Loben.* – Bestärken und anerkennen dürfen nicht fehlen, vor allem, weil es sich bei den Hausaufgaben immer wieder um kleinere Teilschritte und –ergebnisse handelt.

(6) *Ermahnen.* – All diese Erziehungsmittel gehören pädagogisch klug eingesetzt und verwendet, so auch die Ermahnung und der Tadel. Gegenseitige Beobachtung der Fachkräfte, Austausch und Beratung über das eigene Verhalten können dazu dienen, in Erfahrung zu bringen, wie der Einzelne „wirkt" und ob pädagogisch klug gehandelt wird.

(7) *Führen.* – Auch das gehört zur guten pädagogischen Hausaufgabenbegleitung, allerdings ohne ein dauerndes Reglementieren oder gar Nörgeln. Sonst kann dem Kind die meist nicht allzu große Freude an den Hausaufgaben ganz genommen werden. Zum Führen bei den Hausaufgaben gehört, genauso wichtig, auch das Wachsenlassen. Von der notwendigen Zurückhaltung war schon die Rede.

(8) *Verstehen.* – Wer Hausaufgaben adäquat begleiten möchte, muß nicht alles besser wissen als derjenige, der die Hausaufgaben machen soll. Allerdings sollte auch nicht gerade das Gegenteil der Fall sein. Es ist ratsam, sich Kenntnisse darüber zu verschaffen, wo die Klasse „steht“. Nochmals: nicht um zu glänzen und es besser zu wissen,

sondern um Hilfen anzubieten, wo und wie sie nötig – also hilfreich sind.

(9) *Kooperieren.*- Die Horterzieher müssen generell gut mit Eltern und Lehrern zusammenarbeiten, wie allgemein anerkannt ist, was aber auch immer wieder neuer Anstrengungen bedarf. Die Hausaufgaben haben nun aber als Inhalt und Gegenstand dieser Zusammenarbeit ihre besondere Bedeutung. Das darf nicht verkannt werden, weil es sich sehr rasch zu ungunsten des Kindes auswirken kann. Es ist aber auch wichtig, in Sachen Hausaufgaben mit den anderen Erziehern im Hort gut zu kooperieren und sich abzustimmen.

(10) *Partnerschaftlicher Erziehungsstil.*- Hausaufgaben sind geeignet, sich pädagogisch – evtl. sogar gut gemeint – so zu verhalten, daß ein autokratischer Erziehungsstil entsteht, verbunden mit allen negativen Konsequenzen, die dieser resultieren läßt. Ständiges Nörgeln und Kritisieren, fehlendes Lob und keine Anerkennung, vielfaches Verhängen von Strafen etc.- dies alles kann dazu führen, daß das pädagogische Verhältnis zwischen dem Erzieher und dem Kind verloren geht bzw. gar nicht entsteht. Gute Hausaufgabenbegleitung bedarf einer umfassend hochqualifizierten pädagogischen Arbeit. Das kann nicht jeder.

7. Ein Beispiel aus der Praxis - Hausaufgabenbetreuung im „Schulkinderhaus" Emmendingen - Konzeptionsschrift

In der Konzeptionsschrift dieses Schulkinderhauses liest man u.a.:

Räume *(2 ehemalige Klassenzimmer + Nebenräume)*

Zwei ehemalige Klassenzimmer, die zur Zeit für die Kernzeitenbetreuung genutzt werden (und ab ca. 15.30 Uhr von Mutter-Kind-Gruppen des Kinderschutzbunds), stehen für 26 Kinder während der betreuten Zeit zur Verfügung. Es gibt feste Gruppen, die Kinder können aber auch mal nach Absprache in der anderen Gruppe arbeiten. Die Räume liegen nicht im Zentrum des Geschehens, einer sogar in einem angrenzenden Gebäudeteil. Kleinere Räume für einzeln arbeitende Kinder stehen außerdem jeweils daneben zur Verfügung.

Personal *(1-2 Erzieherinnen / Gruppe, Wechsel)*

Pro Gruppe (14/12 Kinder) ist jeweils ein(e) Betreuer(in) fest bei den Hausaufgaben, in den „Stoßzeiten" u.U. auch mal zwei. Die Personen wechseln zwar so wenig wie möglich, durch unsere vielen Teilzeitstellen oder durch die Praktikanten aber notgedrungen doch immer mal wieder. Es gibt feste Tage, an denen immer der/dieselbe ErzieherIn dabei ist.

Zeiten *(Betreute Zeit: 13.30-15.00 Uhr; sonst frei)*

Die Kinder können, wenn sie wollen, gleich nach der Schule sich irgendwo im Hort einen ruhigen Platz suchen und gleich Hausaufgaben machen. Dann ist allerdings nicht immer jemand speziell dabei, obwohl wir bei Problemen natürlich kommen.

Nach dem Essen (ca. 13.30 Uhr) können die Kinder sofort, sie sollen aber spätestens bis um 14 Uhr in ihren Hausaufgabenraum kommen. Die betreute Hausaufgabenzeit dauert bis 15.00 Uhr, danach kann, (muß aber nicht) weitergearbeitet werden, wenn jemand noch nicht fertig ist.

Pädagogische Leitlinien

Möglichst Eigenverantwortung der Kinder:

- *Hausaufgaben sind die Aufgaben der Kinder und in deren Verantwortung; sie sollen lernen, für ihr Material zu sorgen (Hort stellt nur Hilfsmitte bereit) und wissen, was sie aufhaben (Hausaufgabenheft).*
- *Lob und Bekräftigung sind besser als Belohnungen.*
- *Wir kontrollieren das Anfertigen (Liste, was gemacht wurde) und, so weit es geht, auch Fehler: Verbesserungen sind von uns aus aber freiwillig.*
- *Zeiteinteilung (Uhr im Zimmer, wir helfen bei der „Planung")*
- *Konsequenzen für nicht oder schlecht gemachte Hausaufgaben gehen nicht vom Hort, sondern von der Schule bzw. den Eltern aus.*
- *Die Kinder können (solange niemand gestört wird) selbst bestimmen über: Platz, Nebensitzer, Zeit, Reihenfolge.*
- *Dennoch wissen die Kinder, daß wir (Lehrer, Eltern, ErzieherInnen) uns auch gegenseitig informieren - vor allem, wenn es Probleme gibt.*

Hilfe zur Selbsthilfe

- *Den Kindern „auf die Sprünge" helfen, statt Ergebnisse vorsagen.*

- *Möglichst kein Korrigieren in den Heften; Tips, Tricks, Kniffe und Lernhilfen zeigen.*
- *Hilfsmaterial bereitstellen (Lexika, Rechenschieber ...).*
- *Gegenseitiges Helfen ist erlaubt (solange es die andern nicht stört).*

Differenzierung

- *Nach Alter und Vermögen Dosierung der Hilfen.*
- *Lockerung der Kontrollen.*
- *Zeitliche und räumliche Möglichkeiten nutzen, z.B. für Einzelbetreuung, alleine in Ruhe arbeiten usw..*

Individualität berücksichtigen

- *Die Kinder ihre eigene Weise finden lassen, nicht gängeln und in eine Schablone pressen. Sensibilität für die Kinder entwickeln.*
- *Dem Prinzip nach geht es so, aber im Einzelfall ist vielleicht gerade etwas ganz anderes wichtig: Sensibilität für die Situation haben, kein starres Festhalten an Prinzipien und Regeln.*

Weitere Regelungen

- *Im allgemeinen werden die schriftlichen Hausaufgaben alle im Hort gemacht, das Mündliche nur freiwillig - auch die Eltern sollen sich um die schulischen Belange kümmern.*
- *Freitags sind die Hausaufgaben im Hort freiwillig (Hort nur bis 15 Uhr - Wochenende zu Hause).*
- *Wir lehnen nicht ab, den Kindern im Einzelfall zu helfen, auch einmal intensiv - regelmäßige Nachhilfe und Üben können wir aber nicht anbieten. Das muß von den Eltern organisiert werden. (Im*

Moment überlegen wir aufgrund der vielen Kinder mit Problemen, die zu Hause nicht aufgefangen werden (können), ob wir eine Kraft einstellen, die solche Aufgaben am Nachmittag übernehmen kann - auf Abmachung mit den Eltern und gegen Bezahlung.)

– *Spezielle „Hausaufgabenregeln" haben wir mit den Kindern im „Palaver" besprochen. Eine „Sanktion" kann es geben für ständiges Stören: den Hausaufgabenraum verlassen und später alleine die Hausaufgaben machen!*

Kooperation und Kontakt mit den Lehrern und den Eltern ist uns wichtig. Zu Gesprächen sollen die Kinder nach Möglichkeit hinzugezogen werden. Vorsicht bei Kommentaren/Mitteilungen im Heft und im Hausaufgabenheft: negative Mitteilungen verletzen das Selbstwertgefühl der Kinder!

Viel Ehrgeiz bei den Hausaufgaben: das lohnt sich

XIV. Die Horterzieherin / Der Horterzieher

1. Rollengestaltung – role making

Wer die pädagogische Praxis des Hortes kennt oder in unserer hier vorgelegten Studie lange genug gelesen hat, dürfte die Überzeugung gewonnen haben, daß Horterzieher sein eine wirklich großartige, allerdings auch nicht gerade anspruchsarme berufliche Aufgabe ist. Der Rolle wird einiges abverlangt, wobei jedoch auch der große Vorteil der Offenheit und der damit verbundenen Gestaltungsfreiheit in der Tätigkeit nicht übersehen werden darf. Die zahlreichen und unterschiedlichen Erwartungen an die Hortpädagogen sollten jedoch nicht erdrückend wirken, sondern dazu ermuntern, die Rolle selbst und aktiv auszugestalten (role making). Eine solche aktive Rollenausprägung bewahrt am ehesten davor, zum Spielball der verschiedenen Erwartungsträger zu werden, z.B. Schule, Eltern, Träger etc.

2. Unsere Horterzieherin / Unser Horterzieher

Um die anspruchsvolle Arbeit im Hort auf Dauer erfolgreich und befriedigend ausführen zu können, bedarf es – wie sollte dieses anders gesagt werden? – selbstverständlich der sozialpädagogischen Fachkraft, die über das nötige Wissen und Können, aber auch die erforderliche Einstellung mit den passenden Werten verfügt. Verglichen mit allen sonstigen Faktoren, die für die Hortqualität relevant sind (Lage der Einrichtung, Größe, Gruppenstärke etc.), kommt der Persönlichkeit des Erziehers doch die größte Bedeutung zu. Wir möchten hier einige Aspekte der Persönlichkeit des Horterziehers, den wir den Kindern wünschen, benennen:

- *Elterlichkeit:* Horterzieher vertreten die Eltern, und den Kindern ist deshalb eine Person zu wünschen, die ihnen Wärme und Annahme (Akzeptanz) entgegenbringt.

- *Ideenreichtum und Sachkompetenz:* Hortkinder sind u.a. Schulkinder, und deshalb braucht der Erzieher ein gutes Allgemeinwissen. Hortkinder sind aber auch in der Freizeit im Hort, und insofern bedarf es ebenso der kreativen Persönlichkeit mit viel Ideenreichtum, aber auch Sachkompetenz auf dem einen oder anderen Gebiet. Eine sog. kommunikative Kompetenz allein reicht jedenfalls nicht, wenngleich auch diese wichtig ist. Gefragt ist auch ein Stück „Lehrpersönlichkeit", die gerne etwas „beibringt".

- *Animative Fähigkeit:* Dem Horterzieher ist eine generelle animative Ermunterungskraft zu wünschen, die, wenn es darauf ankommt, auch „mitreißend" sein kann. Wo nötig und angebracht brauchen Horterzieher auch durchaus so etwas wie eine autoritative Animationsfähigkeit, wie z.B. ein Trainer,- im positiven Verständnis. Dies alles darf nicht bewirken, daß Kinder ihren zweckfreien Raum etwa verlieren und anscheinend weniger „Sinnvolles" verpönt ist.

- *Ausstrahlung und Mut:* Blaßheit und Ängstlichkeit sind das Gegenteil davon. Hortkinder wünschen sich und brauchen fröhliche Menschen um sich herum, besonders wenn sie aus der nicht immer erfreulichen Schulatmosphäre in die Einrichtung kommen. Sie wollen aber auch etwas unternehmen und brauchen kalkulierbare Risikoerfahrungen.

- *Natur- und Technikverbundenheit:* Das Kind im Hortalter hat „seine" Themen und Inhalte, die nicht losgelöst zu sehen sind von Natur und Technik, und zwar in einem ganz anderen Sinne, als es etwa bei Kindergartenkindern der Fall ist. Viele Erzieherinnen, die im Hort arbeiten wollen, müssen sich insofern umstellen.

- *Kooperations- und Teamfähigkeit:* Wie für jede sozialpädagogische Arbeit, so gilt für die anspruchsvolle Hortpädagogik besonders, daß sie nicht ohne Zusammenarbeit und die dafür erforderlichen Fähigkeiten zu leisten ist. Die Teamarbeit nach innen, die Zusammenarbeit mit den Eltern, die Kooperation mit der Schule, eine gute Beziehung zum Träger, ein partnerschaftliches Verhältnis zu den Kindern, gute Verbindungen zu Nachbarschaft und Gemeinwesen – alles das ist hier gemeint, wenn die kooperative und teamfähige Persönlichkeit gewünscht wird.

- *Werthaltungen und Ziele:* Von den pädagogischen Fachkräften in der Hortpädagogik dürfen die erforderlichen Werte und Ziele, also Erziehungsabsichten, erwartet werden, die für ein gelingendes Leben der Kinder unverzichtbar sind. Wir haben auf die pädagogischen Ziele für heute und morgen, u.a. für eine Pädagogik des Lebens und Überlebens, aufmerksam gemacht. (Das Gegenteil wäre Gleichgültigkeit und inden Tag hineinzuleben.)

- *Diagnostik:* Horterzieher bedürfen – wenigstens ansatzweise – besonderer Fähigkeiten zur Einschätzung des normalen Entwicklungsstandes ihrer Kinder, wie ebenso zur Erkenntnis von abweichendem Verhalten. Sie müssen keine Fachleute für die abschließende Durchführung einer entsprechenden Diagnose sein, sollten aber einen geschärften Blick für „Normalität" und „Devianz" haben – und natürlich fachlich mit besonderen speziellen Diensten zusammenarbeiten können, wenn es erforderlich ist.

- *Individualisieren:* Bei seiner ganzen Arbeit darf der Horterzieher nicht den Blick für das einzelne Kind in seiner individuellen Lage verlieren: Jedes Kind muß als individuelle Persönlichkeit in seinen situativen Bedingungen betrachtet werden: Alter, Gesundheit, Stabilität, Anlagen, Befindlichkeit usw. Dazu bedarf es gerade in der Hortpädagogik bei der pädagogischen Fachkraft einer besonderen Sensibilität und Einfühlung.

- *Partial-Holistik:* Vereinfacht und gerafft ausgedrückt meinen wir damit die Einstellung und Fähigkeit eines Pädagogen, den Teil (pars) und das Ganze (holon) zu sehen und zu beachten. Dieser Kunst bedarf die Horterzieherin bzw. der Horterzieher ständig: sie müssen das einzelne Kind und (!) die Gruppe sehen; seine einzelne Fähigkeit und die gesamte Persönlichkeit; ihre eigene Gruppe und die der anderen; den Hort und das Gemeinwesen; den heutigen Tag des Kindes und sein Leben – usw.

- *Partnerschaftlichkeit:* Das Wichtigste von allem ist aber, daß der Horterzieher eine partnerschaftliche (sozialintegrative) Persönlichkeit verkörpert, und nicht eine autoritäre, und daß er darauf achtet, daß die Hortkinder selbst partnerschaftliche, weltbürgerliche Persönlichkeiten werden, und keine autoritären Persönlichkeiten. (Die autoritäre Persönlichkeit ist u.a. geprägt von Fremdenhaß und Antisemitismus; vgl. dazu Adorno 1973). Die partnerschaftliche Persönlichkeit ist in der Lage, ihre ganze Arbeit bei einem grundsätzlich sozialintegrativen, d.h. partnerschaftlichen Erzieherverhalten, zu verwirklichen (vgl. dazu Huppertz / Schinzler, Grundfragen der Pädagogik, IV. Kap.). Wichtigstes Merkmal des partnerschaftlichen Erziehungsstils ist die Reversibilität, d.h. die grundsätzliche Umkehrbarkeit des Erzieherverhaltens: Der Horterzieher sagt dem Kind nur das, was er auch umgekehrt (reversibel) zuließe, daß das Kind es ihm (!) sagen würde – und er sagt es in einem Ton, wie er ihn auch umgekehrt ihm gegenüber erwarten und akzeptieren würde. Dieses ist gleichsam die goldene Regel allen Erzieherverhaltens – der Maßstb schlechthin. Daß es im Fall der pädagogischen Notwendigkeit die Ausnahme des Prinzips der Reversibilität gibt, liegt in der Natur von Erziehung und Bildung und in der damit verbundenen Autorität des Erziehers. Autorität haben heißt aber nicht autoritär sein oder gar eine autoritäre Persönlichkeit verkörpern. Erzieher tun gut daran, sich wechselseitig immer wieder einmal über ihren Erziehungsstil zu beraten und überhaupt den gesamten Erziehungsstil der ganzen Einrichtung kritisch zu betrachten, allerdings nicht, um ständig verunsichert zu sein, sondern um immer sicherer zu werden; denn Kinder brauchen auch Eindeutigkeit im Umgang mit ihnen.

Diese Aufzählung von nötigen Qualifikationsbereichen ist nicht vollständig und will dies auch nicht sein. Im Größeren Umfang kann er allerdings für Aus- und Fortbildung dienlich sein, durchaus aber auch der selbstkritischen Frage einer Erzieherin oder eines Erziehers: „Ist Hortarbeit etwas für mich?“

3. Die Aufsichtspflicht

a) Die rechtliche Grundlage

Die Horterzieherin bzw. der Horterzieher hat die Pflicht, die Aufsicht zu führen. Das ergibt sich aus einem einfach zu verstehenden Sachverhalt: Eltern delegieren (vertraglich) ihre Erziehungs- und Sorgerechte und Pflichten an den Hort. Auszugehen ist vom § 1626 des Bürgerlichen Gesetzbuches, der lautet:

> *„Der Vater und die Mutter haben das Recht und die Pflicht, für das minderjährige Kind zu sorgen (Elterliche Sorge). Die elterliche Sorge umfaßt die Sorge für die Person des Kindes (Personensorge) und das Vermögen des Kindes (Vermögenssorge).*
>
> *Bei der Pflege und Erziehung berücksichtigen die Eltern die wachsende Fähigkeit und das wachsende Bedürfnis zu selbständigem, verantwortungsbewußtem Handeln. Sie besprechen mit dem Kinde, soweit es nach dem Entwicklungsstand angezeigt ist, Fragen der elterlichen Sorge und streben Einvernehmen an.“*

In § 1631 wird die Aufsichtspflicht genannt:

„Die Personensorge umfaßt insbesondere das Recht und die Pflicht, das Kind zu pflegen, zu erziehen, zu beaufsichtigen und seinen Aufenthalt zu bestimmen."

Mit der Anmeldung eines Kindes im Hort übernehmen die Horterzieherinnen die vertragliche Aufsichtspflicht. Das gehört ganz normal zu ihrer Tätigkeit, kann aber nun auch Ängste bereiten, u.a. wegen des Glaubens an den anscheinend unausrottbaren, wenngleich unzutreffenden Satzes: Wer pädagogisch tätig ist, steht immer mit einem Bein im Gefängnis. Die mit dem Problem der Aufsichtspflicht verbundenen Ängste sind im Grunde fast alle überflüssig, wenn man sich einigermaßen vernünftig und nach dem gesunden Menschenverstand verhält.

Der Horterzieher hat primär pädagogische Pflichten, wie sie sich nach dem KJHG § 22,2 ergeben, nämlich die Betreuung, Erziehung und Bildung der ihm anvertrauten Kinder, und er hat das ebenfalls im KJHG §1 festgelegte Erziehungsziel zu verfolgen, nämlich die Erziehung zu einer „eigenverantwortlichen" und „gemeinschaftsfähigen" Persönlichkeit. Das wäre gar nicht möglich bei einer übertriebenen Bewahrung und Ängstlichkeit auf Seiten der Erzieher. Kinder müssen also auch gewagt werden, und Erzieher brauchen Angstfreiheit und Mut – allerdings geht es nicht um Leichtsinn und Fahrlässigkeit.

b) Zum Begriff der Aufsicht

Die Verunsicherung auf seiten der Erzieherinnen mag u.a. daher rühren, daß im Gesetz zwar die Rechtsfolgen der Aufsichtsverletzung – nicht aber Inhalt und Umfang der Aufsichtspflicht genannt werden (§ 832 BGB). Dies wäre bei der schier nicht vorstellbaren Zahl von Situationen auch gar nicht möglich. Insofern bedarf es einer mehr pädagogisch als juristisch vorgenommenen Güterabwägung: „Was pädagogisch begründet und allgemein einsichtig ist, kann keine Aufsichtsverletzung sein" (Hundmeyer, S. 80).

In einem Kommentar zum BGB (Palandt) steht im Hinblick auf Eltern – wir können hier problemlos statt Eltern Horterzieher lesen:

> „*Das Maß der gebotenen Aufsicht bestimmt sich nach dem Alter, der Eigenart und dem Charakter des Kindes sowie danach, was den Eltern in ihren jeweiligen Verhältnissen zugemutet werden kann. Es ist deshalb zu fragen, was verständige Eltern nach vernünftigen Anforderungen unternehmen müssen, um die Schädigung Dritter durch ihr Kind zu verhindern.*" (Palandt, Bürgerliches Gesetzbuch § 832 Kommentar Abs. 4)

„Verständige" Horterzieher sind solche, die das ihnen erforderlich Erscheinende und Zumutbare tun, um vorhersehbare Schäden zu vermeiden. Das Tun bezieht sich auf ihr eigenes Verhalten und auf zutreffende Maßnahmen.

Erzieherinnen und Erzieher können sich durchaus helfen mit der berühmten Frage der Richter, die einem im Schadensfall gestellt würde, wie sie z.B. von Prof. U. Jesionek (Zeitschrift Unsere Kinder 1,1998, S. 8) für den Kindergarten stellt (statt Kindergarten kann hier Hort stehen und dem Alter der Kinder gemäß von einer großzügigeren Auslegung ausgegangen werden:

> „*Inwieweit kann eine Kindergärtnerin in der bestimmten Situation, also in einer Situation, wie sie sich im konkreten Fall ereignet hat, bei diesem speziellen Kind, dessen allfällige Besonderheiten ihr bekannt sein müssen, den Schadenseintritt vorhersehen und wie weit ist sie nach den ihr zur Verfügung stehenden Möglichkeiten im Rahmen des Kindergartens, in dem sie beschäftigt ist, verpflichtet und in der Lage, hier besondere Aufsicht walten zu lassen, bzw.*

wie weit genügt die normale, dem Alter und Wesen des Kindes entsprechende Aufsicht?"

Die Aufsichtspflicht ist also dann nicht verletzt, wenn man „das Normale" tut und auf das „Besondere" achtet. Der Aufsichtspflicht nachkommen heißt jedenfalls nicht, immer alle Kinder im Blick haben und sich so verhalten, daß „ja nichts passieren" kann. Sinnvolle pädagogische Arbeit ist ohne Risiko nicht denkbar.

c) Wann ist die Aufsichtspflicht erfüllt? –Hilfreiche Hinweise mit Beispielen aus dem Hort

Der Horterzieher kann nichts anderes tun als das, was in seinen Kräften steht. Die folgenden Punkte können für den Ernstfall, der meistens nicht eintritt, eine Hilfe sein – falls er dann doch mal eintreten sollte. Um der Aufsichtspflicht Genüge zu tun, wird man , nachdem im Hinblick auf die Gesamteinrichtung (Einfriedung, Verkehrssicherheit, Spielgeräte etc.) das Erforderliche erfüllt ist, bezogen auf die Kinder, die Erzieher, die Aktivitäten usw., vor allem, wenn es um außergewöhnliche Unternehmungen geht:

- Altersgemäß und verständlich instruieren,

  z.B. vor kalkulierbaren Gefahren warnen, und sich vom richtigen Verhalten der Kinder überzeugen.- Z.B.: In vielen Horten ist es üblich, ein sogenanntes „Werkstattdiplom" abzulegen: Hierbei werden Kinder auf die Handhabung von Werkzeugen und Maschinen hingewiesen. Sie müssen in einer „Prüfung" zeigen, daß sie mit diesen Werkzeugen richtig umgehen können. Nur Kinder, die diese „Diplom" haben, dürfen den Werkraum alleine benutzen.

- Auf besondere, z.B. kranke, behinderte, gestörte Kinder besonders achten (ohne sie zu etikettieren)

- Bei besonderen Aktivitäten (Feuer, Klettern) besondere Umsicht walten lassen
- An besonderen Orten besonders achtgeben – lassen, z.B. Überqueren eines breiten und steinigen Baches
- Größe und Zusammensetzung der Gruppen beachten
- Mit den Kindern tragfähige Regeln entwickeln, die ihrem Alter entsprechen,

  z.B.: In einem gemeinsamen Gespäch kann mit den Kindern ausgehandelt werden, unter welchen Bedingungen sie alleine auf den nahen Schulhof gehen können. So könnten Erzieherinnen Wert darauf legen, daß immer nur zwei Kinder zusammen gehen dürfen, damit ein Kind im Notfall Hilfe holen kann, andererseits können Kinder ihr Interesse zum Ausdruck bringen, nicht immer mit einer Erzieherin unterwegs sein zu wollen.
- Auf die Zahl der Begleitpersonen achten und Laien,

  z.B. Eltern, besonders instruieren, falls dies nötig erscheint.- Ist zum Beispiel der Vater eines Hortkindes Angler, wird sicherlich eine Gruppe Hortkinder begeistert sein, wenn sie mal mit an den Fluß dürfen. Doch ob der Vater auch „gelernt“ hat, Gefahren für Kinder, zumal von mehreren Kindern richtig einzuschätzen, kann nicht vorausgesetzt werden. Die Mitnahme von Eltern entbindet die Erzieherin nicht von ihrer Gesamtverantwortung.
- Auf Gefahren bei bestimmten Spielgeräten aufmerksam machen.
- Bei „Anfängern“ also unerfahrenen Kindern, in bestimmten Unternehmungen mehr Aufmerksamkeit widmen.
- Bei „neuen“ Kindern oder solchen, die man zu wenig kennt, etwas achtsamer vorgehen.
- Evtl. mit Kollegen beraten, ob Risiken vertretbar sind.

- Im Team klare Absprachen treffen,

  z.B. wer welche Bereiche / Tätigkeiten beaufsichtigt.- Z.B.: Im Wechsel der Gruppen wird abgesprochen, welche Erzieherin das frei zugängliche Außengelände im Auge behält. Bei wem melden sich die Kinder ab, wenn sie das Hortgelände verlassen wollen und bei wem melden sie sich wieder zurück?

- Überlegen, wie die Unternehmung pädagogisch (und damit auch rechtlich) zu legitimieren ist (was ein Horterzieher nur zum eigenen Vergnügen unternimmt, sieht kein Richter als pädagogisch sinnvoll an.)

- Generell sein Bestes geben, also nicht restlos alle auch nur denkbaren Vorsichtsmaßnahmen treffen, aber auch nicht nur das Allernötigste.

Es wird immer wieder den fraglichen Fall geben, bei dem im Vorhinein nicht eindeutig gesagt werden kann, ob sich nicht doch ein Aufsichtsproblem ergeben könnte. Ein Hortpädagoge wird dem niemals ganz entkommen können und sollte es auch nicht anstreben, zumal wir eine klare Tendenz sehen, daß eine für die heutige Zeit, u.a. auch lebensbezogene und erlebnispädagogische Erziehung und Bildung – und eine solche hat immer auch mit Wagnis und Abenteuer, allerdings nie ohne Umsichtigkeit, zu tun –nicht durch rigide rechtliche Sichtweisen verhindert werden darf. Solange jemand nicht fahrlässig handelt, kann ihm normalerweise auch „nichts passieren". Eine Erleichterung stellt es sicherlich für Horterzieherinnen dar, daß nun auch Hortkinder in die gesetzliche Unfallversicherung aufgenommen wurden. Für Erzieherinnen ist es zudem von großem Interesse zu wissen, ob der Träger der Einrichtung eine Haftpflichtversicherung zur Abdeckung aller zivilrechtlicher Haftungsansprüche abgeschlossen hat. Gegebenenfalls kann die Privathaftpflicht- um eine Berufshaftpflichtversicherung ergänzt werden.

Noch eine Anmerkung: „Besuchskinder“:

Wie verhält es sich mit der Aufsicht bei „Besuchskindern“, die sich spontan und ohne Absprache mit deren Eltern im Hort aufhalten. In diesem Fall liegt keine vertragliche Aufsichtspflicht vor. Diese Situation ist vergleichbar mit der, wenn Kinder einen öffentlichen Spielplatz oder Freunde in deren Wohnung aufsuchen. Selbstverständlich entbindet dies die Horterzieherinnen nicht von der Verpflichtung, die Kinder von besonderen Gefahren fernzuhalten, was allerdings für alle Kinder zutrifft. Für den Träger und für die Erzieherinnen entsteht durch den Besuch von Freunden von Hortkindern jedenfalls kein besonderes Risiko

Gemeinschaftliches Helfen beim gefährlichen Waldprojekt. Die Aufsichtspflicht ist nicht verletzt

Nur wenn alle an einem Strang ziehen, kann die Aufgabe gelöst werden

XV. Empirische Belege aus dem katholischen Hort - Ergebnisse unserer Studie *

1. Art und Größe der teilnehmenden Einrichtungen - Welche Kinder gehen in den Hort?

In die Umfrage waren ausschließlich katholische Einrichtungen einbezogen, die mindestens eine Gemeinsamkeit haben sollten, nämlich Kinder im Schulalter zu betreuen und zu erziehen. Vierundzwanzig von 31 Diözesancaritasverbänden in Deutschland beteiligten sich an der im Januar/Februar 1993 durchgeführten Vollerhebung. An 627 Einrichtungen wurden Fragebögen verschickt, 302 verwertbare Bögen kamen zurück. Die Ergebnisse beziehen sich nur auf die alten Bundesländer, da aus den neuen Bundesländern sich nur eine Einrichtung von 6 möglichen an der Umfrage beteiligt hat.

U.a. wollten wir wissen, welche Art von organisierter Institution die Horte sind. Die überwiegende Organisationsform ist mit 64 % eine Kombination von Kindergarten und Hort. 27% der Einrichtungen werden als eigenständige Horte geführt. Nur einmal wurde angegeben "Hort, kombiniert mit Haus der offenen Tür", und dreimal wurde die Kategorie "Kinderhaus" gewählt. Mit 8% auffallend viele konnten sich bei keiner der angegebenen Kategorien wiederfinden und haben von der Kategorie "Sonstige" Gebrauch gemacht. Im einzelnen wurde dabei genannt: "Kindertagesstätten", "Kindergarten und altersgemischte Gruppen", "Spielstuben", "Hort an der Schule/ Schulkinderhaus" und "Hortgruppen im Kinderheim". Diese Vielfalt spiegelt das derzeitige Namens- und wohl auch Wirklichkeitsspektrum der pädagogischen Institutionen für Schulkinder wieder.

---

* Den umfassenden Fragebogen zur Untersuchung der Hortpädagogik erhalten Sie gegen einen Unkostenbeitrag beim PAIS – Verlag.

In der Organisationsform gibt es merkliche Nord-Süd-Unterschiede: Während von Schleswig-Holstein bis Nordrhein-Westfalen der eingruppige Hort - angeschlossen an einen Kindergarten - dominiert, ist es von Hessen bis Bayern der selbständige Hort mit einer Gruppenanzahl zwischen eins und vier. Diese Situation ist für die Weiterentwicklung von Bedeutung, da es offenbar, je nach Bundesland, unterschiedliche Konzepte gibt.

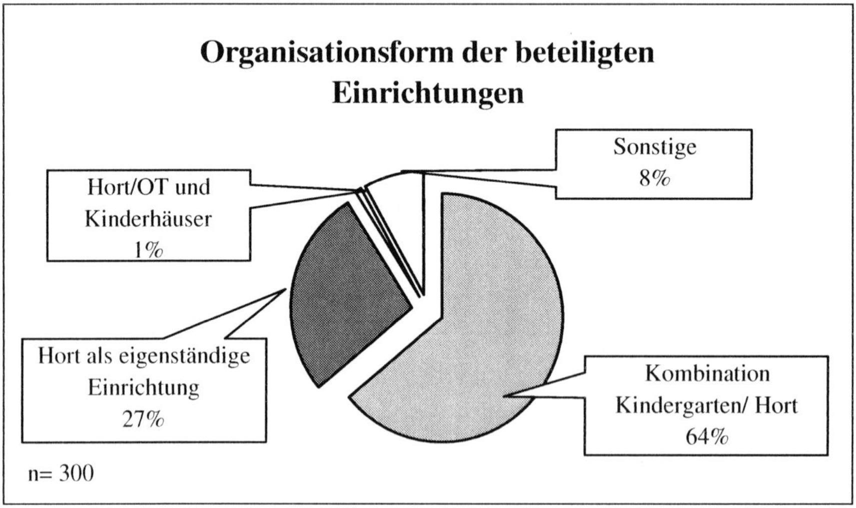

Was die Hortkinder selbst anbetrifft, so gibt es ein soziales Merkmal, bei dem sie erheblich vom Durchschnitt anderer Kinder abweichen: In den in die Untersuchung einbezogenen Einrichtungen sind es gerade noch 43,4 % der Kinder, die mit beiden Eltern in der Familie zusammenleben. Der überwiegende Teil der Kinder kommt also aus anderen familiären Lebensformen. Während jedes zweite Hortkind mit einer Trennung von einem oder auch beiden Eltern leben muß, betrifft dies, bezogen auf alle Kinder unter 15 Jahren, nur jedes zehnte Kind (vgl. Sachverständigenkommission 8. Jugendbericht, Datenhandbuch, S. 37).

Kinder im Hort und deren Eltern sind demzufolge zu einem großen Teil besonderen Belastungen ausgesetzt. Dies machen auch die genannten Kriterien zur Aufnahme der Kinder deutlich: Aufgenommen wird in etwas mehr als einem Drittel der Einrichtungen nicht nach der Warteliste, sondern nach sozialen Gründen. Dieser Situation muß sich die Hortpädagogik annehmen.

Familiäre Lebenssituation der Kinder im Hort

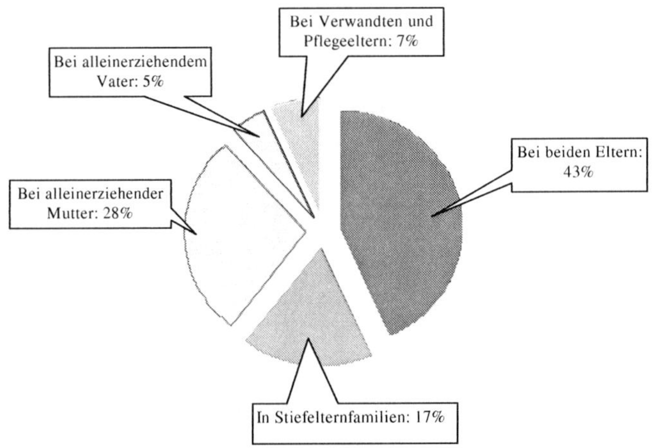

Neben allgemeinen Forderungen an eine zeitgemäße Hortpädagogik, die sich aus der psychosozialen Entwicklungsstufe der Kinder im Hortalter ergeben, z.B. daß Kinder im Grundschulalter Lernerfahrungen mit Gleichaltrigen benötigen, kommt dem Hort die Aufgabe zu, ausgehend vom individuellen Lebensschicksal, Hilfe für einzelne Kinder und deren Eltern anzubieten.

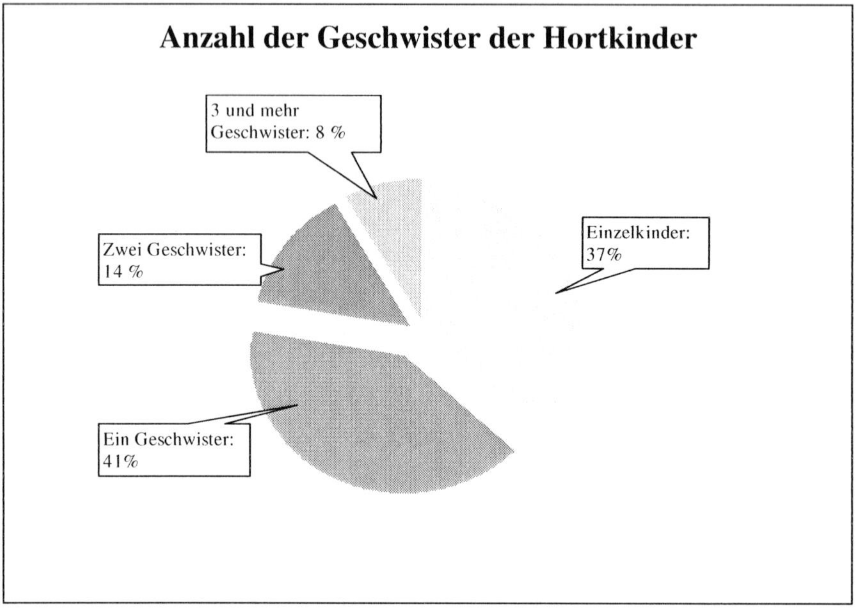

Hinsichtlich der Anzahl der Geschwister entsprecht die Situation der Hortkinder dem statistischen Durchschnitt (vgl. Datenhandbuch, a.a.O., S. 41): Der allergrößte Teil hat ein Geschwister, dicht gefolgt von den Kindern, die keine Geschwister haben. Viele Geschwister oder keine Geschwister zu haben, ist demnach kein Grund, ein Kind im Hort anzumelden.

Die Kinder in katholischen Horten sind überwiegend der mittleren Kindheit zuzurechnen. Die stärkste Gruppe mit 56% stellen die 6-8 jährigen. Mit 34% sind die 9-11% jährigen Kinder in den Horten vertreten. Da an der Umfrage auch Einrichtungen mit altersgemischten Gruppen teilgenommen haben, erklärt es sich, daß 5% der Kinder jünger als 6 Jahre sind. Nur noch wenige Kinder - ebenfalls 5 % - sind 12 Jahre oder älter. Zielgruppe der Hortpädagogik sind ganz eindeutig Kinder im Alter zwischen 6 und 11 Jahren. Kinder in der beginnenden Pubertät haben den

Hort zum großen Teil bereits verlassen. Probleme des Jugendalters spielen demnach im Hort, statistisch gesehen, eine untergeordnete Rolle. Dies mag allerdings von Hort zu Hort sehr unterschiedlich sein, wie die einzelnen Angaben belegen.

Aus dieser Altersverteilung ergibt es sich, daß 85% der in die Studie einbezogenen Kinder die Grundschule besuchen. Weiterführende Schulen kommen demzufolge als Kooperationspartner wenig in Betracht. Kinder aus Sonderschulen sind im Hort mit 4% vertreten, was in etwa dem Verhältnis Grundschulkinder / Sonderschulkinder entspricht.

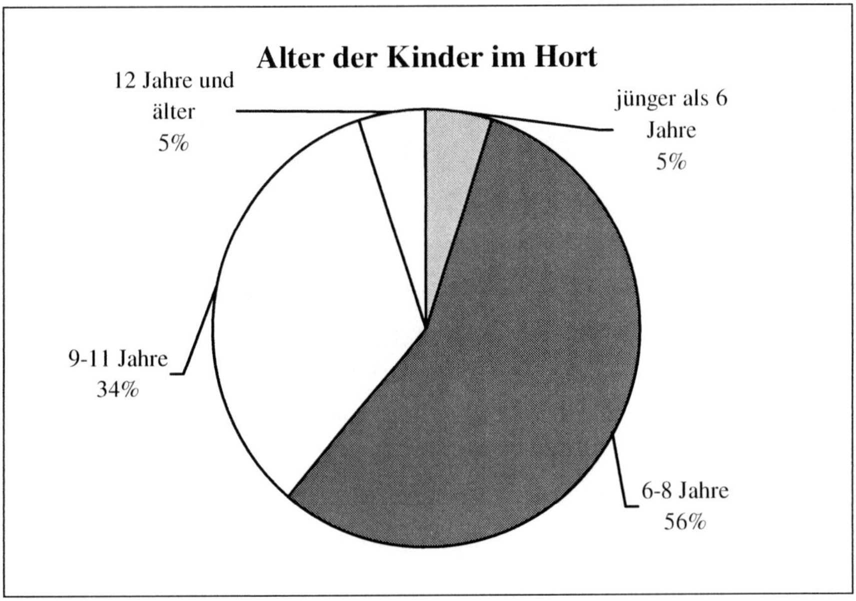

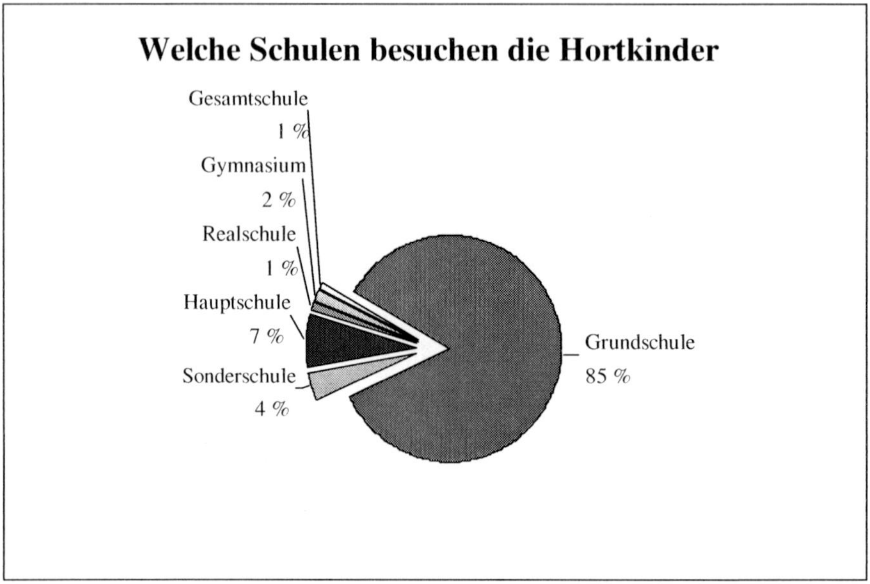
Welche Schulen besuchen die Hortkinder
Gesamtschule
1 %
Gymnasium
2 %
Realschule
1 %
Hauptschule
7 %
Sonderschule
4 %
Grundschule
85 %

2. Der Hort - Lebensraum für Kinder

Ein Raum, der für das Alltagsleben geeignet sein soll, muß im umfassenden, d.h. wirklich lebensbezogenen Sinne verstanden werden. Ein solcher Ort darf nicht funktional eingeschränkt sein, sondern muß den Menschen erlauben „zu sein", und zwar mit allen ihren echten Bedürfnissen. Hort, als Lebensraum verstanden, ist nicht Durchgangsstation, sondern muß Sinn und Zweck in sich selbst haben. Zeit, Raum und Beziehungen werden dabei nicht einer dauernden Absicht unterworfen. Wenn das Leben im Hort diesem Anspruch genügen soll, darf es nicht geprägt sein von organisierter Betriebsamkeit, sondern es muß auch unverplantes, gemeinsames echtes Leben von Kindern und Erwachsenen geben. Alltag im Hort soll den Kindern ermöglichen, sich selbst Raum, Zeit und Dinge anzueignen und auf diese Weise Spuren zu hinterlassen.

Eine solche Vorstellung von Hort als Lebensraum kollidiert weitgehend mit Institutionen, deren Selbstverständnis in erster Linie darin besteht, mit durchorganisierten und kontrolliert ablaufenden Lernprozessen ihre Ziele zu erreichen. Durch die dabei oftmals vollzogene Trennung zwischen Alltagsleben einerseits und Dasein in Institutionen andererseits wird der Übergang ins Leben immer schwieriger. Die Gefahr der "Institutionalisierung" von Hortkindheit kann vermindert werden, wenn die Kinder während bestimmter Phasen ihres Tages eigenverantwortlich sind und nicht ständig in Rechtfertigungszwang gegenüber einem Erwachsenen geraten.

Wohnumfeld- und gemeinwesenbezogene Hortpädagogik wird nur dann eine Chance auf Realisierung haben, wenn der Hort im "Streifraum" der Kinder liegt. Dies ist notwendig, damit die Hortkinder selbständig Freunde außerhalb der Einrichtung besuchen oder umgekehrt auch von diesen Besuch bekommen können. Hort und Familie bleiben sonst zwei „Inseln" mit jeweils anderen sozialen Kontakten.

Die Horterzieherinnen wurden von uns gebeten, die jeweilige Anzahl der Kinder ihrer Gruppe in folgende Kategorien einzutragen: Entfernung Hort - Elternhaus unter einem Kilometer, - ungefähr ein bis zwei Kilometer und mehr als zwei Kilometer. Wie das folgende Schaubild zeigt, liegen Wohnung und Hort für die meisten Kinder in solch räumlicher Nähe, daß die Entfernung eigenständig überwunden werden kann: 46 % der Kinder aus den 302 befragten Einrichtungen wohnen mit einer Entfernung unter einem Kilometer in unmittelbarer Nachbarschaft des Hortes. Weitere 28 % der Kinder wohnen in einer Entfernung von einem bis zwei Kilometer. Das soziale Umfeld von Hort und Elternhaus ist dekkungsgleich oder weist zumindest starke Überschneidungen auf. Diese Feststellung kann jedenfalls aus der Entfernung Hort - Elternhaus geschlossen werden, wobei andere Umstände, z.B. Verkehr, unberücksichtigt bleiben.

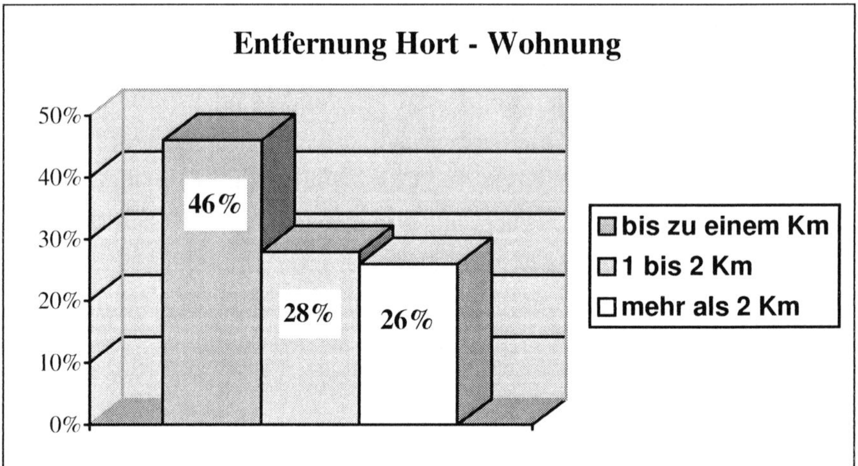

Nach Angaben der befragten Erzieherinnen legen 70% der Kinder tatsächlich den Weg in die Einrichtung ohne Begleitung durch die Eltern zurück. Dies zeigt, daß der überwiegende Teil der Kinder sich in der näheren Umgebung alleine zurechtfindet und die Wegstrecke von der Schule zum Hort und vom Hort zur Schule selbständig bewältigen kann.

In einer weiteren Frage wurde ermittelt, wie die alleine kommenden Kinder den Weg zurücklegen. Aus der Abbildung ergibt sich , daß diese Kinder zu 66% den Weg zu Fuß, 18 % mit öffentlichen Verkehrsmitteln und 16 % mit dem Fahrrad zurücklegen. Die Eltern, die zuständig sind für die Aufsicht über die Wegstrecke, trauen ihren Kinder mehr zu, als dies die Erzieherinnen tun, wie weiter unten noch zu zeigen sein wird. An der Entfernung zur elterlichen Wohnung allein kann es jedenfalls nicht liegen, wenn Hortkinder nur geringe Kontakte zum Umfeld pflegen.

Art und Weise, wie die Kinder alleine die Einrichtung erreichen

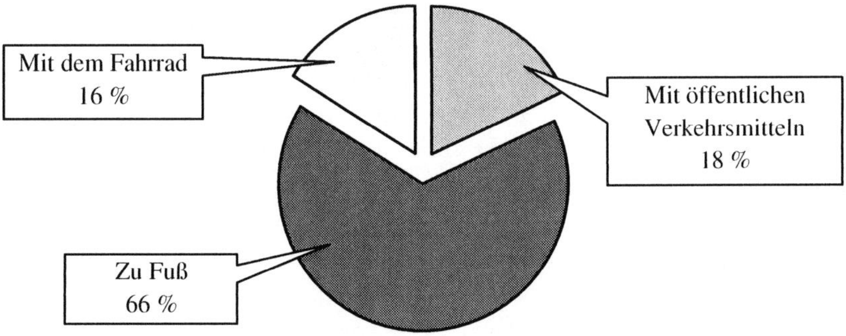

Im Zusammenhang mit dem Konzept „Hort als Lebensraum“ sind neben den Personen die Organisationsstruktur, die räumlichen Bedingungen und die Ausstattung der Einrichtung nicht von unerheblicher Bedeutung.

Die Raumorganisation einer Einrichtung kann - von Einzelheiten einmal abgesehen - in zwei Formen unterschieden werden:

- Das Stammgruppenkonzept, bei dem die Kinder einer festen Gruppe mit eigenem Gruppenraum zugeordnet sind. Darüber hinaus gibt es in der Einrichtung Funktionsräume, z.B. Werkraum, Hausaufgabenraum, Tischtennisraum etc.

- Das Funktionsraumkonzept, bei dem die Kinder nicht den traditionellen Gruppenraum vorfinden, sondern sich je nach Situation und Spielbedürfnis in unterschiedlichen Räumen aufhalten können, Eßzimmer, Hausaufgabenraum, Theaterraum, Malzimmer etc.

Sieht man von den eingruppigen Einrichtungen ab, so wurde in der Befragung deutlich: In fast allen katholischen Horten wird nach dem Stammgruppenkonzept gearbeitet. Nur drei Einrichtungen geben an, im wesentlichen nur Funktionsräume zu haben.

Organisation der Einrichtungen

	Anzahl	%
eingruppige Einrichtung	57	19
Gruppenräume und Funktionsräume für die Allgemeinheit	225	75
im wesentlichen gibt es nur Funktionsräume	10	3
keine Angaben	10	3

n=302

Vor diesem Hintergrund ist das Ergebnis auf die Frage „Über welche Räume verfügt Ihre Gruppe konkret?“ nur logisch: In 94 % der Einrichtungen gibt es einen Gruppenraum, und vier von fünf Einrichtungen verfügen über ein eigenes Hausaufgabenzimmer. Es wird allerdings auch belegt, daß Nebenräume und Funktionsräume, sehr wichtig für ein altersgemäß angemessenes Hortangebot, eher Mangelware sind: Nicht jede Einrichtung verfügt neben dem Gruppenraum noch über weitere Räume für die Kinder. Selbst der Hausaufgabenraum ist nicht Standard.

Räume, über die die Gruppe verfügen kann

	vorhanden bei.. (absolut) der Befragt.	%
Gruppenraum	285	94
Hausaufgabenraum	242	80
Nebenraum	168	56
Werkraum	124	41
Küche	168	56

n= 302 (Mehrfachnennungen möglich)

Das Raumprogramm wird wohl auch deshalb von den befragten Erzieherinnen sehr nachdrücklich als verbesserungswürdig dargestellt: Auf die Frage „Welche räumlichen Veränderungen halten sie zur Verbesserung ihrer Arbeit für erforderlich?“ antwortet jede zweite Erzieherin mit dem Wunsch nach mehr und/oder größeren Räumen.

„Ideal wäre ein zentraler Gruppenraum und 4-5 Nebenräume, ähnlich einer Wohnung zum Zurückziehen und Arbeiten mit Kleingruppen“. Diese Aussage einer der Befragten steht exemplarisch für viele Äußerungen: Sowohl der Wunsch nach einem großen Raum als auch nach vielen kleinen Nebenräumen, um dem Anspruch nach innerer Differenzierung gerecht werden zu können. Da nur in wenigen Einrichtungen diese Bedingungen vorhanden sind, ist das üblicherweise vorfindbare Raumprogramm jedenfalls für die Selbstbeschäftigung der Kinder nicht gerade förderlich.

Dieser Umstand wirkt sich auch auf die Durchführung von Projekten aus: Wo kann einfach etwas liegenbleiben bis zum nächsten Tag? Welcher Raum kann von einer Projektgruppe für eine bestimmte Zeit belegt werden? Auf die Frage „Welche (Um-)Gestaltungsmöglichkeiten haben die Kinder innerhalb des Gebäudes?“ antworten nur neun Befragte (3 %), daß die Kinder in allen Räumen nach den jeweiligen Bedürfnissen Veränderungen vornehmen können. Mit 31 % ist die Gestaltung des Gruppenraumes die am häufigsten genannte Möglichkeit für die Kinder, in der Einrichtung Spuren zu hinterlassen und vom Raum Besitz zu ergreifen. Wenn man allerdings die Kategorien „Keine Angaben“ mit 13 % und „keine Veränderungen möglich“ mit 27 % zusammennimmt, so kann man bei 40 % der befragten Einrichtungen von einem relativ starren räumlichen Konzept ausgehen.

Aufschlußreich war auch die Frage nach der Ausstattung der Hortgruppen. Dabei geht es darum, ob es ein Einrichtungsprofil gibt, das sich von einer Kindergartengruppe abhebt? Das Ergebnis ist eher ernüchternd. Wie aus der folgenden Tabelle ersichtlich, sind die Hortgruppen mit Gegenständen ausgerüstet, wie wir sie auch in jedem Kindergarten finden. Bei Dingen, die der Altersgruppe eher entsprechen, wie z.B. Werkzeuge oder Kickerkasten, sieht es schon um einiges ungünstiger aus. Am Ende der Tabelle der abgefragten Ausrüstungsgegenstände steht der Computer, der in den Horten also kaum vorhanden war. Der verantwortete und qualitätsvolle Umgang mit anderen Medien, wie Fernsehen und Video, aber eben auch dem Computer bis hin zum Internet, muß in der heutigen Zeit selbstverständlich irgendwo von den Kindern erlernt werden.

Ausstattung der Hortgruppen mit Spielmaterial

	Vorhanden in ..% der befragten Gruppen
Brett- und Gesellschaftsspiele	100 %
Mal- und Bastelmaterialien	100 %
Konstruktionsmaterialien (z.B. Lego oder Fischertechnik)	99 %
Radio und Kassettenrecorder	96 %
Utensilien für Rollenspiele (z.B. alte Schuhe und Kleider, Geschirr)	92 %
Werkzeuge zur Holzbearbeitung	72 %
Tischtennisplatte	68 %
Küche zur Benutzung durch die Kinder	68 %
Tischfußball (Kicker, Drehfußball)	38 %
Werkzeuge zur Reparatur eines Fahrrades, Skateboards u.ä.	38 %
Schreibmaschine	36 %
Trampolin	30 %
Nähmaschine	22 %
Fernsehapparat	20 %
Werkzeuge zur Metallbearbeitung	19 %
Videoanlage	12 %
Computer	2 %

n= 302, Mehrfachnennungen möglich

Immerhin gibt es in 72 % der Einrichtungen Werkzeuge zur Holzbearbeitung. Allerdings ist deren Gebrauch wohl nur eingeschränkt möglich, da an anderer Stelle nur 41 % der Befragten angeben, einen Werkraum zu haben. Ausrüstungen, die zur Einübung einer sinnvollen und nützlichen Alltagskompetenz notwendig wären, wie z.B. Werkzeuge für Fahrradreparatur, eine Nähmaschine, eine Schreibmaschine, ein Computer oder auch eine Küche, die von den Kindern benutzt werden kann, sind ebenfalls nur in geringer Zahl vorhanden.

Ein recht hoher Anteil der Befragten hat unter dem Punkt "sonstige Ausstattung" Weiteres aufgezählt. Spitzenreiter bei diesen Nennungen sind Bücher (11 Nennungen), Puppen und Kissen (jeweils 7 Nennungen), Holzbausteine und Wandtafeln (jeweils 5 Nennungen). Zusätzlich wurde noch eine ganze Reihe einzelner Geräte und Gegenstände aufgezählt, wie z.B. Turngeräte, Puppenhaus, Musikinstrumente, um nur einige wenige zu nennen.

Mit der Sachausstattung der Gruppe sind 12% „sehr zufrieden“ und 69% „zufrieden“. 17% der Befragten sind „unzufrieden“ und 1% „sehr unzufrieden“. Als Verbesserungswünsche in bezug auf das Spielmaterial und die Sachausstattung werden genannt:

- Werkzeuge (8 mal)
- Kickerkasten und bessere Möbel (jeweils 5 mal)
- Werkraum (4 mal)
- Basketballkorb, Computer, Tischtennisplatte, zusätzliche Spielecke (jeweils 3 mal)
- Kinderküche, Vergrößerung des Raumes, mehr Außengelände (jeweils 2 mal)

Wenn jetzt noch die vielen Einzelnennungen, wie Videoanlage, Brennofen, Volleyballnetz, aktuelle Bücher, Pedalos, Theaterbühne und

Elektronikbaukasten hinzugenommen werden, entsteht mit diesen Einrichtungswünschen eine Art Einrichtungsprofil für Horte.

Annähernd alle befragten Einrichtungen verfügen über ein zur Einrichtung gehörendes Spielgelände im Freien (93,4%). Für Kindergärten wäre dies sicherlich eine Selbstverständlichkeit. Dieses positive Bild verändert sich allerdings, wenn zwischen dem Hort kombiniert mit Kindergarten und dem eigenständigen Hort unterschieden wird. Dabei zeigt sich, daß es fast ausschließlich eigenständige Horte sind, die keinen Spielplatz haben. Bei weiteren sechs eigenständigen Horten grenzt der Spielplatz nicht direkt an die Einrichtung an, was im Verhältnis aller befragten Einrichtungen weit überdurchschnittlich ist.

Zur Verfügung stehende Spielplätze

	Spielplätze vorhanden (Anzahl der Einr.)	Spielplätze nicht vorhanden (Anzahl der Einr.)
Kindergarten und Hort als gemeinsame Einrichtung	187	3
Hort - als eigenständige Einrichtung	67	14
Hort - kombiniert mit Haus der offenen Tür	1	0
Kinderhaus	1	0
Sonstige	24	1

n= 298

Eine Untersuchung des Zusammenhanges des Spielplatzes mit Einrichtungsart und Gruppenanzahl legt die Annahme nahe, daß Vorhandensein und Größe eines Spielplatzes eher zufällig ist. Während bei den beteiligten Kindergärten ein Zusammenhang besteht zwischen Spielplatzgröße und Gruppenanzahl, gibt es bei den Horten hierzu keinen erkennbaren Zusammenhang.

Bereits an dieser Stelle ist eine Diskrepanz erkennbar zwischen den Wünschen der Kinder und der realen Spielsituation, wenn gerade für Horte das Vorhandensein eines Geländes im Freien eher dem Zufall überlassen wird. Von Bedeutung ist in diesem Zusammenhang ebenfalls die Frage, inwiefern die Spielflächen altersgemäß ausgestattet sind bzw. welche Möglichkeiten die Kinder zur Gestaltung haben.

„Im Freien spielen zu können" rangiert bei Umfragen nach dem beliebtesten Spielort von Kindern an erster Stelle. So auch bei den Hortkindern, wie weiter unten deutlich wird. Im Freien sind die Kinder in der Regel weniger unter dem Reglement von Erwachsenen. Insofern kann das Freigelände gerade für Hortkinder der zweckfreie Raum sein, wo sie ihre soziale Rolle in der Auseinandersetzung mit anderen Kindern erproben und finden können. Hier könnten sie lernen, etwas auszuhandeln, zurückzustecken, aber auch eigene Interessen durchzusetzen. Verantwortlich zu sein, kann nur durch die Übertragung von Verantwortung erlernt werden. Das Freigelände könnte der Ort sein, der weitgehend den Kindern zur selbstbestimmten Gestaltung übertragen wird. Das Spielgelände im Freien entspricht nach Ergebnissen unserer Studie wohl eher dem genormten Spielplatz. Ansätze von "Abenteuerspielplatz" sind bestenfalls in der Hälfte der Einrichtungen vorhanden. So haben auf die Frage, ob es grundsätzlich erlaubt sei, daß die Kinder auf dem Freigelände spontan eigene Ideen verwirklichen dürfen(als Beispiele wurden von uns genannt: „Eine Hütte bauen, ein Loch graben, ein Stück Erde umgraben für ein Blumenbeet"), nur 45 % der Befragten mit „ja" geantwortet. Viele ErzieherInnen, die mit „nein" geantwortet haben, nutzten den offenen Teil der Frage - obwohl die Nachfrage sich nur auf die mit „ja" Antwortenden bezog -, um ihrer Enttäuschung, aber auch ihrem Zorn Luft zu machen. Oft scheint ein Reglement des Trägers *(„Der Garten gehört der Pfarrei")* oder auch der Einrichtungsleitung der Spontaneität der Kinder und ErzieherInnen im Wege zu stehen. In einigen Erklärungen kam allerdings auch zum Ausdruck, daß so manche Gruppenerzieherin ein Chaos heraufziehen sieht, wenn sie die Kinder werken lassen würde. Vielfach wurde die

Spontane Aktionen der Kinder auf dem Spielplatz

	Anzahl	%
Gartenarbeiten/ Pflanzaktionen	50	35
Mobile Veränderungen (z.B. mit Tüchern, Pappe etc.)	49	34
Erdarbeiten (Hügel und Löcher buddeln)	36	25
Feste Hochbauten (Hütten und Baumhäuser etc.)	34	24
Wasserspiele (z.B. Kanäle bauen)	26	18
Spiele und Aktionen im Sandbereich	13	9
Bauwerke mit Naturmaterialien	12	8
Sonstige	47	33

n= 144 (Mehrfachnennungen möglich)

zwar aufwendige, jedoch starre Ausstattung bedauert: *„In dieser Einrichtung gibt es einen außergewöhnlich großen Spielplatz, der sehr aufwendig eingerichtet zu sein scheint, nur: Was können die Kinder noch verändern?"*

Allerdings wird da, wo spontane Aktivitäten der Kinder möglich sind, auch vielfältig gestaltet, wie aus der Tabelle deutlich wird. Wir haben die Erzieherinnen gebeten, „einige der Aktionen zu schildern".

An erster Stelle stehen also Gartenarbeiten. Danach wurden mobile Veränderungen genannt, wie z.B. in einer Hecke mit Tüchern eine Hütte bauen. Nachhaltige Veränderungen, wie z.B. „Hütten bauen", finden deutlich weniger statt. Ob dies nicht gerne gesehen wird oder die Kinder von sich aus daran kein Interesse haben, wird durch unsere Untersuchung nicht belegt. Zu vermuten ist allerdings, daß die Spontaneität der Kinder sich nur in engen Bahnen bewegen kann, wie die Antwort einer Erzieherin belegt: *„Wir haben für das Frühjahr ein Blumenbeet und eine Hütte geplant."*

Grundsätzlich sollte beides möglich sein: Einerseits die langfristige , pädagogisch begründete Planung eines Spielraumes, andererseits aber auch solche Gestaltungsmöglichkeiten durch Kinder, wie sie sich kurzfristig aus aktuellen Anlässen ergeben. Hierfür gab es einige Beispiele:

- *„Kinder graben auf der Suche nach Tieren ein Stück Gelände um."*
- *"Kinder bauen sich im Gebüsch Hütten aus Ästen, Holzresten und Decken."*
- *"Riesenbaumschaukel bauen, Friedhof anlegen für tote Tiere."*

Gerade das letzte Beispiel macht deutlich, was aktuelle Veränderungswünsche bedeuten: Wenn die Kinder im Park einen toten Vogel finden, kann man nicht zuerst den Träger fragen oder das Tiefbauamt, wo der „Tierfriedhof" angelegt werden darf. Selbstverständlich wird aber mit der Erzieherin besprochen, welcher Platz hierfür möglich ist.

3. Mit Kindern den Alltag gestalten

Weiter oben wurde deutlich, wie wichtig es ist, Kindern ein ausreichendes Maß an Selbstbestimmung ihrer Tagesgestaltung einzuräumen. Die Übernahme sozialer Rollen und, damit verbunden, die Anbahnung autonomer Moral kann sich nur entwickeln, wenn die Kinder ausreichend Gelegenheit haben, sich in selbstbestimmten Kindergruppen zu bewegen.

Um Einblick in die innere Struktur der Gruppenorganisation zu gewinnen (ohne uns in allzuvielen Modellen innerer Differenzierung zu verheddern) gaben wir den Befragten drei Kategorien vor und baten um die Beantwortung folgender Frage: „Zu welcher der folgenden Aussagen würde die Situation in Ihrer Einrichtung am ehesten passen (bitte nur eine Antwort)?"

Organisation der Gruppe und des Tagesablaufs

	absolut	%
Fast alle Aktivitäten finden für die gesamte Gruppe statt. Die Kinder sind den überwiegenden Teil des Tages zusammen mit den Kindern ihrer Gruppe. Projekte und Angebote finden überwiegend im Gruppenrahmen statt.	108	38
Die Kinder sind allerhöchstens ein Drittel des Tages in ihrer Stammgruppe; Angebote und Projekte finden aber überwiegend in sogenannten Interessengruppen - in mehrgruppigen Einrichtungen gruppenübergreifend statt.	59	21
Die Kinder bestimmen fast immer selbst, in welchem Raum und in welcher Gruppe bzw. Teilgruppe sie sich aufhalten oder beteiligen.	115	41

n= 282

Wie die Verteilung zeigt, ist für viele Horte ein hohes Maß an innerer Differenzierung erreicht. Es sind annähernd zwei Drittel der Einrichtungen, die die Öffnung der Gruppen praktizieren und die Bewegungsfreiheit der Kinder erweitern. In 115 von den 302 befragten Einrichtungen wird es fast immer den Kindern überlassen, wo in der Einrichtung sie sich aufhalten und mit wem sie spielen. In der Fachliteratur wurde für diese Situation der Begriff „Öffnung nach innen" geprägt. Vor dem Hintergrund der folgenden Ergebnisse zur Planung, bleibt allerdings die Frage, ob diese Bewegungsfreiheit von den Kindern auch spontan genutzt werden kann.

Als einen wichtigen Indikator für Institutionalisierung von Hortkindheit betrachten wir das Ausmaß an selbstbestimmter Tagesgestaltung für Kinder. Wir untersuchten deshalb in unserer Studie sowohl das Maß an Geplantheit, als auch inwiefern Kinder Freiräume haben und spontan Aktivitäten entwickeln können. Diesbezüglich wurde folgende Frage gestellt: *„Wenn Sie Ihre Angebote und alle regelmäßigen Aktivitäten - außerhalb der Hausaufgaben - berücksichtigen, wieviel Nachmittage stehen den Kindern zur freien Verfügung?"*

Wie aus der folgenden Tabelle hervorgeht, findet sich in der Praxis eine relativ gleichmäßige Streuung von *„alle Nachmittage stehen zur Verfügung"* bis zu *„alle Nachmittage sind im voraus für die und von den Kindern verplant"*. Selbstverständlich kann aus der Tabelle nicht abgelesen werden, wie verbindlich oder unverbindlich die Teilnahme für die Kinder ist. Jedenfalls wird aus der vorfindbaren Praxis nicht das Selbstverständnis der Hortpädagogik sichtbar, den Kindern außerhalb der Hausaufgaben Freiräume zu gestatten und Kinder zu Eigenaktivitäten herauszufordern. Unsere Untersuchung legt den Schluß nahe, daß diese Hortkindheit sehr stark geplant und durchorganisiert ist. Wir kommen also zu einem ähnlichen Ergebnis wie das Deutsche Jugendinstitut (vgl. DJI 1992, S. 195 ff).

Freie Nachmittage für die Kinder (außerhalb der Hausaufgaben)

		absolut	%
alle Nachmittage stehen zur Verfügung		36	13
mindestens	vier freie Nachmittage	33	12
	drei freie Nachmittage	69	25
	zwei freie Nachmittage	61	22
	einen freien Nachmittag	45	16
keinen freien Nachmittag		33	12

n = 277

Dies wird weiter erhärtet durch den Vergleich der Planungen mit den dann tatsächlich realisierten Aktivitäten. Grundlage für die folgende Tabelle ist zum einen die Frage nach dem Planungsumfang (*„Wenn Sie an die vergangenen 4 Wochen denken: Für wieviel Wochentage hatten Sie im Durchschnitt Ihre Aktivitäten geplant?"),* zum anderen nach der tatsächlich realisierten Planung *(„An wievielen Wochentagen ungefähr haben Sie diese Planung dann auch tatsächlich verwirklicht?").* Eine Gegenüberstellung der Anzahl an Planungstagen mit den tatsächlich durchgeführten Aktivitäten ergibt einen deutlichen Zusammenhang: Was geplant wird, das wird auch durchgeführt.

Hier besteht ein deutlicher Widerspruch zwischen realisierter Praxis einerseits und Selbstverständnis der Befragten andrerseits: Nur 11% geben nämlich an, daß die Gruppe *„wenn möglich nach dem Plan arbeiten soll".* 70% der Befragten geben an, daß die Planung nur als *„Orientierungshilfe gedacht ist".*

Vergleich der im voraus verplanten Wochentage mit den tatsächlich realisierten Planungen

Anzahl der Wochentage, an denen die Planung tatsächlich realisiert wurde

Anzahl der im voraus verplanten Wochentage

	an einem	an zwei	an drei	an vier	an fünf
ein	**41**	1			
zwei	24	**59**	1		1
drei	3	20	**46**		1
vier		3	**18**	7	1
fünf		2	**25**	15	10

n= 278

Kinder werden an der Planung der Gruppenaktivitäten beteiligt, sagen 84 % der Befragten, 11% antworten auf die entsprechende Frage mit einem klaren „nein“ .Somit gibt es in der weit überwiegenden Anzahl von Einrichtungen ein Verfahren, um Kinder zu beteiligen, wie es ja auch im §8 KJHG eindeutig gefordert wird.

In diesem Zusammenhang ist von großer Bedeutung, in welchem Zeitrahmen Erzieherinnen ihre Aktivitäten planen. Sollen nämlich Kinder einbezogen werden, braucht es überschaubare Zeiträume. Auf die Frage *„Wie lange im voraus planen Sie die von Ihnen an die Gesamt- oder Teilgruppen hauptsächlich angebotenen Aktivitäten?“* antworteten:

- 10 % *länger als einen Monat im voraus*
- 30 % *etwa für den folgenden Monat*
- 46 % *für die kommende Woche*
- 5 % *für den nächsten Tag*
- 9 % *wir entwickeln unsere Aktivitäten spontan aus dem Tagesgeschehen*

n= 236

Sofern es sich nicht um größere Aktivitäten handelt, ist ein Zeitrahmen von einem Monat für Schulkinder durchaus überschaubar. Was allerdings über einen Monat hinausgeht, dürfte wohl auch an kindlicher Lebensweise vorbeigehen. Allerdings bleibt anzumerken, daß viele Aktivitäten nur bei einer langfristigen Planung Realisierungschancen haben.

Die Planung konkreter Vorhaben kann sehr unterschiedliche Ausgangspunkte haben. Erste Impulse können z.B. vom Jahreskreis oder von einer spontanen Idee einer Erzieherin ausgehen. Planung kann aber auch stringent von der Analyse der Situation der Kinder oder des sozialen Umfeldes ausgehen. Es wurden einige Möglichkeiten für den Ausgangspunkt der Planung vorgegeben, und die Befragten sollten entweder *„sehr häufig"*, *„häufig"*, *„selten"* oder *„ganz selten"* ankreuzen. Eingeleitet wurde durch folgenden Text: *„Der Ausgangspunkt für die Planung der Gruppenaktivitätem kann sehr verschieden sein. Im folgenden sind einige Möglichkeiten aufgeführt. Bitte geben sie an, in welcher Häufigkeit die einzelnen Gesichtspunkte Ausgangspunkt ihrer Planung sind."*

Die folgende Abbildung macht sichtbar, daß die *„Wünsche der Kinder"* der häufigste Ausgangspunkt für die Planung sind. „*Spontane Ideen und Impulse einzelner Mitarbeiterinnen*" wird in fast gleicher Häufigkeit genannt. Ebenfalls großen Einfluß auf den Planungsimpuls hat der *„Jahreskreis*". Wer nach dem Jahreskreis plant, kann nicht immer Rücksicht nehmen auf die Wünsche der Kinder. Ebenfalls können spontane Ideen der Erzieherin quer laufen zu den Wünschen der Kinder. Diese unter

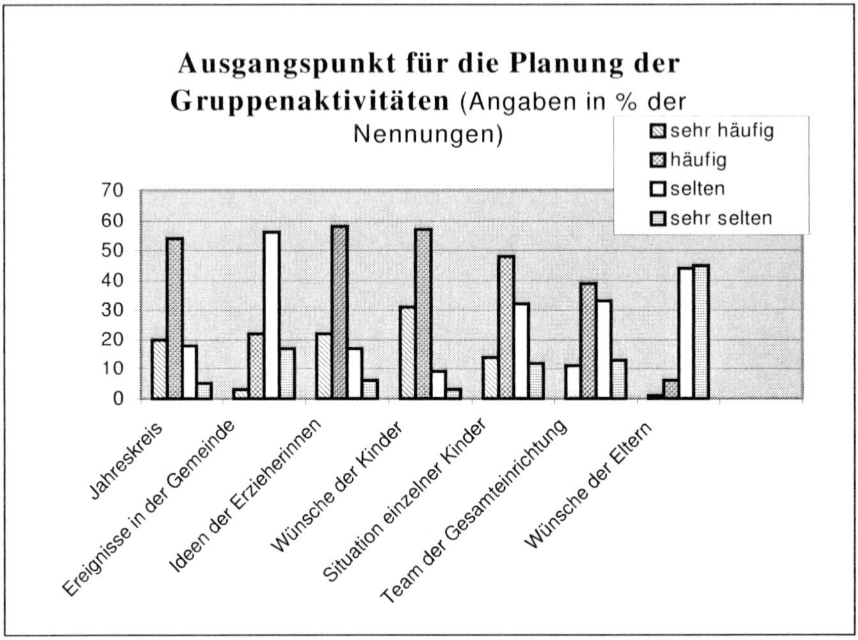

schiedlichen Planungsansätze können sich zwar ergänzen, können sich aber auch widersprechen.

Schwächer ausgeprägt ist das Merkmal *„Beobachtung und Analyse der Situation einzelner Kinder“*. Alles, was von außen in die Einrichtung kommt, nämlich *„Ereignisse in der Gemeinde oder der Gesellschaft“* und *„Vorschläge und Wünsche der Eltern“* haben geringen Einfluß auf die Planungsimpulse. Aus den Ergebnissen wird jedenfalls nicht erkennbar, daß die Planung für Angebote und andere Aktivitäten seinen Ausgangspunkt in einer Situationsanalyse hat.

Ein weiterer Fragekomplex beschäftigte sich mit dem, was im Hort konkret an Aktivitäten angeboten und durchgeführt wird. Es sollten alle Aktivitäten, die in der der Befragung vorausgehenden Woche tatsächlich stattgefunden haben, aufgeführt werden. Dabei sollte unterschieden werden, ob das Angebot von der Erzieherin, gemeinsam von Kindern und Erzieherin oder von Kindern allein geplant und durchgeführt wurde (vergl. hierzu die Zusammenstellung der Einzelaktivitäten Kap. IX, S.132-136).

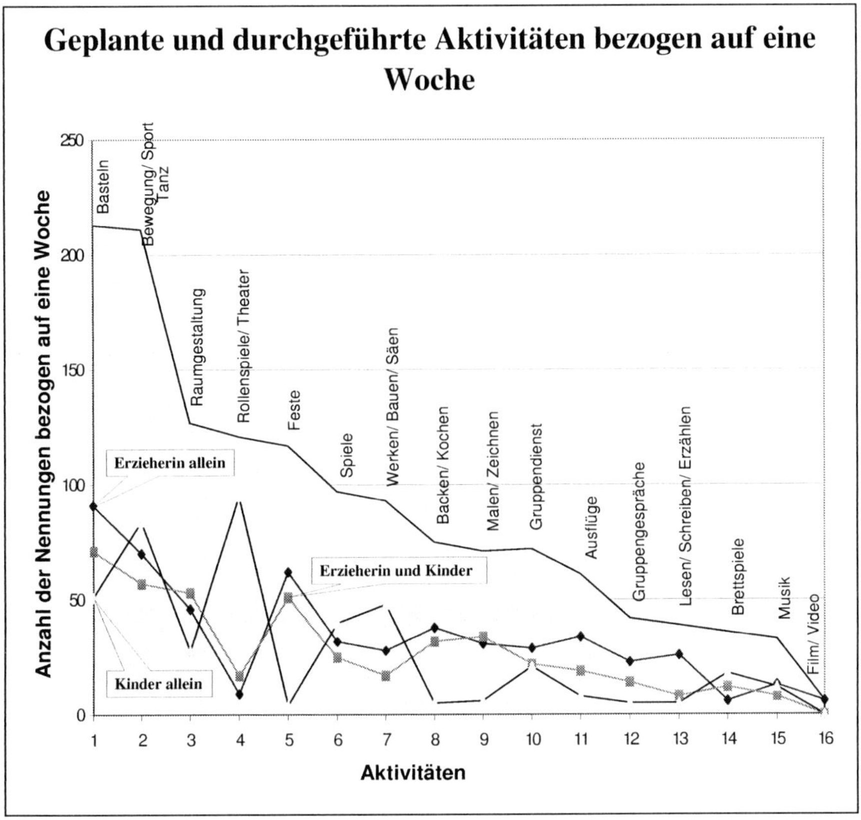

In dem grau unterlegten Feld erhält man zunächst einen Überblick über die in den Horten insgesamt praktizierten Tätigkeiten: Basteln, Aktivitäten mit Bewegung, Feste feiern und Gestaltung der Räume - möglicherweise im Zusammenhang mit Basteln und Rollenspielen - sind wohl Tätigkeiten, die regelmäßig in den Horten angeboten werden. Die Kinder sind von sich aus motiviert, im Sinne von Rollenspielen und Theaterspielen aktiv zu sein. Alle anderen Aktivitäten haben zumindest im statistischen Durchschnitt eine eher untergeordnete Bedeutung. Es deutet auch wenig darauf hin, daß Horte mit ihrem Programm die eigenen Mauern verlassen: „Ausflüge“ - unter der Kategorie wurden Erkundungen, Spaziergänge und andere Freizeitaktivitäten außerhalb des Hortes zusammengefaßt - finden in der erfragten Woche nur in jedem fünften Hort statt. Gruppengespräche finden in den 302 einbezogenen Einrichtungen in der erfragten Woche gerade mal 37 statt. Hier stellt sich die Frage, in welcher Aktivität sich die weiter oben beschriebene Planungsbeteiligung der Kinder manifestiert. Aktivitäten mit neuen Medien, wie Video, Film oder Computer, sind faktisch nicht vorhanden.

Innerhalb des grauen Feldes geben die drei Kurven jeweils an, ob die Aktivität von der Erzieherin, den Kindern und der Erzieherin oder den Kinder alleine geplant und durchgeführt wurde. Dabei zeigt sich, daß die Erzieherinnen andere Prioritäten setzen, als dies die Kinder tun. Basteln rangiert an erster Stelle bei Angeboten, die von der Erzieherin ausgehen. Alles, was gemeinsam von Kindern und Erzieherin vorbereitet wird, wird in relativ ähnlicher Häufigkeit angeboten. Deutliche Unterschiede finden sich bei Aktivitäten, die die Kinder alleine entwickeln. Kinder wählen sich Aktivitäten, die mit viel Bewegung und Gemeinsamkeit verbunden sind. Die beliebteste Aktion ist das Rollenspiel bzw. Theaterspiel, dicht gefolgt von sportlichen oder tänzerischen Aktivitäten. Eine weitere Spitze ergibt sich bei Tätigkeiten mit eher grobmotorischem Charakter, wie Werken und Bauen oder Arbeiten im Garten.

An anderer Stelle wurden die Erzieherinnen gebeten, einige typische Aktivitäten der Kinder in einer offenen Skala von „gar nicht beliebt“ bis „äußerst beliebt“ einzuschätzen. Wir haben 13 Alternativen angeboten . Dabei ergeben sich einige Kontraste zu den realisierten Aktivitäten, wie sie oben beschrieben wurden:

Beliebtheit einzelner Tätigkeiten der Hortkinder nach der Einschätzung von Horterzieherinnen

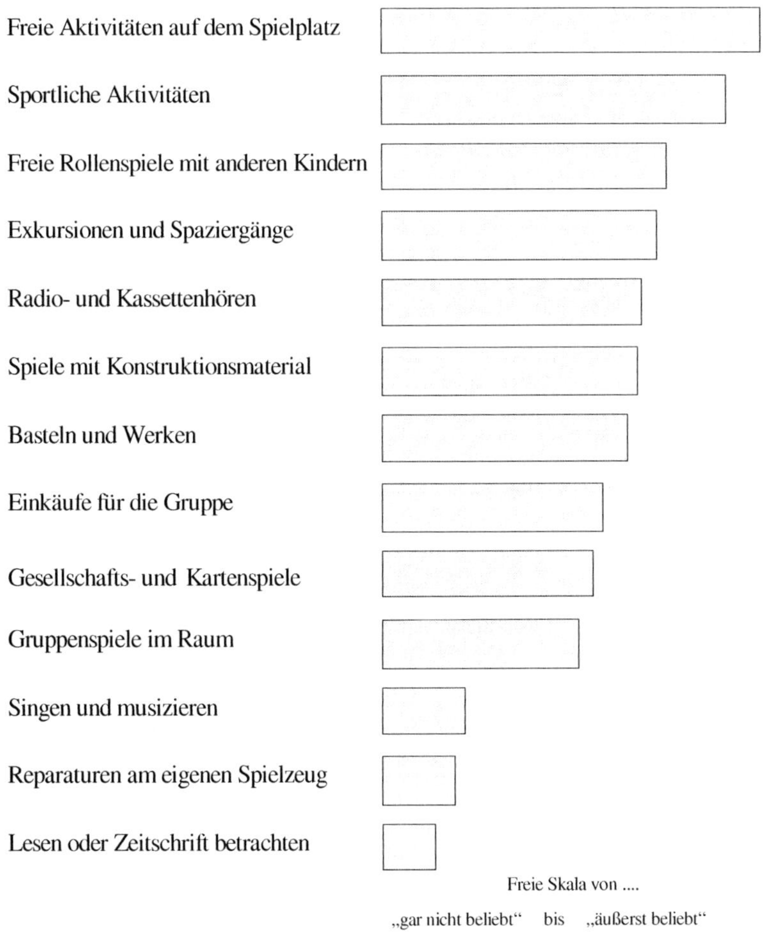

- *Während Basteln sich nach Einschätzung der Erzieherinnen nur mittlerer Beliebtheit erfreut, wurde es tatsächlich am meisten angeboten.*
- *Exkursionen und Spaziergänge wurden von den Erzieherinnen als sehr beliebt eingeschätzt, wurden aber tatsächlich in den wenigsten Einrichtungen angeboten.*
- *Korrekterweise ist allerdings anzumerken, daß es auch übereinstimmende Einschätzungen mit der tatsächlich realisierten Praxis gibt, wie ein Vergleich der Beliebtheitsskala mit den tatsächlich realisierten Tätigkeiten ergibt.*

Gemeinsame Merkmale der vier beliebtesten Aktivitäten sind, daß sie erstens gemeinsam mit anderen Kinder durchgeführt werden, daß sie zweitens mehr oder weniger viel Bewegung beinhalten, daß sie drittens im Sinne der Selbsttätigkeit der Kinder stattfinden. Dies ist ein deutlicher Hinweis darauf, was Kinder nach Unterricht und Hausaufgaben wollen: Sie wollen mit anderen Kindern in einem weiten Rahmen etwas unternehmen können.

Wie sehen nun die Erzieherinnen die Gestaltung des Tages? Auf die Frage „*Würden Sie an der Einteilung und Programmpunkten des Tages gerne etwas ändern?*“, antworteten 165 Befragte (54%) mit „ja“, 123 (41%) mit „nein“ und 14 (5%) gaben keine Antwort.

Bemerkenswert groß mit 41% ist der Anteil derer, die keine Veränderungswünsche hinsichtlich der Tagesgestaltung haben. Von diesen Erzieherinnen können wir annehmen, daß sie die unterschiedlichen Bedürfnisse und Notwendigkeiten in der Tagesplanung verwirklichen und in Einklang bringen können.

Die beiden herausragenden Veränderungswünsche betreffen einerseits die Hausaufgaben, andererseits die Möglichkeiten zur Freizeitgestaltung. Bezogen auf die Gesamtzahl aller Befragten wünscht sich fast ein Drittel eine Veränderung der Hausaufgabenbetreuung. Weiter unten wird darauf nochmals einzugehen sein. 64 Nennungen beschreiben die unzureichenden Freizeitmöglichkeiten. Vielen Kommentaren zufolge betrachten die Befragten diese beiden Bereiche als voneinander abhängig: *„Ich würde gerne die Hausaufgabenzeit auf eine Stunde begrenzen, um mehr Zeit für Angebote/ Freispiel zu haben"*. 28 mal werden Wünsche hinsichtlich der Rahmenbedingungen formuliert. Diese betreffen Veränderungen beim Mittagessen, aber auch den Wunsch nach kontinuierlicherer Anwesenheit der Kinder. 15 Befragte würden gerne mehr Zeit für einzelne Kinder und deren Bedürfnisse aufwenden wollen.

Zu einem gelingenden Alltag gehören auch alltägliche Aktivitäten. Es sollte dabei nicht nur um notwendige Pflichterfüllung gehen, sondern insbesondere darum, daß Hortkinder in täglich wiederkehrende Aufgaben einbezogen werden können. Ziel hierbei ist nicht Einsparung von Hilfskräften, sondern die Vorbereitung der Kinder auf eine selbständige Lebensführung. Kinder sollen und wollen teilhaben an Aufgaben des Erwachsenenlebens. Während im Kindergartenalter viele Aufgaben, z.B. Kuchenbacken im Sandkasten, eine Vorwegnahme einer Qualifikation ohne konkrete Folgen war, sind die Kinder nun an einer lebensbezogenen Erfahrung ihrer Tätigkeiten interessiert. Dabei wird es manche Dinge geben, die zunächst als lästig empfunden werden.

In einer geschlossenen Frage und einer offenen Frage, wo weitere nicht aufgeführte Tätigkeiten eingetragen werden konnten, wurden die Befragten gebeten, anzugeben, bei welchen Tätigkeiten Kinder im Hort regelmäßig mithelfen. Die Ergebnisse sind in der folgenden Abbildung zusammengefaßt.

Herausragend bei diesen Aktivitäten sind die Hilfsdienste bei hauswirtschaftlichen Tätigkeiten. Fast in jeder Einrichtung müssen die Kinder mithelfen beim Decken und Abräumen des Mittagstisches. Unter der Rubrik „welche anderen Tätigkeiten fallen an..." wurden am häufigsten weitere hauswirtschaftlichen Tätigkeiten aufgezählt, wie „Garderobendienst", „Fegen", „Hof kehren" etc. Weiter wurden genannt „Wertstoffe entsorgen" und „Mithilfe bei der Pflege des Spielzeugs".

Bei der Betrachtung des Schaubildes gewinnt man allerdings den Eindruck, daß Häufigkeit und Attraktivität in negativem Verhältnis zueinander stehen: Je höher der Grad an Mithilfe, um so weniger attraktiv ist die Aufgabe. Im Garten zu arbeiten, kleine Besorgungen zu machen, Tiere zu versorgen oder auch Mithilfe bei der Betreuung von jüngeren Kindern, sind durchaus Tätigkeiten, die in die Nähe alltäglicher Lebensnotwendigkeiten reichen und den Kindern einen Gestaltungsspielraum einräumen.

Teamwork beim Seifenkistenbau in der Projektarbeit des Hortes

Regelmäßige Mithilfe der Hortkinder bei alltäglichen Aktivitäten

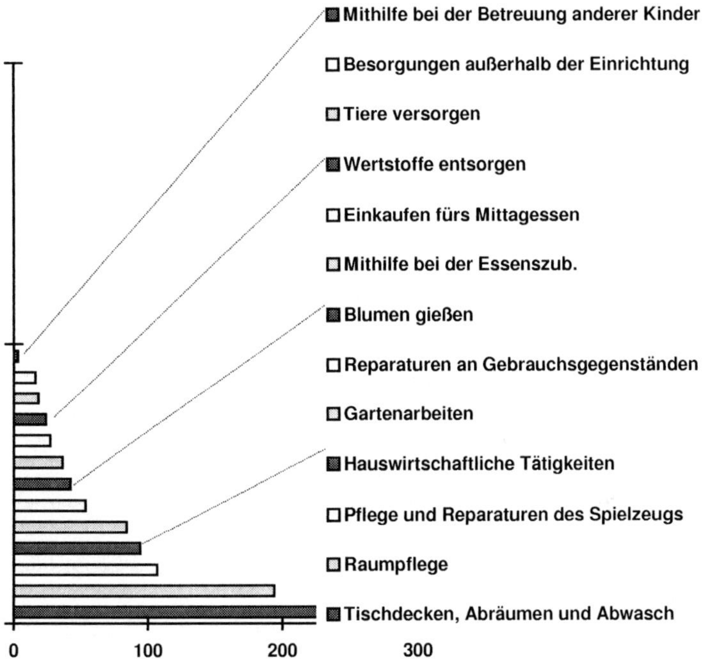

Sehr gering sind offensichtlich die Beteiligungsmöglichkeiten der Kinder an der Vorbereitung (z.B. Einkaufen) und Zubereitung des Mittagessens. In nur drei Einrichtungen kann das Essen unter Mithilfe der Kinder in der Einrichtung zubereitet werden. Hierin läge eine Chance von großem pädagogischenWert, Alltag zu gestalten. Neben der Möglichkeit für die Kinder, Kompetenz für die Lebensgestaltung nach ihrer Hortzeit erwerben zu können, verlöre der Alltag etwas von seinem institutionalisierten Charakter: Wünsche einzelner Kinder berücksichtigen zu können oder zu besonderen Anlässen etwa das Lieblingsessen bereiten zu können, sind Dinge, die an den familiären Alltag erinnern. In immerhin 36 % der Einrichtungen wird das Mittagessen in der Einrichtung zubereitet.

Wie werden die Kinder in Ihrer Einrichtung mit dem Mittagessen versorgt?

	Anzahl	%
Zubereitung in der Einrichtung von speziellem Fachpersonal	109	36
Anlieferung von einer Küche außerhalb der Einrichtung	76	25
Teilweise Anlieferung mit ergänzender Zubereitung in der Einrichtung (z.B. Salate)	66	22
Zubereitung in der Einrichtung unter Beteiligung der Kinder	3	1
Anderes Verfahren	38	13
keine Angaben	10	3

n= 302

Organisatorische Aspekte, Probleme der Sicherheit und vor allem wohl Hygienevorschriften mögen der Beteiligung der Kinder entgegenstehen. Bedauern muß man diesen Umstand trotzdem.

Die wohl schlechteste Alternative ist es, wenn das Essen, wie in einem Viertel der befragten Einrichtungen, von außerhalb angeliefert wird. Eine wichtige Alltagserfahrung wird so zur Erfahrung aus „zweiter Hand“.

Erlaubtes Sprayen – unter kritischem Blick: das Projektprodukt nimmt Gestalt an

4. Gemeinwesenorientierung in der Hortpädagogik

Die "Öffnung nach innen und außen" ist eines der meist gebrauchten Schlagwörter, wenn eine zeitgemäße Hortpädagogik beschrieben werden soll. Unter der Öffnung nach innen ist zu verstehen, daß die Kinder innerhalb der Einrichtung weitgehend selbst entscheiden können, mit wem sie was und wo spielen wollen. Unter der Öffnung nach außen ist die vielfältige Herstellung und Pflege sozialer Kontakte zum Umfeld der Einrichtung zu verstehen. Es soll verhindert werden, daß die Einrichtung eine soziale Insel wird und die Kinder, die sich auf dieser aufhalten, von der sie umgebenden Umwelt abgeschnitten werden. Kinder entwickeln im Grundschulalter und somit auch im Hortalter Verabredungsnetzwerke. Sie lernen in zunehmendem Maße, soziale Kontakte selbständig zu knüpfen und zu pflegen. Dazu zählt z.B., sich für den Nachmittag mit einem Freund zu verabreden. Dabei lernen Kinder einerseits selbstverantwortliches Handeln, andererseits entwickeln sie durch den Aushandlungsprozeß mit den Eltern soziale Kompetenz. Denn diese werden bei vielen Aktivitäten zunächst Bedenken vorbringen. Die Kinder lernen, zu argumentieren und sich mit Standpunkten anderer Menschen auseinanderzusetzen. Sie lernen, daß es sich lohnen kann, für etwas zu streiten. Sie werden aber auch lernen müssen, Kompromisse einzugehen und Niederlagen einzustecken. Eltern können ihrerseits in einem kontinuierlichen Prozeß Vertrauen in die steigende Selbständigkeit der Kinder entwickeln. Kinder werden mit sieben Jahren bedingt geschäftsfähig und wollen und können kleine Geschäfte, wie Hefte kaufen oder das Taschengeld ausgeben, in steigendem Maße ohne Mitwirkung eines Erwachsenen abschließen. Hortkinder an dieser schrittweisen Vorbereitung zu einer selbständigen Lebensführung teilhaben zu lassen, ist in einer Hortgruppe mit 20 -25 Kindern unterschiedlichen Altern eine sicherlich schwierige, aber unverzichtbare Aufgabe. Es ist eine Aufgabe der Hortpädagogik, die Kinder an den sozialen Netzwerken im Stadtviertel oder Dorf teilhaben zu lassen.

Beispiele sozialer Kontakte der Kinder im Schulalter im Wohnquartier

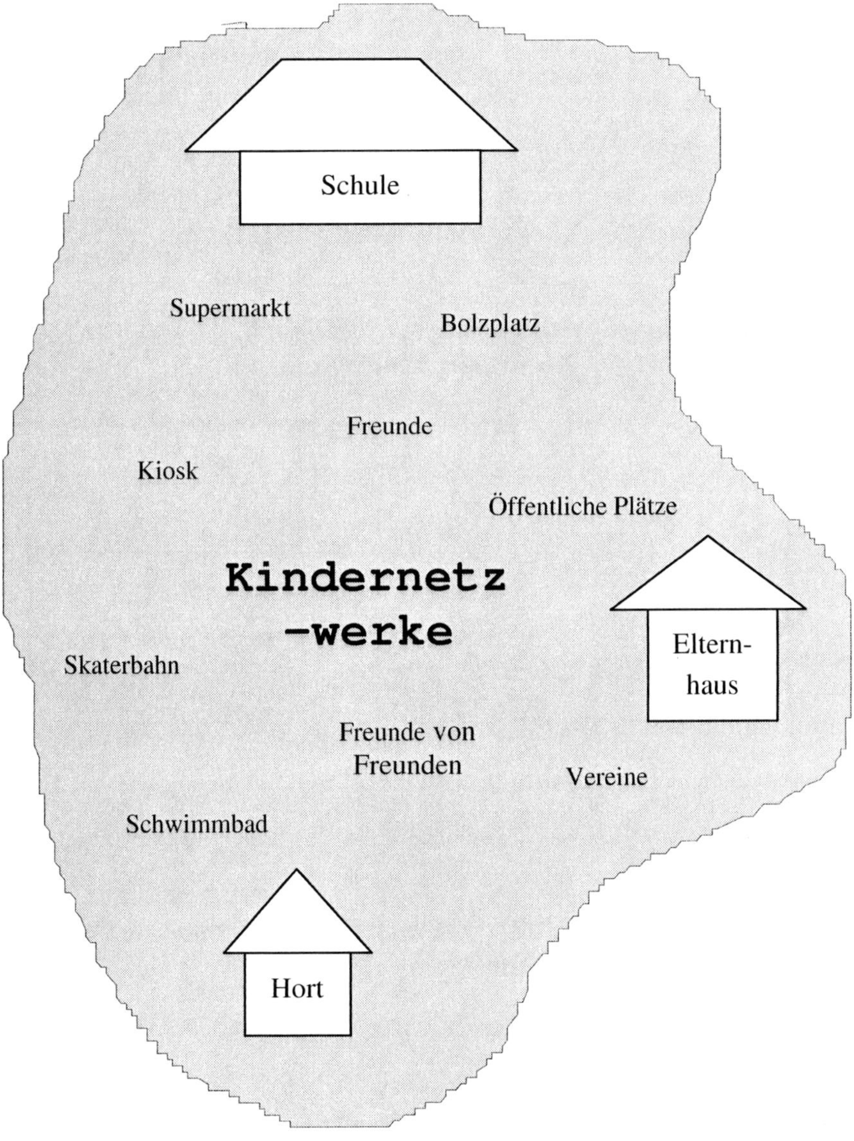

Konkret wird diese Aufgabe z.B. erfüllt, indem die Kinder Freunde besuchen können, öffentliche Plätze aufsuchen können und vieles mehr. Daß dies nicht von vornherein vom Hort aus unmöglich wäre, wird alleine schon damit belegt, daß 46% der Kinder aus den befragten Einrichtungen im Umkreis von bis zu einem Kilometer der Einrichtung wohnen. Der Hort liegt sozusagen im Streifraum der Kinder.

Eine vorsichtige Interpretation unserer Ergebnisse zeigt, daß es mit der Öffnung nach außen eher ungünstig bestellt ist:

Möglichkeiten der Hortkinder, die Einrichtungen zum freien Spiel zu verlassen

Auf die Frage...	antworten ... % der Befragten mit ...	
	ja	nein
„Erlauben Sie der Kindern Ihrer Gruppe während der Hortbesuchszeit, alleine einen öffentlichen Spielplatz oder Schulhof etc. aufzusuchen und sich dort mit Freunden zu treffen? (keine Angaben 2%, n= 302)	25%	73%
„Erlauben Sie den Kindern während der Öffnungszeiten, daß sie in der Nähe ohne Begleitung durch Erwachsene mit Fahrrädern, Rollschuhen oder Skateboards fahren? (keine Angaben 1%, n= 302)	28%	71%

81 % der Befragten geben zwar an, daß es für die Kinder eine Regelung gibt, die Einrichtung alleine zu verlassen. Damit ist aber vor allem der Besuch von Vereinsaktivitäten, Nachmittagsunterricht u.ä. gemeint, wie aus der Begründung der Antworten hervorgeht. Insgesamt geht es hierbei um die Erlaubnis, in andere sozial kontrollierte und strukturierte Räume überzuwechseln.

Ein völlig anderes Ergebnis liegt vor bei der Frage, ob die Kinder die Einrichtung zu freien Spielaktivitäten verlassen dürfen. Den Mitarbeiterinnen im Hort wurde die Frage gestellt: *"Erlauben sie den Kindern Ihrer Gruppe, während der Hortbesuchszeit alleine einen öffentlichen Spielplatz oder Schulhof etc. aufzusuchen und sich dort mit Freunden zu treffen?"* Dies sind durchaus Tätigkeiten, die sich in der Altersgruppe der Hortkinder großer Beliebtheit erfreuen.

Von 221 Befragten, das sind 73 % der befragten Einrichtungen, wird dies den Kindern nicht erlaubt. Auch andere Aktivitäten wie Rollschuh- oder Fahrradfahren ist außerhalb der Einrichtung - ohne Begleitung eines Erwachsenen - in 71% der Einrichtungen nicht möglich.

Nach den Gründen gefragt, warum die einen ihre Kinder hinausgehen lassen, während die anderen die Kinder nur in der Einrichtung betreuen und beaufsichtigen wollen, ergab sich folgendes Bild:

- Von denjenigen, die die Kinder nicht gehen lassen - wobei nur 85 Befragte ihre Haltung begründen - haben 96% formal-rechtliche Bedenken, wonach es die Erfüllung der Aufsichtspflicht grundsätzlich verbieten würde, Kinder aus dem Hort zu lassen. Viele der Befragten glauben, ihrer Aufsichtspflicht nicht mehr zu genügen, wenn die Kinder nicht ständig „auf Sicht“ sind. Immerhin 36 % halten es für überflüssig, Kinder außerhalb der Einrichtung spielen zu lassen, da das Angebot in der Einrichtung ausreichend sei. Es sind gerade noch

Begründung für das Verbot, die Einrichtung während der Öffnungszeiten zum freien Spiel zu verlassen

	Anzahl	%
formal- rechtliche Begründungen (Aufsichtspflicht, Anweisung des Trägers)	82	96
Notwendigkeit wird verneint	31	36
Bestehende Gefahren für Kinder	9	11

n= 85 (Mehrfachnennungen möglich)

9 Nennungen, die vorhandene Gefahrenquellen, wie Straßen etc., als Grund für ein Verbot des Verlassens des Hortes angeben.

- 50 % derjenigen, die den Kindern das Verlassen des Hortes erlauben, sehen in der Öffnung zum Umfeld einen erzieherischen Auftrag des Hortes. Weniger als Grund, sondern eher als Hinweis auf die Praxis

Begründungen für die Erlaubnis, die Einrichtung während der Öffnungszeiten verlassen zu dürfen

	Anzahl	%
Erzieherischer Auftrag des Hortes	69	50
Nach Absprache mit den Eltern	45	33
Erlaubnis abhängig von Alter u. Reife	31	23
Günstige Bedingungen in unmittelbarer Nachbarschaft	8	9
Fehlende Spielmöglichkeiten in der Einrichtung	1	1

n=137 (Mehrfachnennungen möglich)

sind Nennungen zu verstehen, daß eine Erlaubnis immer in Absprach mit den Eltern erfolgt.

Wenn die Kinder nicht hinaus dürfen, können dann nicht angemeldete Kinder in den Hort hereinkommen? In der Hälfte der Einrichtungen können hortfremde Kinder den Hortspielplatz mit benutzen und in 193 Einrichtungen, das sind 64%, dürfen Hortkinder regelmäßig Gäste mitbringen.

Um nun zu erfahren, ob und wie diese Besuchsmöglichkeiten geregelt sind, wurden den Befragten 4 Möglichkeiten zur Beantwortung vorgelegt. Eine weitere Kategorie (*andere Regelungen*) sollte auch noch andere Regelungen aufzeigen. 53 Befragte geben an, daß die Kinder weitgehend frei entscheiden können. 11 Einrichtungen haben eine feste tägliche Besuchszeit und weitere 16 haben einen wöchentlich wiederkehrenden Besuchstag. 81 Befragte kreuzten die Kategorie „Andere Regelung" an. Die Auswertung ergab allerdings, daß sich davon 66 Nennungen der Katego-

Regelungen für den Besuch durch hortfremde Kinder

	Anzahl	%
Jederzeit in weitgehender Verantwortung der Kinder	53	28
Tägliche Besuchszeit	11	6
Wöchentlicher Besuchstag	16	8
Nach Einzelabsprache mit Eltern und Erziehern	30	16
Andere Regelungen	81	42

n= 191

rie *„Nach Einzelabsprache mit Eltern und Erziehern"* zuordnen ließen. Die übrigen Nennungen bezogen sich auf Regelungen *„während der Ferien"*, *„nur für Ehemalige"* oder *„bei besonderen Anlässen"*.

Überwiegend kommen die Befragten zu dem Urteil, daß die Besuchsmöglichkeiten eher selten in Anspruch genommen werden. Daß dies an dem generellen Desinteresse liegt, darf bezweifelt werden. Denn ein Vergleich der Besuchsregelung mit dem jeweiligen Maß der Annahme ergab eine eindeutige Tendenz: Ob es der Besuchstag, die tägliche Besuchszeit oder ob jederzeit ein Besuch möglich ist, es sind Formen, die nach Einschätzung der Befragten eher Kontakte nach draußen ins Umfeld der Horte fördern. Kinder, die zu Besuch kommen, wollen keine langwierigen Absprachen, sondern eine klare Regelung, die den Kindern Raum und Verantwortung gibt, ihre Verabredungen ohne Einmischung durch Erwachsene zu treffen. Regelungen, wie *„der Besuch eines Gastkindes wird einige Tage zuvor mit den Erzieherinnen abgestimmt"*, *„die Kinder*

Häufigkeit der Inanspruchnahme der Besuchsmöglichkeit

	Anzahl	%
Das Angebot wird selten wahrgenommen	158	71
Das Angebot wird oft wahrgenommen	58	26
Kein Interesse fremder Kinder	6	3

n= 222

müssen einen Besuchszettel ausfüllen" oder *„jedes Kind alle drei Monate"*, sind einer für Hortkinder altersgemäßen Kontaktpflege zu anderen Kindern abträglich.

Die praktizierten Formen der Öffnung sind jedenfalls sehr unterschiedlich, wie erläuternde Kommentare belegen. Nach unserer Analyse lassen sich die Einrichtungen hinsichtlich der Öffnung grob in drei Gruppen einteilen:

der verschlossene Hort: Hortkinder können kaum „raus“ und Gastkinder kaum „rein“. Dies trifft für etwa ein Viertel aller befragten Einrichtungen zu.

der sich öffnende Hort: Es gibt Barrieren und Verbote. Aber es gibt teilweise Möglichkeiten, Kinder aus dem Umfeld während der Hortzeit zu spontanen Spielen zu treffen. Dies trifft für etwa die Hälfte der Einrichtungen zu.

der geöffnete Hort: Die Hortkinder können relativ frei Freunde aus dem Umfeld treffen und in die Einrichtung mitnehmen. Dies trifft für etwa ein Viertel der befragten Horte zu.

Die Ergebnisse zeigen deutlich, daß die Forderung nach der „Öffnung

Möglichkeit, die Einrichtung in Begleitung eines Erwachsenen zu verlassen

	Anzahl	%
nur zu besonderen Anlässen	120	41
täglich möglich	103	35
mehrmals die Woche möglich	47	16
nur einmal die Woche möglich	24	8

n= 294

nach außen" als ein wesentliches Teil einer lebensbezogenen, gemeinwesenorientierten Hortpädagogik in der Praxis in den wenigsten Einrichtungen umgesetzt wurde. Aktivitäten außerhalb des Hortes stoßen auf das größte Interesse der Kinder. Sportliche Aktivitäten, die sicherlich nur in geringem Umfang innerhalb der Einrichtung geboten werden können, und Exkursionen erfreuen sich höchster Beliebtheit bei den Kindern. Trotzdem werden diese Aktivitäten nur wenig praktiziert.

Das Verlassen des Hortes in Begleitung eines Erwachsenen ist bei 41% der Einrichtungen nur in Ausnahmefällen möglich. Immerhin können 35% dies täglich anbieten. Weitere 16% halten dies mehrmals die Woche für durchführbar.

Das Ergebnis legt den Schluß nahe, daß eine Öffnung nur teilweise von den Rahmenbedingungen abhängig ist. Großes Gewicht scheint die Haltung der Befragten selbst zu haben, wie weiter unten noch zu zeigen sein wird. Daraus könnten sich wichtige Erkenntnisse für die Fortbildung von Hortnerinnen ergeben.

5. Die Erledigung der Hausaufgaben

Eine wichtige, wenn nicht „die“ Aufgabe überhaupt, ist in der Hortarbeit die Erledigung der Hausaufgaben.

Wie aus der Tabelle unten hervorgeht, werden in knapp der Hälfte der Einrichtungen die Hausaufgaben in einem speziellen Raum mit Unterstützung von pädagogischen Fachkräften erledigt. Verzichtet man auf eine sehr differenzierte Betrachtung, ist die überwiegende Zahl der Nennungen "andere Möglichkeiten" zu dieser Kategorie hinzuzurechnen. So kann festgestellt werden, daß in über zwei Dritteln der Einrichtungen die Erledigung der Hausaufgaben nicht den gesamten Hortbetrieb vereinnahmt, sondern auch noch andere Aktivitäten zuläßt. Diese Form ermöglicht am ehesten, daß Kinder, die keine oder nur wenig Hausaufgaben zu erledigen haben, in ihrem Spiel- und Bewegungsbedürfnis nicht übermä-

Organisation der Hausaufgabenerledigung

	Anzahl	%
gruppenübergreifend in einem separaten Hausaufgabenzimmer für die Kinder mit Hausaufgaben	144	48
im Gruppenraum in Anwesenheit aller Kinder	51	17
im Gruppenraum; Kinder ohne Hausaufgaben können gruppenübergreifende Spielangebote wahrnehmen	44	15
andere Möglichkeiten	60	20

n= 299

ßig behindert werden. In 15% der befragten Einrichtungen erledigen die Kinder ihre Hausaufgaben zwar innerhalb der Gruppe; Kinder, die fertig sind, können aber den Raum verlassen und Spielangebote wahrnehmen. Sofern alle Kinder einer Gruppe für die sogenannte Hausaufgabenzeit zusammenbleiben müssen, sind die Kinder am stärksten eingeschränkt. Dies ist immerhin noch in 17% der befragten Einrichtungen der Fall.

Wie ernst die Erledigung der Hausaufgaben in den befragten Einrichtungen genommen wird, ergibt sich u.a. aus der ausgeübten Kontrolle. In drei Viertel der Einrichtungen werden Hausaufgaben täglich auf vollständige und ordentliche Durchführung hin bei allen Kindern kontrolliert. Damit will man sicherlich der in den Augen der Erzieherinnen zentralen Erwartung der Schule an den Hort entgegenkommen: Die saubere und vollständige Erledigung der Hausaufgaben.

Um mögliche Schwierigkeiten im Zusammenhang mit den Hausaufgaben erfahren zu können, enthielt unsere Studie folgende offene Frage: „*Was sind die wichtigsten Probleme im Zusammenhang mit der Hausaufgabenerledigung?*“ Wie aus der folgenden Tabelle ersichtlich, ist es das Verhalten der Kinder selbst, das den Erzieherinnen vor allem Probleme bereitet. Diese Kategorie soll weiter unten näher betrachtet werden.

Die nächste Kategorie bezieht sich auf Probleme, die im Zusammenhang mit Aufgabenstellung, Umfang und Zeitpunkt der Hausaufgabenerledigung auftreten. Darin sehen 40% der Befragten ein großes Problem. Im einzelnen umfaßt diese Kategorie Nennungen, die sich in erster Linie auf die große Unruhe und Lautstärke, die im Raum herrschen, bedingt durch die große Anzahl der Kinder, beziehen. Ferner die Schwierigkeit, Kinder ohne Hausaufgaben bzw. frei spielende Kinder ruhig zu halten.. Viele Erzieherinnen finden den zeitlichen Umfang im Verhältnis zur Spielzeit als ein großes Problem. Andere beklagen die Menge der Hausaufgaben. Darunter fallen ebenfalls Nennungen, die die Gewährleistung der Sauberkeit und Sorgfalt als schwieriges Problem benennen.

In der Kategorie „strukturelle Probleme" sind Nennungen zusammengefaßt, wie schlechte räumliche Bedingungen (kein Hausaufgabenzimmer, zu kleine Räume, keine Schallisolierung zum Nachbarraum), weiter Aussagen zur unzureichenden Personalsituation: Zu viele Kinder sind in einer Gruppe, so daß es kaum möglich ist, auf einzelne Kinder einzugehen. Ein weiteres Problem wird in der Vielzahl von Klassen und Schulen gesehen, mit denen der Hort kooperieren sollte. 37% der Befragten sehen hierin in ihrer Einrichtung Probleme.

Die wichtigsten Probleme im Zusammenhang mit der Hausaufgabenerledigung

	Anzahl	% bezogen auf alle Befragten
Probleme der Kinder	280	93
Probleme der Hausaufgabenstellung, Begleitung und Überwachung	121	40
Strukturelle Probleme	113	37
Probleme der Kooperation mit der Schule	35	12
Probleme der Kooperation mit den Eltern	34	11
Sonstige	17	6
Keine Angaben	24	8

n= 302 (Mehrfachnennungen)

Überraschend gering - wenn man dies mit den zahlreichen Problemen, die Kinder im Zusammenhang mit der Hausaufgabenerledigung haben, vergleicht - waren Nennungen, die ein schwieriges Problem in der Kooperation mit der Schule und dem Elternhaus sehen. Man müßte annehmen, daß die Kooperation insgesamt gut geht (vgl. aber Abschnitt 7 dieses Kapitels).

Unter „Sonstiges“ wurden Nennungen zusammengefaßt, wie z.B.: -*„Hausaufgabe ist oft nur Beschäftigungstherapie.“*, *„Hinausziehen der Hausaufgaben, um einen Erzieher für sich alleine zu haben.“*, *„unpraktische Tische“* etc.

Betrachtet man die 280 Nennungen, die Probleme auf seiten der Kinder sehen, lassen sich diese Nennungen folgendermaßen einteilen: Das größte Problem sehen die Horterzieherinnen in der fehlenden Konzentration und Unruhe der Kinder. Dies verwundert deshalb nicht, weil die Hausaufgaben in der überwiegenden Zahl der Einrichtungen im nachmittäglichen Leistungstief der Kinder zwischen 13.00 und 15.00 Uhr erledigt werden. Dieser Umstand wirkt sich im Hort möglicherweise schwerwiegender aus, als in der häuslichen Umgebung.

Zu groß sind die Ablenkungsmöglichkeiten durch andere Kinder. Hier muß die Frage erlaubt sein, ob dies wirklich nur ein Problem der Kinder ist oder nicht auch ein Problem der Tagesgestaltung? Aus einem Hort wissen wir, daß mit großem Erfolg die Hausaufgaben erst um 16.00 Uhr erledigt werden. Diese Regelung setzt allerdings voraus, daß die Kinder regelmäßig bis 17.00 Uhr anwesend sind oder die Hausaufgaben zu Hause gemacht werden können.

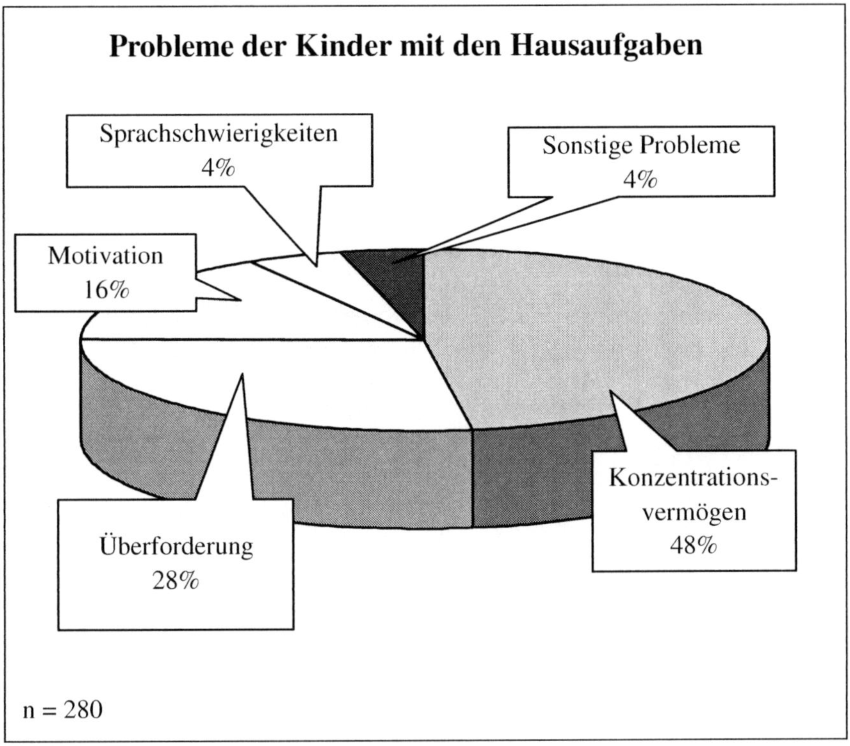

In der Rubrik „Überforderungsprobleme“ sind Nennungen zusammengefaßt, die sich auf Lernschwächen der Hortkinder, das Nichtverstehen des Lernstoffs und/oder der Aufgabenstellung beziehen. 28% sehen darin ein schwieriges Problem bei der täglichen Hausaufgabenerledigung,

46 mal, das sind 16%, wurde mangelnde Motivation auf seiten der Kinder genannt. “*Null Bock auf Hausi -scheiß Schule*“, wie es eine Erzieherin wohl im Orginalton der Kinder ausdrückte. Eine weitere Kategorie sind Sprachschwierigkeiten.

Diese Vielfalt an Schwierigkeiten macht deutlich, welch anspruchsvolle pädagogische Aufgabe die tägliche Hausaufgabenerledigung darstellt. Um so dringender zeigt sich hier die Notwendigkeit einer sozialpädagogisch fundierten "Hausaufgabenmethodik". Teilweise lassen sich die Probleme innerhalb der Einrichtung lösen, vielfach sind es allerdings Probleme, die sich nur in Kooperation mit Eltern und Lehrern regeln lassen. Deshalb braucht der Hort das Verständnis der Schule gegenüber der Situation "Hausaufgaben im Hort".

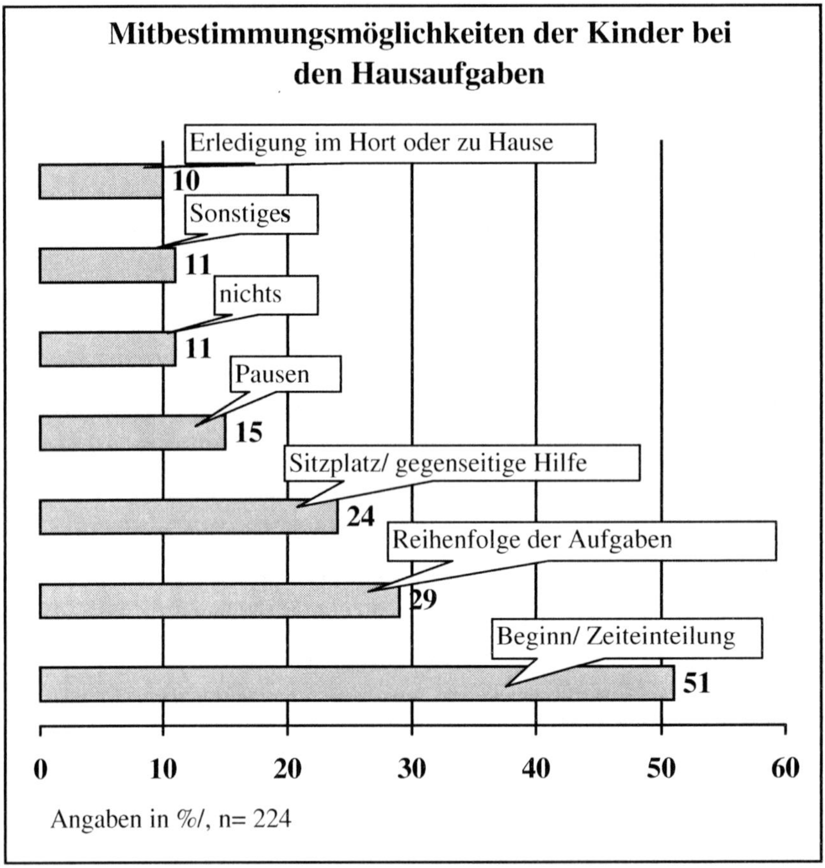

Hausaufgaben im Hort bietet den Kindern neben der Möglichkeit der qualifizierten Unterstützung ebenfalls die Möglichkeit der gemeinsamen

Bearbeitung mit anderen Kindern aus derselben Klasse oder Jahrgangsstufe. Teamarbeit und soziale Kompetenz können dabei erworben werden. Um den Gestaltungsspielraum der Kinder zu erfahren, stellten wir folgende offene Frage: *„Was dürfen die Kinder bei der Gestaltung der Hausaufgabenzeit mitbestimmen?“* Es ist vor allem die zeitliche Strukturierung, die den Kindern zur Mitgestaltung überlassen wird. Darunter fällt die Wahl des Beginns, aber auch die selbständige Gestaltung von Pausen. In vielen Antworten wird deutlich, daß den Kindern ein Rahmen vorgegeben wird, innerhalb dessen sie die Aufgaben erledigen sollen. Die nächst häufige Kategorie bezieht sich auf die Möglichkeit der Kinder, sich die Arbeit selbst einzuteilen. 24% derjenigen, die geantwortet haben, überlassen es den Kindern , mit wem sie zusammensitzen wollen und ob sie mit anderen Kindern gemeinsam lernen wollen.

11% brachten allerdings zum Ausdruck, daß sie keine Möglichkeit sehen, die Kinder an der Gestaltung zu beteiligen. In den meisten Fällen wurde die Antwort nicht begründet. Ein öfter vorgebrachtes Argument dafür, daß die Kinder nichts mitbestimmen dürfen, war beispielsweise der stark begrenzte Zeitraum für die Hausaufgabenerledigung: *„Nichts, da ab 14.00 Uhr Hausaufgaben gemacht werden können und viele Schulkinder bis 15.00 Uhr abgeholt werden“.*

In 22 der befragten Einrichtungen wird den Kindern überlassen, die Aufgaben ganz oder teilweise zu Hause zu erledigen. Vorausgesetzt, daß dies nicht aus Bequemlichkeit geschieht, kann von diesen Horten angenommen werden, daß sie ihr Selbstverständnis nicht in einer perfekten Hausaufgabenerledigung sehen.

6. Arbeiten, Aufgaben und Werte der Horterzieherin

a) Die täglichen Aufgaben

In unserer Studie wurde den Erzieherinnen folgende Frage vorgelegt: "*Wie verteilt sich die Zeit, die Sie im Durchschnitt täglich mit den Kindern verbringen, auf folgende Aktivitäten?*". Zur Beantwortung waren diese Kategorien vorgegeben:

- Versorgung und Pflege (z.B. Mittagessen)
- Unterstützung der Kinder bei frei und spontan gewählten Beschäftigungen
- Gezielte und geplante Gruppenaktivitäten
- Erledigung der Hausaufgaben
- Gezielte Förderung und Unterstützung einzelner Kinder.

Nach unseren Ergebnissen werden von den Horterzieherinnen pro Tag durchschnittlich 6,5 Stunden für die Erziehung, Bildung und Betreu-

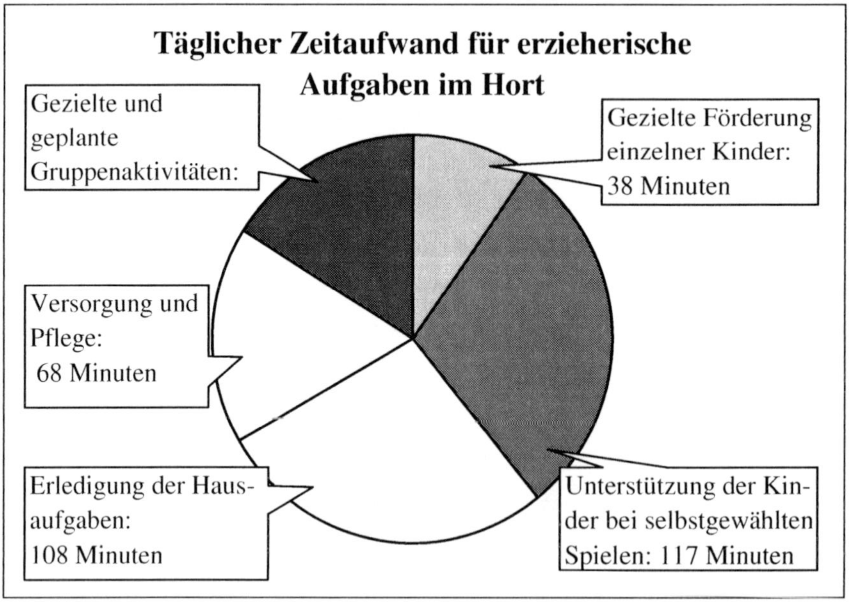

ung in direktem Kontakt zu den Kindern aufgewendet.

Erzieherinnen im Hort verwenden mit 117 Minuten den größten Teil ihrer täglichen Arbeitszeit für die Unterstützung der Kinder beim freien Spiel. Dicht darauf folgt die Hausaufgabenhilfe. Im Durchschnitt aller Befragten werden hierfür mit 108 Minuten täglich annähernd zwei Stunden investiert. Für Versorgung und Pflege und für gezielte und geplante Gruppenaktivitäten werden durchschnittlich etwas mehr als eine Stunde aufgewendet, so daß noch eine gute halbe Stunde für die Förderung einzelner Kinder übrigbleibt.

Für sich genommen mag diese Zeitverteilung nicht verwundern. Sicherlich ist der Zeitaufwand für Hausaufgaben erheblich, doch verbleibt für Spiel und andere Aktivitäten der Kinder noch einiges an Zeit. An dieser Stelle könnte man die Möglichkeiten des Hortes, über die Erledigung der Hausaufgaben hinaus in erheblichem Umfang tätig zu werden, noch einigermaßen optimistisch einschätzen.

Eine weitere Frage bezog sich auf die Verteilung der Aktivitäten auf die entsprechende Tageszeit. Die Befragten sollten in einem Stundenraster, das keine vorgegeben Kategorien enthielt, angeben, welche Aktivitäten zu welcher Zeit an einem durchschnittlichen Tag stattfinden. Dabei geht es nicht wie in der vorausgehenden Abbildung um die Dauer der Aktivität. Vielmehr wird aus den Antworten ersichtlich, welche Aktivität zu welcher Tageszeit Vorrang vor anderen genießt - und womit die ErzieherInnen nach ihrer eigenen Einschätzung beschäftigt sind. Die Antworten der Erzieherinnen lassen sich folgendermaßen kategorisieren:

- Verwaltungs- und Organisationsaufgaben, Telefongespräche, kurze Besprechungen mit Kolleginnen etc. (vgl. A)
- Kinder im freien Spiel unterstützen und beaufsichtigen, Material holen etc. (vgl. B)
- Gespräche mit Lehrern und Eltern führen (vgl. C)

- Gemeinsam mit den Kindern essen - sowohl beim Frühstück als auch beim Mittagessen (vgl. D)
- Freies Spielen der Kinder beobachten und beaufsichtigen; gleichzeitig Kindern helfen, die bereits mit den Hausaufgaben begonnen haben (vgl. E)
- Gezielte Hausaufgabenhilfe leisten (vgl. F)
- Angebote gestalten und Projekte anbieten (vgl. G)
- Kinder verabschieden; aufräumen (vgl. H)

Der Vormittag ist im Hort eine Zeit, zu der nur wenige Kinder anwesend sind. Die Kinder sind eher in Warteposition auf die Schule oder haben diese gerade hinter sich gebracht. In diesem kurzen Zeitabschnitt mit laufend wechselnder Anwesenheit von Kindern können kaum vorgeplante und strukturierte Aktivitäten stattfinden. Dies muß berücksichtigt werden bei der Bewertung des Ergebnisses. Hier hängt der Hort sozusagen am

Ausprägung einzelner Aktivitäten im jeweiligen Tagesabschnitt

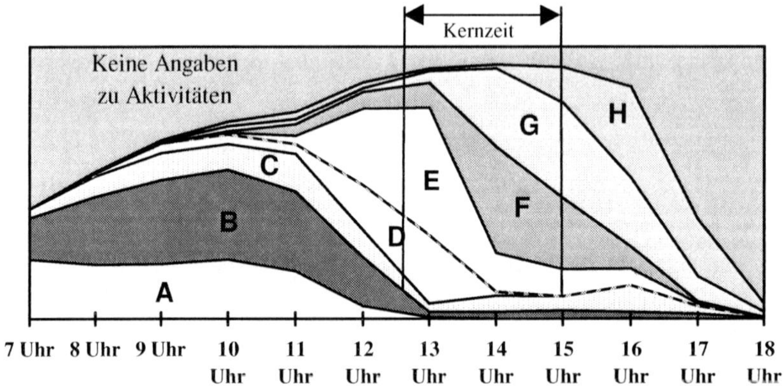

A= Verwaltung und Vorbereitung
B= Freies Spiel der Kinder unterstützen
C= Gespräche mit Eltern und Lehrern
D= Essenszeiten mit den Kindern
E= Hausaufgaben oder freies Spiel begleiten
F= gezielte Hausaufgabenhilfe leisten
G= Angebote und Projekte gestalten
H= Kinder nach Hause entlassen

n= 301

Gängelband der Schule und muß einen wechselnden Stundenplan und Stundenausfälle usw. auffangen.

Erzieherinnen im Hort erledigen am Vormittag die Verwaltungs- und Organisationsarbeiten. Es werden Aktivitäten vorbereitet und kurze Absprachen mit Kollegen getroffen. Die zweite wichtige Tätigkeit ist, die Kinder beim freien Spiel zu begleiten und zu beaufsichtigen. Ebenfalls am Vormittag werden die meisten Lehrer- und Elterngespräche geführt.

Das besondere Augenmerk soll auf die eigentliche "Hortzeit" gerichtet werden. Darunter verstehen wir den Zeitabschnitt, zu dem einerseits die meisten Kinder aus der Schule angekommen sind und zu dem andererseits die Kinder noch nicht abgeholt werden oder nach Hause gehen. Dies dürfte in allen Horten etwa zwischen 12.30 und 16.00 Uhr liegen. 65% aller Befragten geben an, daß sie in dieser "Kernzeit" die regelmäßige Anwesenheit der Kinder im Hort erwarten.

Unschwer ist zu erkennen, daß während dieser Zeit im Hort das dominierende Ereignis die Erledigung der Hausaufgaben ist. Dabei wird in vielen Einrichtungen unterschieden zwischen einer Hausaufgabenbetreuung als Angebot in Kombination mit Spielangeboten und einer gezielten Hausaufgabenhilfe, während der andere Aktivitäten nur eingeschränkt möglich sind.

Es läßt sich zwar nicht ablesen, wie lange das einzelne Kind - auch nicht durchschnittlich - mit Hausaufgaben verbringt, allerdings wird deutlich, wohin die Energie der ErzieherInnen fließt. Aktionen, Angebote und Projekte sind nachgeordnet und abhängig von der „wichtigeren" Tätigkeit Hausaufgaben. Zumindest auf seiten der Erzieherinnen bedarf die Durchführung von Projekten und Angeboten sicherlich der Aktivierung von Energiereserven. Diese können aber durch Hausaufgabenhilfe schon weitgehend erschöpft sein.

So gesehen verschieben sich die Gewichte der Hortpädagogik: Nicht das Spiel und das Angebot, wie man bei der Betrachtung des „Zeitkuchens“ vermuten möchte, stehen im Mittelpunkt der täglichen Arbeit, sondern die Erledigung der Hausaufgaben. Diese sind gleichsam der Dreh- und Angelpunkt, um den sich die anderen Aktivitäten herumranken.

b) Selbstverständnis und berufliche Rolle der Horterzieherin

Die vorfindbare Verteilung von Zeit auf einzelne Aufgabengebiete wurde verglichen mit dem Selbstverständnis, das die HorterzieherInnen nennen. Die Antworten auf die Frage "*Mit welchen Begriffen würden sie die Rolle umschreiben, die ein/e Erzieher/in im Hort 1993 zu erfüllen hat?*" ließen sich in folgende Kategorien einteilen:

- Die "Elternrolle" wurde expressis verbis einige Male genannt; Nennungen wie „Vater“, „Mutter“ oder „Hausfrau“ sind wohl mit der Vorstellung verbunden, alle Aufgaben zu erfüllen, die üblicherweise den Eltern zufallen.
- Hinter "Anwalt des Kindes" verbergen sich Nennungen wie "sich in Belange der Kinder in der Öffentlichkeit einmischen", "Veränderungen am Image des Hortes in der Öffentlichkeit vorantreiben" etc.
- Die "Erzieherin" waren Nennungen wie "Frau für alles", "Fels im Sturm", "Beispiel und Vorbild", "Freizeitanimateurin", "Aggressionspuffer", "Organisationstalent", „Steuerfrau“, „Aufsicht“. Eine Erzieherin muß „konsequent“, „flexibel“, „selbstbewußt“, „ausgeglichen“ sein etc.
- In einer ähnlichen, aber weniger ‘erzieherischen’ Rolle sehen sich die "Therapeuten": "Zuhörerin“, „Beraterin“, „Begleiterin“, „Kinder an-

nehmen" „Kindern Freiräume bieten, indem sie sich angenommen und wohl fühlen" etc.

- Die "Lehrerinnen" sehen ihre Aufgabe in der Wissensvermittlung, der Nachhilfe und Förderung der Kinder.

Wir haben diese Ergebnisse als Kreisdiagramm dargestellt, obwohl Mehrfachnennungen vorliegen. Dadurch soll gleichsam auf graphische Weise deutlich werden, in welchem Umfang eine „durchschnittliche" Horterzieherin unterschiedliche Aspekte in sich vereinigt. Erzieherinnen im Hort sehen ihre Rolle in der Erziehung und Unterstützung der Kinder. Dabei fällt allerdings auf, daß die erzieherische Rolle sich sehr stark im Sinne von "Beratung", wir haben dies die "therapeutische Rolle" genannt, darstellt. Es sind 201 der 269 Befragten, die ihre Aufgabe in diesem Sinne verstehen. Erziehung im Sinne von Vermittlung von Normen und Werten hat bei den Nennungen eine geringere Rolle gespielt. Weit abgeschlagen ist die Erzieherin in der Rolle als Vermittlerin von Wissen. Noch weniger verstehen sich die Befragten als „Anwalt des Kindes". Ge-

Selbstverständnis der Erzieherin im Hort

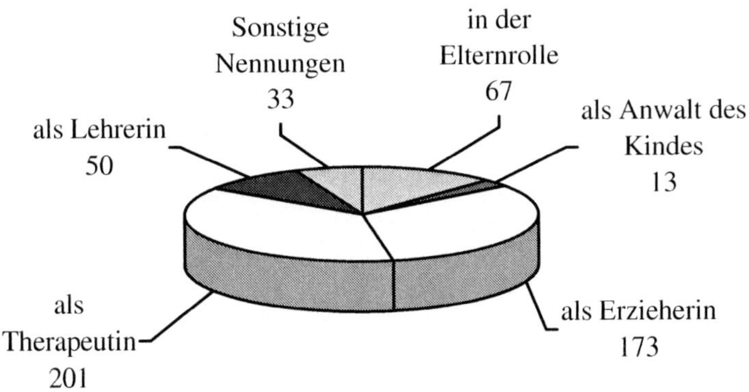

n = 269, Mehrfachnennungenmöglich
Wert= Anzahl Nennungen

rade mal 13 Personen sehen es als eine Aufgabe der Horterzieherin an, sich in das Gemeinwesen zur Verbesserung der Lebenssituation von Hortkindern einzumischen.

Vergleichbare Ergebnisse erbrachte die Frage der Bedeutung unterschiedlicher Teilaufgaben. Die Befragten sollten in einer Skala eine persönliche Einschätzung der Bedeutung vorgegebener Aufgaben im Hort vornehmen. Die offene Skala reichte jeweils von *„gar nicht wichtig"* (Wert 1,0) bis *„ganz wichtig"* (Wert 6,0). Dabei zeigt sich, daß die Erzieherinnen dem Merkmal *"Die Kinder bei der Verwirklichung ihrer eigenen Ideen zu unterstützen"* die größte Bedeutung beimessen, während die *"Erledigung der Hausaufgaben zu beaufsichtigen"* einen mittleren Rang einnimmt. Im Verhältnis zu anderen Aufgaben als weniger bedeutend werden Aufgaben betrachtet, die den Kindern helfen sollen, Kontakte zum Umfeld aufzubauen und zu pflegen. Das Schlußlicht bildet die Aufgabe *"Einzelnen Kindern Nachhilfe zu geben"*.

Bedeutung einzelner Teilaufgaben nach der persönlichen Einschätzung der Horterzieherinnen

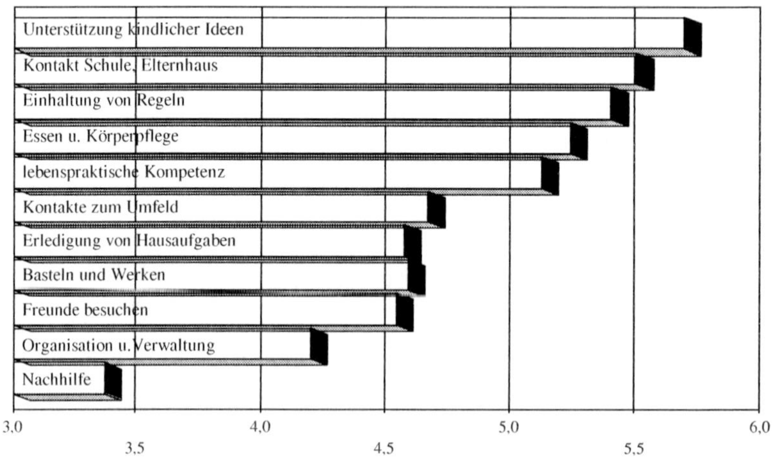

Ein Vergleich zwischen der realen Arbeitssituation und dem Selbstverständnis der Mitarbeiterinnen im Hort läßt einiges an Fragen offen. Einerseits erfordert die Kernzeit eines Horttages von den Erzieherinnen ein klar strukturiertes und geplantes Handeln, wie z.B. die Organisation und Betreuung während des Mittagessens, die Erledigung der Hausaufgaben, die Leitung von Projekten und Angeboten. Andererseits werden solche Tätigkeiten oder auch die gezielte Umsetzung von Forderungen an Hortpädagogik (z.B. Kontakte zum Umfeld aufzubauen) in ihrer erzieherischen Bedeutung im Verhältnis zu anderen Aufgaben eher gering eingeschätzt.

Dieser sich hier zeigenden Diskrepanz zwischen Selbstverständnis und Berufsrealität muß weitere Beachtung geschenkt werden, um eine Klärung herbeizuführen.

Gerade im Zusammenhang mit der Hausaufgabenbetreuung könnten sich aus der Diskrepanz zwischen realer Berufsanforderung und dem Selbstverständnis Folgen ergeben, die sich nachhaltig auf die Berufszufriedenheit und die Art und Weise der Erledigung der beruflichen Aufgaben auswirken.

Obwohl HorterzieherInnen einen wesentlichen Teil ihrer Arbeit mit der Erledigung der Hausaufgaben verbringen, muß man jedenfalls feststellen, daß die Situation "Hausaufgabenhilfe als didaktische Aufgabe in sozialpädagogischen Einrichtungen" weder als eine schulpädagogische noch als eine sozialpädagogische begriffen wird. Sind Hausaufgaben ein notwendiges Übel, mit dem man möglichst wenig zu tun haben will? Könnte ein Umdenken den Hort gegenüber der Schule nicht in die Offensive bringen und die Kinder in ihrer konkreten Lebenssituation wirkungsvoller unterstützen?

c) Werte und pädagogische Ziele der Horterzieherinnen

Welches sind nun die Ziele, die Horterzieherinnen bei ihrer Arbeit leiten? Wir haben nicht direkt nach den Zielen gefragt, sondern danach, „*welche Fähigkeiten die Kinder zur Bewältigung ihres zukünftigen Lebens*“ nach Ansicht der Befragten haben sollten. Die frei formulierten Antworten konnten folgenden Kategorien zugeteilt werden, wobei fast ausschließlich recht abstrakte Fähigkeiten vorgetragen wurden:

- Selbstkompetenz: darunter fielen Nennungen wie Optimismus, Selbstbewußtsein, eigenständiges Denken, Leistungsbereitschaft, Fleiß, Mut Durchsetzungskraft, sprachliche Ausdrucksmöglichkeiten, Konzentration
- Sozialkompetenz: darunter fielen Nennungen wie Rücksichtnahme, Geduld mit den Erziehern und Kindern, sich einfügen können, Konfliktfähigkeit, Sozialverhalten, Solidarität, Toleranz, Hilfsbereitschaft, Friedfertigkeit
- Lebenspraktische Kompetenz: wie z.B. Sicherheit im Straßenverkehr, handwerkliche Fähigkeiten, Konsumdenken ablegen, Umweltbewußtsein
- Wertorientierung : wie z.B. Ehrlichkeit, Ordnung, Disziplin, Pünktlichkeit
- Intellektuelle Fähigkeiten: wie z.B. Schulbildung, Wissen, Ausbildung
- Religiöse Werthaltung: wie z.B. Glaube, Sinnfindung, religiöse Ziele

Qualifikationen der Hortkinder zur Bewältigung der Zukunft nach Ansicht der Horterzieherinnen

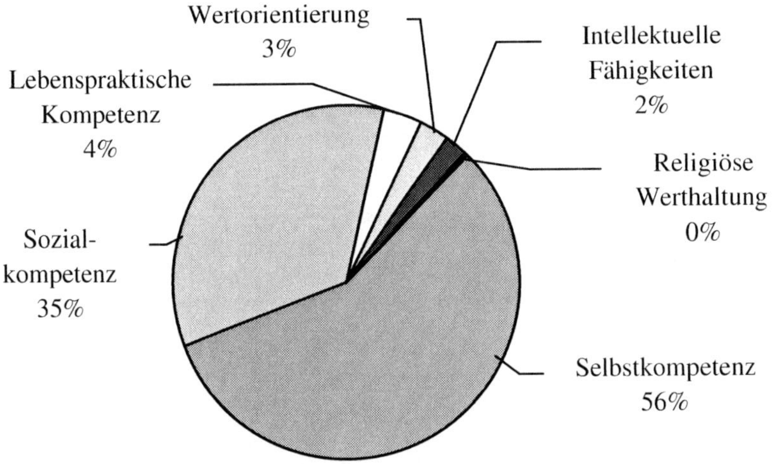

n= 284, Mehrfachnennungen möglich

Der überwiegende Teil aller Nennungen bezog sich auf Fähigkeiten, die der Selbstkompetenz zuzurechnen sind. Selbständig und eigenverantwortlich das zukünftige Leben führen zu können - verbunden mit der Fähigkeit, eigene Interessen zu erkennen und vortragen zu können - ,darin sehen die Erzieherinnen die wichtigste Qualifikation der Hortkinder für die Zukunft. Als ebenfalls sehr wichtig werden soziale Fähigkeiten angesehen. Alle anderen Kategorien wurden deutlich weniger genannt. Vier Prozent der Nennungen konnten den lebenspraktischen Kompetenzen zugerechnet werden. Bemerkenswert und auffällig für katholische Einrichtungen ist mit ganzen drei Nennungen, was gerundet 0% bedeutet, nach Ansicht der Horterzieherinnen die geringe Bedeutung religiöser Werthaltungen für das zukünftige Leben.

Nach Heinrich Roth (1971, B.II, S. 180) sind Selbstkompetenz, Sachkompetenz und Sozialkompetenz die inhaltliche Konkretisierung der pädagogischen Mündigkeit. Bei der Betrachtung der von Horterzieherinnen als wichtig eingestuften Fähigkeiten fällt das Übergewicht der Selbstkompetenz auf. Roth schreibt dazu: „Entwicklungsfördernde erzieherische Maßnahmen müßten dann von dem Ziel gelenkt sein, so weitgehend wie möglich eine Förderung zur Selbstbestimmung zu betreiben. Dazu ist allerdings nachfolgendes anzumerken: Selbstkompetenz ist ohne Sach- und Sozialkompetenz kein sinnvoll erfüllter Begriff“ (a.a.O., S. 180). Unsere Ergebnisse legen den Schluß nahe, daß die Inhalte einer zeit- und altersgemäßen Hortpädagogik, die die Kinder für die Zukunft befähigen soll, bisher zu wenig Beachtung finden (vgl. Kap.IX).

„Hilf mir, es selbst zu tun!“. Wer sein „Werkstatt-Diplom“ gemacht hat, darf auch allein mit der Stichsäge umgehen

7. Die Zusammenarbeit mit Eltern und Lehrern

a) Eltern und Horterzieherinnen als Partner

Die Zusammenarbeit mit den Eltern ist für den Hort eine äußerst wichtige Aufgabe. Dies ergibt sich allein schon aus der psychosozialen Situation der Hortkinder, die den Bedarf an Beratung und Unterstützung der Eltern in Erziehungsfragen deutlich macht. Der Hort hat es als Erziehungspartner allerdings schwerer, als z.B. der Kindergarten: Hortkinder besuchen zwei Einrichtungen, die beide den Anspruch haben , Kinder zu bilden und zu erziehen. Dabei ist das Verständnis, wie dies zu geschehen hat, wohl sehr unterschiedlich, und für Eltern wird es oft nicht einfach sein, die Bedeutung der jeweiligen Konzepte zu beurteilen.

Um so wichtiger ist der regelmäßige vertrauensvolle Kontakt zu den Eltern. Im Kindergarten ist das „Tür-Angelgespräch" eine gute Möglichkeit, mit Eltern Kontakte zu knüpfen und diese zu pflegen. Wie gestaltet sich das nun im Hort? Wir haben auf die Frage *„Wieviel Eltern kamen letzte Woche einfach mal so in die Gruppe /Einrichtung und blieben eine Weile?"* folgende Antwort erhalten:

- in 45 % der Einrichtungen waren es 1 bis 5 Eltern
- in 11 % der Einrichtungen waren es 6 bis 10 Eltern
- in 3 % der Einrichtungen waren es 11 bis 15 Eltern

Einige wenige Einrichtungen berichten von mehr als 15 Eltern, mit denen in der vergangenen Woche ein spontaner Kontakt stattfand. 40 % machen hierzu keine Angaben, was wohl darauf schließen läßt, daß solche Kontakte in sehr vielen Horten gar nicht vorkommen. Um so notwendiger sind institutionalisierte Formen.

Einem thematisch festgelegten Elternabend stehen viele der Befragten kritisch gegenüber. Sie geben an, hierbei auf wenig Interesse bei den Eltern zu stoßen. Deshalb wird die überwiegende Anzahl der Elternabende einem allgemeinen Austausch und gemütlichen Beisammensein gewidmet. Nur jede fünfte Befragte nennt für den letzten Elternabend ein pädagogisches Thema, wie z.B. "Lernstörungen", "Auftrag des Hortes" oder "Drogenprophylaxe".

Wie aus der Tabelle ersichtlich wird, variiert die Anzahl von einem Elternabend in 11% der Einrichtungen bis 6 oder mehr Elternabende in 13 % der Einrichtungen. Die häufigste Anzahl sind zwei bis drei Elternabende pro Jahr. Der Durchschnitt aller Horte liegt bei drei Elternabenden im Jahr.

Die Eltern in Erziehungsfragen zu beraten und mit den Eltern ein Gespräch über das einzelne Kind zu führen, ist wohl am ehesten beim Gespräch im Hort oder auch beim Hausbesuch möglich. Es sind allerdings nur wenige Einrichtungen, die Hausbesuche durchführen: 26% geben an, Eltern und Kinder zu Hause zu besuchen.

Das Beratungsgespräch im Hort ist eine Form der Kooperation, die sehr häufig in unterschiedlichen Zusammensetzungen angewendet wird.

Anzahl der Gesamt- oder Gruppenelternabende pro Jahr

	Anzahl	%
1 Elternabend	34	11
2-3 Elternabende	115	38
4-5 Elternabende	87	29
6 oder mehr Elternabende	38	13
keine Angaben	28	9

n= 302

Bezogen auf die letzten zwei der Befragung vorausgehenden Monate sind durchschnittlich 9,4 Beratungsgespräche pro Einrichtung in unterschiedlichen Konstellationen geführt worden. Diese Zahl zeigt deutlich die Bedeutung gemeinsamer Gespräche von Eltern und Horterzieherinnen.

Die Unterschiede in der Anwendungshäufigkeit sind allerdings sehr deutlich. Dabei ergibt sich ein klarer Zusammenhang dahingehend, ob das Gespräch aufgrund eines aktuellen Problems zustandekam, oder ob in der Einrichtung in regelmäßigem Turnus ohne aktuellen Anlaß Gespräche geführt werden. Auf die entsprechende Frage gaben 61 % an, daß Eltern-

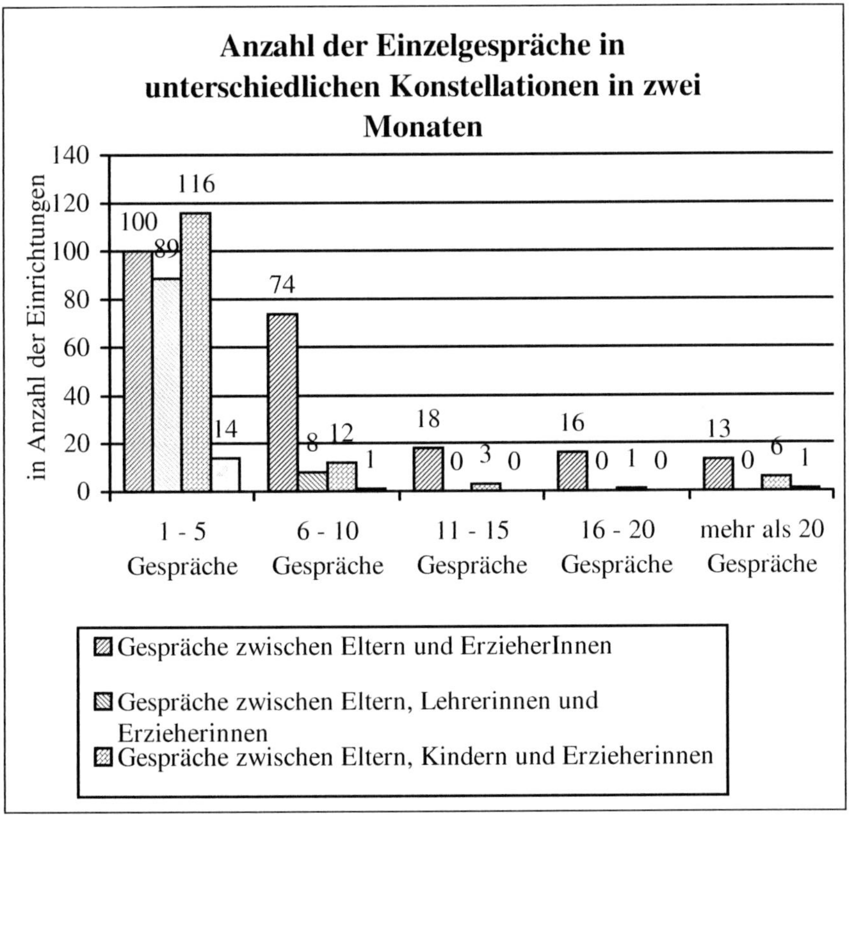

gespräche *„in der Regel nur bei Problemen zustande kommen“*. 22 % sagen, daß es *„einen regelmäßigen Turnus ohne aktuellen Gesprächsanlaß gibt“*. Ein Vergleich dieser Aussagen mit der Anzahl an Gesprächen ergibt einen klaren Zusammenhang:

- Wer Gespräche in regelmäßigem Turnus anbietet, tut dies in einer Anzahl, daß es wahrscheinlicher ist, über das Jahr alle Eltern mindestens einmal zu erreichen.

- Wer das Gespräch in der Regel nur bei aktuellem Anlaß führt, pflegt dies in einer Häufigkeit zu tun, bei der es eher unwahrscheinlich ist, alle Eltern zu erreichen.

Wenn es zutrifft, daß das auf das einzelne Kind bezogene Gespräch die typische und notwendige Form der Zusammenarbeit mit Eltern im Hort ist, sollte dies in einem regelmäßigen Turnus eingeplant werden. Damit würde man auch Stigmatisierungseffekte vermeiden, die leicht entstehen, wenn Eltern nur bei Problemen eingeladen werden.

Die dominierende Konstellation solcher Gespräche ist das Gespräch zwischen Eltern und Erzieherin. Dies ist sicherlich in vielen Fällen auch die richtige Form. Es ist allerdings bemerkenswert, daß andere Zusammensetzungen der Gesprächsrunde nur in sehr geringer Anzahl praktiziert werden. So könnten Kinder durch ein gemeinsames Gespräch zwischen Eltern, Kind und Erzieherin in Entscheidungen mit einbezogen werden. Auch in der Familie wird es so sein, daß sich die Eltern oft alleine beraten wollen, in vielen Fällen wird man aber das gemeinsame Gespräch mit den Kindern suchen.

Ebenfalls wenig vertreten ist die Zusammensetzung Eltern, Schule, Hort. Diese Gespräche wären indes eine sehr geeignete Form, um die unterschiedlichen erzieherischen Erwartungen an die Kinder auszutauschen und in Einklang zu bringen.

b) Die Kooperation zwischen Hort und Schule

Bei Hortkindern ist es so, daß sich zwei sehr verschiedene pädagogische Institutionen gleichzeitig mit einem Gegenstand beschäftigen, nämlich dem „Lernstoff" der Kinder, also den Hausaufgaben. Allerdings in unterschiedlichen Rollen: Während die Schule die Hausaufgaben aufgibt und die Erledigung kontrolliert, soll der Hort die Ausführung garantieren. Gleichzeitig treffen zwei unterschiedliche Professionen aufeinander: Auf der einen Seite der fachdidaktisch, auf der anderen Seite der sozialpädagogisch ausgebildete Mensch. Wo stehen die Eltern? Werden sie hin und hergerissen? Schlagen sie sich auf eine Seite? Oder halten Sie sich ganz raus bei soviel Professionalität? Insgesamt eine nicht ganz einfache Lage, die den Kooperationsbedarf offensichtlich macht. „Eine Voraussetzung für die partnerschaftliche Zusammenarbeit zischen Pädagogen im Hort und in der Schule ist die Kenntnis davon, mit welchem pädagogischen Auftrag und unter welchen Bedingungen der jeweilige Partner arbeitet", wie es in einem Beschluß der Jugendminister und -senatoren der Länder formuliert ist.

„*Welche Erwartungen von seiten der Schule werden Ihnen gegenüber hinsichtlich der Hausaufgaben geäußert?*" Diese Frage wollen oder können 29 der Befragten nicht beantworten. Weitere 54, das ist bezogen auf diejenigen, die eine Antwort geben, fast jede fünfte der Befragten, antworten mit einem knappen "keine". Bei sonst in der Erhebung üblichen annähernd hundertprozentigen Beantwortung der Fragen ist es recht bemerkenswert, daß zu der Frage der Erwartungen hinsichtlich eines so zentralen Gegenstandes der Zusammenarbeit so viele „passen müssen".

Mit 171 Nennungen die herausragende Erwartung an die Hausaufgabenerledigung ist die nach Vollständigkeit und Ordentlichkeit. Ebenfalls groß ist die Erwartung an den Hort, zusätzlich zu üben und Nachhilfe zu geben. An dieser Stelle ist wenig zu spüren von Partnerschaftlichkeit. Der Hort wird von seiten der Schule - vorausgesetzt die Horterzieherinnen haben die Erwartung „richtig" wahrgenommen - als Erfüllungsgehilfe ge-

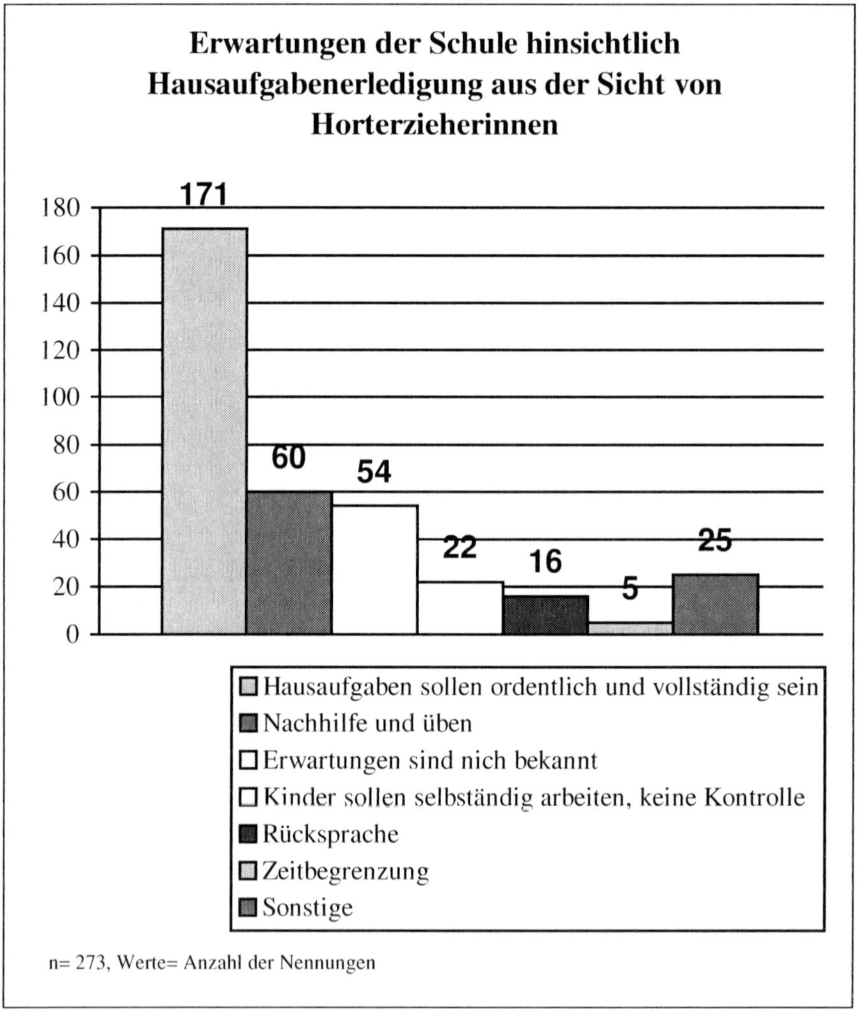

sehen. In einigen Zusatzbemerkungen wird sogar Resignation spürbar, wenn z.B. eine Erzieherin schreibt: *„Die Überforderung der Schule wird an uns weitergegeben“*. Andere sehen sich in der Gefahr, diesen Erwartungen nachzugeben.

Nur wenige Nennungen beziehen sich darauf, daß der Hort mithelfen soll, Hausaufgaben für die Kinder gewinnbringend zu gestalten und nicht zur Überforderung der Kinder werden zu lassen: Die Selbständigkeit der Kinder zu fördern und zu erhalten, die Hausaufgabenerledigung zeitlich zu begrenzen und mit der Schule Rücksprache zu nehmen, diese Erwartungen werden in geringer Anzahl gegenüber den Horterzieherinnen geäußert.

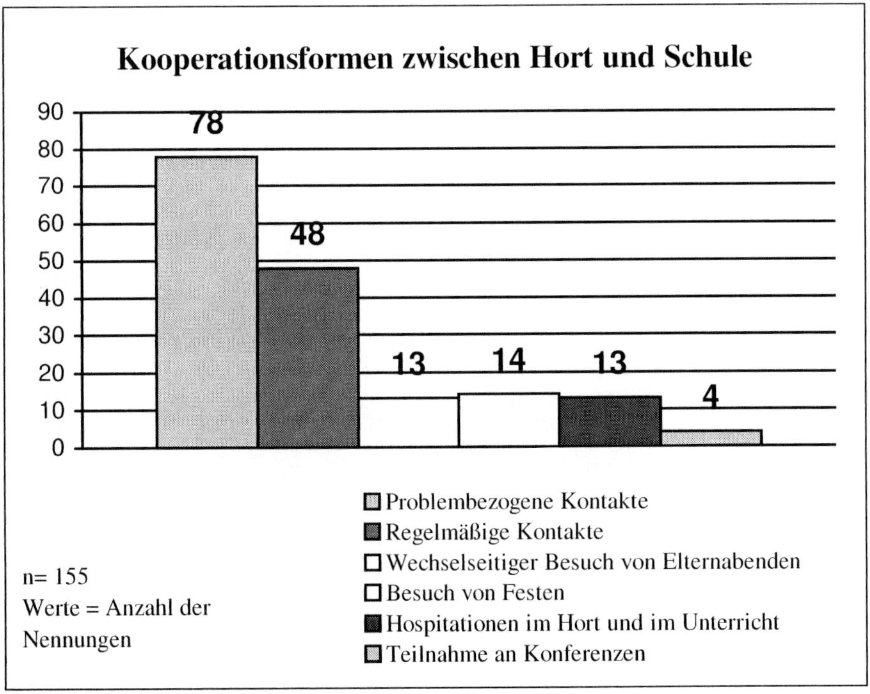

In einer weiteren offenen Frage baten wir die Erzieherinnen anzugeben, wie sich die Kooperation mit der Schule gestaltet. Dabei wurde die Frage unterschiedlich interpretiert. Ein Großteil der Befragten bezieht sich in seinen Antworten auf die Form. Etwas weniger als die Hälfte gibt eher ein Qualitätsurteil ab. Hinsichtlich der Formen ergibt die Untersuchung, daß ein Großteil der Kontakte kurzfristig, bezogen auf ein aktuelles Problem, zustande kommt. Dabei dominiert der telefonische Kontakt. Deutlich weniger, nämlich 48, geben an, mit Lehrern unabhängig von aktuellen Problem regelmäßig Gespräche zu führen. Alle anderen genannten Formen sind nur wenig vertreten.

Diejenigen, die eher eine Beurteilung der Zusammenarbeit abgeben, kommen zu folgendem Ergebnis:

- Die Kooperation ist einseitig und geht nur vom Hort aus (sagen 52)
- Die Kooperation ist gut (sagen 36)
- Die Kooperation ist schlecht (sagen 31)
- Die Kooperation hängt sehr vom einzelnen Lehrer ab (sagen 19)

Die hier u.a. festgestellte Einseitigkeit ergab sich auch aus vielen Antworten zu den Kooperationsformen: *„Wenn Probleme auftauchen, gehen wir in die Sprechstunde bzw. telephonieren wir mit den Lehrern"*.

Worin sehen nun die Erzieherinnen das Hauptproblem bei der Zusammenarbeit mit der Schule? 38% aller Befragten sind der Meinung, daß auf seiten der Schule Desinteresse gegenüber dem Hort besteht. Dies wird daran festgemacht, daß von der Schule keine Signale nach Zusammenarbeit erfolgen: *"Erzieher müssen immer auf Lehrer zugehen"*.

68 Erzieherinnen sehen Probleme in den unterschiedlichen Abläufen beider Institutionen („*verschiedene Hauptarbeitszeiten von Schule und*

*Hort"),*in mangelnder Zeit auf beiden Seiten und in der hortspezifischen Situation, mit allzuviel Klassen und Lehrern Kontakt halten zu sollen.

Einen Schritt weiter als Desinteresse geht die von Horterzieherinnen genannte negative Einstellung gegenüber dem Hort. Unterschiedliche Meinungen über die Erledigung der Hausaufgaben und wie mit Kindern erzieherisch umzugehen ist, sind neben Verständigungsproblemen weitere Punkte, worin Horterzieherinnen Veränderungsbedarf sehen.

Zusammenfassend kann jedenfalls festgestellt werden, daß die Kooperation zwischen Schule und Hort nicht gut gelöst ist. Um zu erfahren, worin die Horterzieherinnen Veränderungsmöglichkeiten sehen, haben wir folgende Frage gestellt: *„Was würden Sie gerne ändern?"*

Veränderungswünsche der Erzieherinnen bezogen auf die Zusammenarbeit mit der Schule

	Anzahl	%
Qualität der Kontakte	64	30
Bessere Kommunikation	59	27
Einstellungs- und Verhaltensänderung der Lehrer	58	27
Quantität der Kontakte	48	22
Strukturelle Veränderungen auf seiten der Schule	24	11
Sonstige	12	6

n= 216, Mehrfachnennungen möglich

Aus den Antworten wird sichtbar, daß die Horterzieherinnen sich eine verstärkte Zusammenarbeit mit der Schule wünschen. Dabei wurden fünf Bereiche angesprochen:

Hauptprobleme bei der Zusammenarbeit zwischen Schule und Hort aus der Sicht von Horterzieherinnen

	Anzahl	%
Desinteresse auf seiten der Schule	103	38
Rahmenbedingungen	68	25
Negative Einstellung gegenüber dem Hort	37	14
Unterschiedliche Erziehungsauffassungen	34	13
Kein Problem	33	12
Kommunikationsprobleme	21	9
Sonstige Nennungen	20	7

n= 268, Mehrfachnennungen möglich

1. Die Zusammenarbeit soll vertieft und intensiviert werden. Dazu stellen sich die Erzieherinnen vor, die gegenseitigen Erwartungen zu klären, gemeinsame Veranstaltungen durchzuführen, zu hospitieren und vor allem regelmäßige Kontakte zu pflegen.

2. Die Erzieherinnen würden gerne die Kommunikationsstrukturen verändern. Den Hort zu informieren über Stundenausfälle, Sonderveranstaltungen in den Schulen etc., würde die Arbeit im Hort erleichtern.

Darüber hinaus wünschen sich die Horterzieherinnen Rückmeldungen über die Situation der Kinder in schulischen Belangen.

3. Erzieherinnen wünschen sich auch eine Veränderung der Einstellung gegenüber dem Hort.

4. Notwendig sind häufigere Kontakte. Die derzeitige Anzahl der Gespräche, Telefonate usw. halten viele der Befragten für völlig unzureichend.

5. Schule muß sich verändern. Horterzieherinnen wollen nicht Lückenbüßer für die von der Schule nicht erfüllten Aufgaben sein. Zu viele und zu schwierige Hausaufgaben gehen zu Lasten der Freizeitgestaltung im Hort.

Auf seiten des Hortes kann jedenfalls Kooperationswille festgestellt werden, und es gibt ein ganzes Bündel von Vorschlägen zur Verbesserung der Kooperation. Für fehlende oder unzureichende Kooperation kommen sicherlich viele Faktoren in Betracht. Unsere Darstellung erfolgt ganz aus dem Blickwinkel der Erzieherinnen. Notwendigerweise sollte die Sichtweise der Schule gegenübergestellt werden, um ein Stück des Unverständnisses zu beseitigen.

Kooperation beim Tischtennis: Viele Möglichkeiten bietet der Hort

8. Die Arbeit im Team

Eine fundierte pädagogische Arbeit erfordert ausreichend Zeit für Planung, Reflexion und Austausch mit Fachkollegen und Kolleginnen. Wie folgendes Schaubild deutlich zeigt, ist dies auch die überzeugte Meinung der Befragten in den Horten. Auf die *Frage "Wie stark werden Sie nach ihrer Einschätzung von folgenden Faktoren bei Ihrer pädagogischen Arbeit beeinflußt?"* konnten die ErzieherInnen ihre Einschätzung in einer offenen Skala von "kein Einfluß" bis zu "sehr starker Einfluß" vornehmen.

Einfluß einzelnerFaktoren auf die pädagogische Arbeit

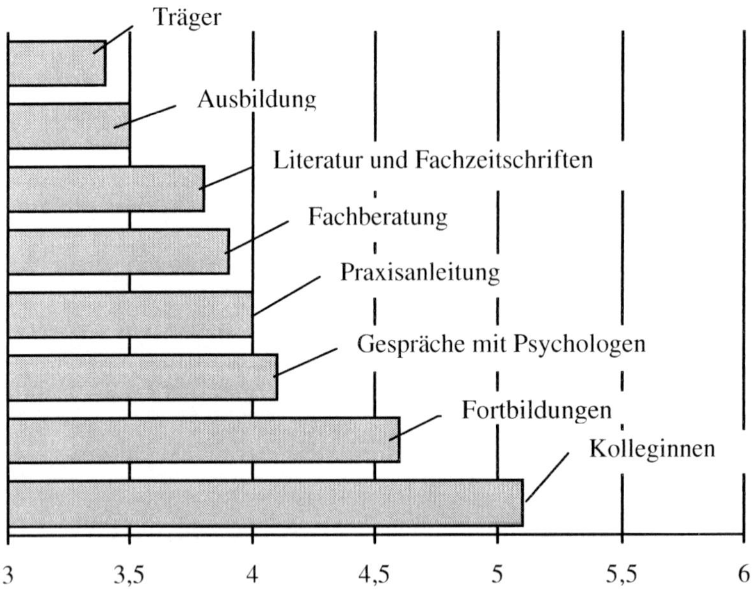

n= 301

Vor allem das Gespräch mit Kolleginnen und die Fortbildungen sind es, die nach Einschätzung der Praktiker ihr tägliches pädagogisches Handeln stark beeinflussen. Zu weit weg von dem ‚was für die Arbeit konkret gebraucht wird, scheinen die Ausbildung, die Trägerverbände, aber auch die Fachberatung zu sein. Den Gründen dafür müßte konkreter nachgegangen werden.

Um so wichtiger ist es deshalb, das Augenmerk auf die Möglichkeiten zur Planung und Reflexion in den Einrichtungen zu richten. 95% der Befragten geben an, daß es in ihren Einrichtungen Teamsitzungen für die Gesamteinrichtung gibt. In der Hälfte der Einrichtungen mit mehr als einer Gruppe findet in knapp der Hälfte der Einrichtungen eine zusätzliche Gruppenteamsitzung statt.

Daß sowohl Gesamtteam- als auch Gruppenteamsitzungen ihre Berechtigung haben, wird aus der Auflistung der behandelten Themen deutlich. Eine Auswertung nach den am häufigsten behandelten Themen ergibt, daß für die Gesamtteamsitzung annähernd jede zweite Nennung organisatorisches und die Gestaltung der Kontakte nach außen (zu Lehrern und Eltern) zum Inhalt hat. Die Gruppenteamsitzung widmet sich in viel stärkerem Maße der Binnenstruktur der Einrichtung und hat im engeren Sinne pädagogische Themen zum Inhalt.

Gruppenteamsitzungen sind allerdings auch für sehr große Kindertagesstätten keine Selbstverständlichkeit: 33 von 79 Einrichtungen mit 5 und mehr Gruppen, die in die Untersuchung einbezogen waren, geben an, keine Teamsitzungen auf Gruppenebene durchzuführen. Dieses Ergebnis ist zunächst erstaunlich, denn: Wie und wo soll die erzieherische Aufgabe einzelner Kinder sonst besprochen werden?

Möglicherweise gibt es auf Gruppenebene Gespräche, die nicht expressis verbis als Teamsitzungen deklariert sind. So geben nämlich 44% der Befragten an, pro Woche mehr als drei Stunden Zeit zu haben für Reflexion und Planung. 43% haben zwischen einer und drei Stunden Zeit und 12% geben an, weniger als eine Stunde Zeit pro Woche zu haben.

Auf den ersten Blick mögen drei Stunden pro Woche viel erscheinen. Umgerechnet auf einzelne Tage ist es etwas mehr als eine halbe Stunde pro Tag, um über Tagesereignisse, Verhaltensweisen einzelner Kinder und mögliche pädagogische Hilfestellungen zu reflektieren und zu diskutieren. So betrachtet, ist auch das Zeitbudget der gut ausgestatteten Horte eher knapp bemessen.

Weiter oben wurde deutlich, wie häufig Hortpädagoginnen beratend tätig sind. Dies bedeutet freilich, daß die Berater ihrerseits einen Beratungsbedarf haben. Wir haben danach gefragt, ob Konsultationen mit Fachleuten von außerhalb üblich sind. Diese Möglichkeit besteht in 46% der befragten Einrichtungen zumindest in dringenden Fällen. 32% antworten, daß sie keine solche Möglichkeit haben. Gerade in 12 Einrichtungen gibt es jeden Monat und in 11 Einrichtungen jede Woche einen

Möglichkeit, mit Therapeuten, Psychologen oder Heilpädagogen usw. über einzelnes Kind zu sprechen

	Anzahl	%
Nicht regelmäßig, nur in problematischen Fällen	137	46
Keine Möglichkeit	96	32
Einmal im Monat	12	4
Jede Woche	11	4
Sonstige Möglichkeit	44	14

n = 300

Gesprächstermin mit einer Fachkraft von außerhalb.

Durch eine weitere Frage wurde deutlich, wie weit hierbei Realität und die von den Erzieherinnen gesehene Notwendigkeit auseinander liegen. Wir fragten, über wieviel Kinder tatsächlich ein Beratungsgespräch stattgefunden hat und bei wievielen der Kinder im Gegensatz dazu ein Gespräch für notwendig erachtet wird: Der Durchschnitt aller Zahlen ergab, daß über 2,6 Kinder ein Beratungsgespräch stattfinden konnte. Weitaus größer , nämlich mit 6 Kindern mehr als doppelt so viele, ist die Zahl derer, für die eine individuelle Beratung als notwendig erachtet wird. Der Durchschnitt verwischt dabei noch die prekäre Situation in einigen Einrichtungen.

Die Lebenssituation vieler Hortkinder zeigt die Notwendigkeit einer individuellen pädagogischen Hilfe. Dies setzt entsprechende Maßnahmen voraus. Wir stellten deshalb folgende Frage:" *Ist es bei Ihnen üblich, daß für jedes einzelne Kind ein Erziehungsplan erstellt bzw. eine Fallbesprechung durchgeführt wird?*" 78 % der Befragten verneinten diese Frage. In 18% aller befragten Einrichtungen können solche Gespräche stattfinden.

Wird ein Erziehungsplan für einzelne Kinder erstellt?

	Anzahl	%
Nein	235	78
Ja	55	18
keine Angaben	12	4

n= 302

Als eine der Ursachen kann das geringe Zeitbudget angenommen werden: In jedem zehnten Hort mit bis zu einer Stunde Vorbereitungszeit wird individuelle Erziehungsplanung durchgeführt. Bei einer Vorbereitungszeit von 3 Stunden gibt jede dritte Befragte an, individuelle Erziehungspläne zu erstellen.

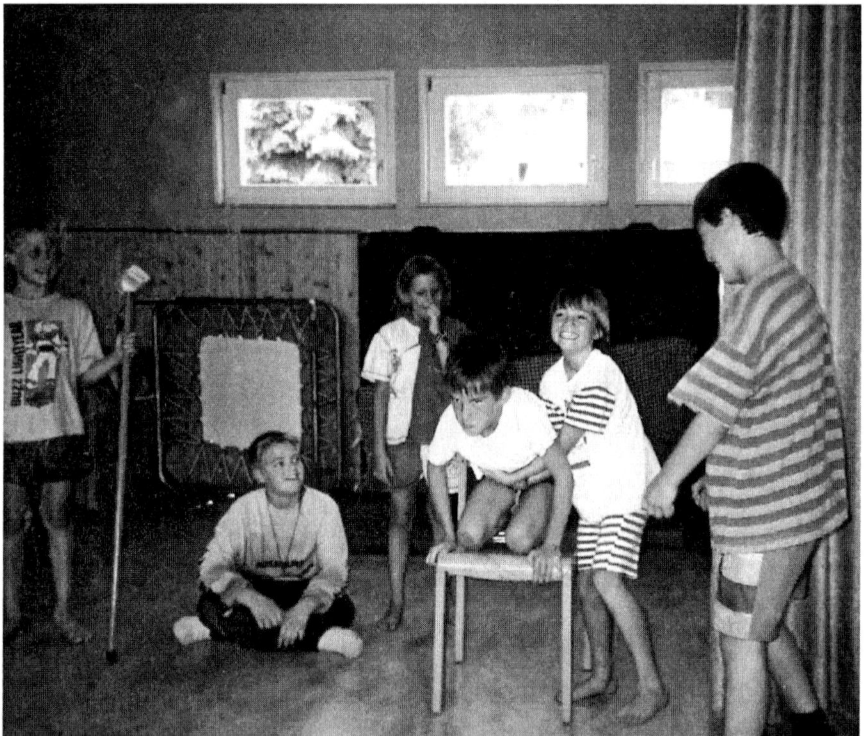

Zirkus im Hort – oder: Ein junger „Wilder“ sucht seine Entwicklungsaufgaben

Literatur

Abicht, Martha, Der Einzelhort - Die Einrichtung und die organisatorischen Aufgaben, in: Schulkinderpflege in Horten und Tagesheimen, 1930; nachgedruckt in Rolle/Kesberg: Materialband zur Hortgeschichte, S.179 ff.

Adorno, Theodor W., Studien zum autoritären Charakter, Frankfurt 1973

Arbeiterwohlfahrt (Hrsg), Sozialpädagogische Praxis mit Schulkindern in der Institution Hort, Bonn 1979

Arbeitsgemeinschaft für Jugendhilfe (AGJ), Horterziehung in der Jugendhilfe. Grundzüge einer Konzeption, Bonn 1983

Arbeitsgemeinschaft für Jugendhilfe, HORT. Themenheft Forum Jugendhilfe, 3-4, Bonn 1980

Arbeitsgemeinschaft Jugendhilfe (Kommission Hort), Zum sozialpädagogischen Auftrag des Hortes, in: Theorie und Praxis der Sozialpädagogik, Jg. 89, 1981

Arbeitsgruppe Modellversuch Schülertagesstätte (Hrsg), Arbeitshilfen zur Horterziehung.Teil 2: Strukturgitter für die Wochen- und Jahresplanung; Bonn 1979

Baacke, Dieter, Die 6- bis 12 jährigen. Einführung in Probleme des Kindesalters, Weinheim - Basel 1984

Ballmann, Ursula, Freizeit im Hort, Berlin 1989

Balluseck, von, Hilde, Ganztagserziehung - ja bitte! Zum Zusammenwirken von familiärer und öffentlicher Erziehung im Grundschulalter, Berlin 1996

Becker,E./ Hagebusch, A.M./ Weber, M., Der Hort zwischen Familie, Schule und Freizeitraum, Donauwörth 1979

Behrends, Irene, Hausaufgaben gehören zum Alltag, in: HORTheute, 8/1993; S. 22 ff.

Berger, Manfred, Der Hort - eine Institution und seine Geschichte, in: Handbuch für Erzieherinnen, Neuausgabe, 12. Lieferung, Kap. I, 10

Berry, Gabriele/ Pesch, Ludger (Hrsg.), Welche Horte brauchen Kinder? Neuwied 1996

Bertram, Hans/ Gille Martina, Datenhandbuch. Zur Situation von Familien, Kindern und Jugendlichen in der Bundesrepublik Deutschland, DJI München 1990

Bienek, Bernd, Konflikte in der Hortarbeit: Beispiel Sexualerziehung, in: Theorie und Praxis der Sozialpädagogik, Jg, 89, 1981; S. 303

Blochmann, Elisabeth, Die Selbsttätigkeit des Kindes in Kindergarten und Hort, in: Kindergarten, 70. Jg. 1929; S. 177 ff.

Böhm, Winfried, Wörterbuch der Pädagogik, Stuttgart 1994

Börner, Caroline, Erziehungsfragen im neuen Staat im Anschluß an Ernst Krieck Nationalpolitische Erziehung, in: Die christliche Kinderpflege, 41. Jg., 1933, S. 270 ff.

Böttcher, Wolfgang (Hrsg), Mehr Ganztagsangebote für Kinder und Jugendliche, Alfter 1992

Briel, Rudi, Flexibilisierung des Hortangebotes: Propädeutische Anmerkungen zu einem "neuen" Problem der Jugendhilfe, in: Jugendwohl, 66 Jg. 11/85; S. 421 ff.

Briel, Rudi, Perspektiven der Weiterentwicklung von Kindergärten und Horten, in: Jugendwohl, Jg.69, 1988; S.116 ff.

Briel, Rudi/ Mörsberger, Heribert (Hrsg), Kinder brauchen Horte. Bestandsaufnahme-Praxisbeispiele-Perspektiven, Freiburg 1984

Büchner, Peter u.a., Kinderleben. Deutsch-deutscher Vergleich: Freizeitaktivitäten und Freizeitinteressen 10- bis 14jähriger Kinder, in: HORTheute, 2/1993; S. 12 ff.

Büchner, Peter, Kinderleben. Deutsch - deutscher Vergleich: Freizeitaktivitäten und Freizeitinteressen von 10- bis 14jährigen Kindern in unterschiedlichen Regionen (Teilstudie West), in: HORTheute, 7-8/1992; S. 13 ff.

Bußmann, Klaus, Hort und Gemeinde, in: Jugendwohl 66.Jg, 1985; S.433 ff.

Caritasverband der Diözese Fulda u.a. (Hrsg), Der Hort braucht Ideen. - Wir haben sie -, Fulda 1996

Christ, Karl, Ferienfahrten mit Hortgruppen, in: Theorie und Praxis der Sozialpädagogik; JG 89, 1981; S.305 f.

Deinet, Ulrich (Hrsg), Schule aus- Jugendhaus. Ganztagskonzepte und Kooperationsmodelle in Jugendhilfe und Schule, Münster 1996

Deinet, Ulrich, Schulaufgaben - eine Last für alle?, in: HORTheute, 3/1993; S. 21 ff.

Deutsches Jugendinstitut (Hrsg), Was tun Kinder am Nachmittag? Ergebnisse einer empirischen Studie zur mittleren Kindheit, Weinheim und München 1992

Deutsches Jugendinstitut, Tageseinrichtungen für Kinder. Informationen - Erfahrungen - Analysen, DJI, München 1993

DJI-Projektgruppe, Orte für Kinder, in: klein&groß, 3/1995; S. 6 ff.

Döring, Ulrike, "Gleich morgens wollen sie was von dir...". Ein ganz normaler Tag im Hort, in: Theorie u.Praxis der Sozialpädagogik,.Jg.89, 1981; S.286 ff.

Ehrhardt-Kramer, Angelika, Arbeitsfeld: Hort, Frankfurt 1988

Englert, Helga u.a., Zwischen Rückzug und Offenheit. Räume für alterserweiterte Gruppen, in: Welt des Kindes, 2/94; S. 38 ff.

Erikson, Erik H., Identität und Lebenszyklus, Frankfurt/M. 1993

Fallant, Elke / Wagner, Karin , Christ, Rolf, Horte an der Grundschule in der Landeshauptstadt Dresden, in: klein & groß, 1/95; S. 35 f.

Fels, Sabine / Krieg, Elsbeth, Schule, Hort - getrennt und doch vereint, in: klein & groß, 6/95; S. 34 f.

Flaake, Karin u.a., Kinderhorte - Sozialpädagogische Einrichtungen oder Bewahranstalten?, Frankfurt/M 1980

Flammer, August, Entwicklungstheorien, Bern, Stuttgart, Toronto 1988

Flitner, Andreas, Steine Muscheln Zinnsoldaten. Besitzen und Sammeln im Kindesalter, in: Welt des Kindes, Jg. 62, 1984; S. 276 ff.,

Flunkert, Annerose, Öffnung des Hortes nach innen und außen, in: Theorie und Praxis der Sozial Pädagogik, Jg.89, 1981; S.280 ff.

Frank, Kerstin/ Pelzer, Susanne, Hort, Schule - und was noch. Betreuungsangebot für Schulkinder - Eine Bestandsaufnahme, München 1996

Friedlein, Ingrid / Friedlein, Gerd, Hausaufgaben, in: HORTheute, 7-8/1993; S. 16 ff.

Gau, Gertrud, Die pädagogische Aufgabe des Hortes in Geschichte und Gegenwart, in: Blätter des Pestalozzi-Fröbel-Verbandes, 5. Jg. 1954; S.66 ff.

Geist, Georg, "Numerus clausus" im Hort. Aufnahmeordnungen als Notbehelf, in: Theorie und Praxis der Sozialpädagogik; Jg. 89, 1981; S.297ff.

Geist, Georg, Situation und Perspektiven des Hortes, in: Forum Jugendhilfe, Heft 1-2/1978; S.21 ff.

Gilsdorf Rüdiger/ Kistner Günter, Kooperative Abenteuerspiele, Seelze, Velber 1995

Graßmüller, Schmid- Schwarzenberg. Zum 100 Geburtstag, in: Kindergarten, 61. Jg. 1920; S. 5 ff.

Greiner, Irene, Aus der Trickkiste: Knobelaufgaben, Experimente und Denkspiele für Schulhorte, Berlin 1986

Grimm, Jakob/ Grimm, Wilhelm, Deutsches Wörterbuch, Leipzig 1877

Günther, Andreas, Der lange Weg zum neuen Konzept, in: klein & groß, 9/95; S. 36 f.

Günther, Walter u.a. (Autorenkollektiv), Rahmenplan für die Bildung und Erziehung im Schulhort. Empfehlungen für die Arbeit der Horterzieher, Berlin 1974

Harms Gerd/ Preissing Christa (Hrsg), Kinderalltag. Beiträge zur Analyse der Veränderung von Kindheit, Berlin 1988

Hebenstreit, Sigurt, Zur Situation der evangelischen Kinderhorte in Baden, Bericht für das Diakonische Werk der evangelischen Landeskirche in Baden e.V., Dortmund 1987

Heck, Renate/ Thumm, Klaus Eckart, Hortkinder, in: Unsere Jugend, 36.Jg. 1984; S. 364

Hederer/ Köth, Praxis- und Methodenlehre. Teil 1: Institutionskunde, München 1979

Henke, Annegrete, Die Schule ist nicht nur zum Lernen da, in: klein & groß, 1/96; S. 40 f.

Henkys, Barbara, Gleichberechtigung ... Beginnt mit der eigenen Identität, in: klein & groß, 7-8/96; S. 16 ff.

Herbst, Barbara / Wieczorek-Almendinger, Ute, Zusammenleben im Hort. Aufgabe und Bedeutung des Hortes für das Schulkind, in: Merker/ Schulte, Tageseinrichtungen für Kinder, Köln 1982

Hermann, Gisela, Zu jung für den Großstadt-Dschungel, in: Welt des Kindes, 1/1991; S.16 ff.

Hildebrand, Christina, Zärtlichkeit als Dienstleistung. Alltag im Kinderhort, in: Ästhetik und Kommunikation, 1979, Heft 38; S. 53 ff.

Högemann, Marta / Schmidt Hartmut, So können Kinder miteinander leben, in: Kindergarten heute, 1-2/93; S.10 ff.

Hombücher, Rainer, Laßt die Kinder frei. Erfahrungsbericht über Freizeitaktionen im Hort, in: Welt des Kindes, 1982; S. 357 ff.

Hort und Schule in gemeinsamer Verantwortung, in: klein & groß, 6/96; S. 36 f.

HORTheute, Zeitschrift für Ganztagserziehung, Jg. 1/ 1990 bis Jg. 4/ 1993. Geht ab 1994 auf in „klein&groß“

Hortkinder schreiben über sich selbst, Ich spiele am liebsten Elvis, in: Welt des Kindes, 1982; S.338 ff.

Hundmeyer, Simon, Recht für Erzieherinnen und Erzieher, München 1994

Huppertz Monika / Huppertz, Norbert, Geliebte Kinder, liebende Kinder. Eltern führen ihre Kinder zur Liebesfähigkeit, Freiburg 1981

Huppertz, Norbert (Hrsg.), Theorie und Forschung in der Sozialen Arbeit, Neuwied / Kriftel 1998

Huppertz, Norbert / Schinzler, Engelbert, Grundfragen der Pädagogik, Köln 1995

Huppertz, Norbert, Erleben und Bilden im Kindergarten, Freiburg 1992

Huppertz, Norbert, Jugend und Jugendarbeit heute. Partial-holistische Studie der Stadt Neuenburg, Oberried 1996

Jaede, Wolfgang, Können Horte Halt geben?, in: Welt des Kindes, 1/1991; S. 20 ff.

Jaletzke, Cordula, Horte in der Kita. Auf der Suche nach eigenen Wegen. in: klein&groß, 9/1995; S. 38 f.

Jugendminister und -senatoren, Zusammenarbeit von Hort und Schule, Beschluß vom 7./8.5.1987

Kabat vel Jakob, Otmar u.a., Kinderleben. Deutsch - deutscher Vergleich: Freizeitaktivitäten und Freizeitinteressen von 10- bis 14jährigen Kindern in unterschiedlichen Regionen (Teilstudie Ost), in: HORTheute, 11-12/1992; S. 17 ff.

Kapfer, Christine, Alltag im Hort- ein Bericht aus der Praxis, in: Treffpunkt Kindergarten, Forum Sozialpädagogik, 7.Jg. 1988, Nr.4; S. 5 f.

Kaplan, Karlheinz/ Becker-Gebhard, Bernd (Hrsg.), Handbuch der Hortpädagogik, Freiburg 1997

Katholische Erziehergemeinschaft Deutschlands, Der Hort - ein Stiefkind unter den sozialpädagogischen Einrichtungen? - Zur Situation des Hortes heute -, Treffpunkt Kindergarten, Forum Sozialpädagogik, 7.Jg. 1988 Nr.4; S 1 f.

Kerkhoff, Engelbert (Hrsg.), Alltagssituationen in der Sozialpädagogik, Heidelberg 1978

Kesberg, Edith / Rolle Jürgen, Drei Modelle in Nordrhein-Westfalen, in: klein&groß, 3/1995; S. 36 ff.

Klasen, Edith, Im Hort zu Hause. Skizzen zu einem pädagogischen Konzept, in: Welt des Kindes, 3/1979; S. 207 ff.

Klein, Lothar / Vogt, Herbert, Leben in der Familiengruppe. Ein Praxisbuch über die große Altersmischung, Freiburg 1995

Kluge, Friedrich, Etymologisches Wörterbuch der deutschen Sprache, Berlin, New York 1989

Knappe, Willi / Köhler, Herrmann, Sport im Hort, Berlin 1987

Knecht, Gerd, Partizipation in der kulturellen Kinder- und Jugendarbeit, in: Offene Spielräume, 1998; S. 9 ff.

Knorr, Bärbel, Soziales Miteinander und Wohlbefinden, in HORTheute, 1/1991; S. 7 ff.

Köhler, Michael, Kein Roboter für Hausaufgaben, in: Welt des Kindes, 3/97; S. 20 ff.

Kolodziej, Viktor, Der Hort als schulbegleitende sozialpädagogische Einrichtung, in: Kindergarten heute, 1/1972; S. 22 ff.

Krappmann, Lothar, Auf dem Weg zu sich selbst, in: Welt des Kindes, Jg. 62, 1984; S. 270 ff.

Krappmann, Lothar, Die Kinder im Schulalter: Zur psychischen Entwicklung und die Anforderungen an die Pädagogik, in: Briel/ Mörsberger, Kinder brauchen Horte, Freiburg 1984

Krappmann, Lothar, Soziale Kinderwelt und kindliche Entwicklung. Ein Beitrag zur Soziologie der Kindheit, in: DJI, Jahresbericht 1989

Krebs, Adolf-Leopold; Chancen und Gefahren für die Hortarbeit in kombinierten Einrichtungen, in: Theorie und Praxis der Sozialpädagogik; Jg. 89, 1981, S. 295 ff.

Kreling, Dorothee, Wir sind spitze! Körpererfahrungen: Akrobatik mit Hortkindern, in: Welt des Kindes, 6/1998; S.28 ff.

Landeswohlfahrtsverband Baden und LWV Württemberg/ Hohenzollern, Der Hort. Orientierungshilfe für die Einrichtung, den Betrieb und die personelle Besetzung vom 29.8.1983

Lang, Thomas, Kinder brauchen Abenteuer, München Basel 1995

Lechner, Jörg-Johannes / Mägdefrau, Jutta (Hrsg.), Partial-Holismus in der Sozialen Arbeit. Erfahrungen mit einer Forschungsposition, Oberried 1998

Ledig, Michael, Was tun Kinder nach der Schule? in: Welt des Kindes, 6/1992 S. 17ff.

Lentes, Robert/ Rumpf Ditmar, Entwicklung von Kindern im Hort. Entwicklung der Institution Hort, Hanau 1988

Liegle, Ludwig, Zwischen Familie und öffentlichen Institutionen, in: Neue Praxis 1/98, S. 27 – 35

Lippitz, Wilfried, Räume von Kindern erlebt und gelebt, in: Lippitz, W. / Rittelmeyer (Hrsg.), Phänomene des Kinderlebens, Bad Heilbrunn 1989

Lüders, Yvonne G., Hort: Auf der Suche nach einer Zukunft, in: Zeitschrift für Pädagogik, 37. Jg. 1991; S. 581 ff.

Lührig, Holger H. /Geist Georg (Hrsg), Erziehungsarbeit mit 6-12 jährigen in Kinderhorten und Ganztagsschulen, Köln 1980

Martin, Siegfried, Freizeit und Spiel im Hort, Gedanken zu einigen Zwischenergebnisse einer empirischen Untersuchung, in: HORTheute, 6/1991; S. 10 ff.

Maurer, Bettina/ Lockfisch, Adelheid, Wer interessiert sich für den Hort?, in: Kindergarten heute, 1/1979, S. 19 ff.

Meloch, Gisela/ Wormland, Alexander, Kooperation Schule Hort, in Jugendwohl 66. Jg. 1985, S. 436

Merkel, Horst, Hort der Zukunft, in: klein&groß, 11-12/1994; S. 18 f.

Metzinger, Adelbert/ Bock, Veronika, Hortarbeit in sozialen Brennpunkten, in: Jugendwohl, 66 Jg, 1985, S. 438 ff.

Miedaner, Lore und Claudia Brunner, Der Hort in Zahlen. Misere eines Bildungs- und Betreuungsangebotes dür Schulkinder 1991, DJI Arbeitspapier 4-027, 1991

Ministerium für Arbeit, Gesundheit und Sozialordnung Baden-Württemberg, Kinderhorte in Baden-Württemberg 1980. Bestand, Bedarf, Kosten. Ergebnisse einer Umfrage bei Trägern und Jugendämtern

Ministerium für Arbeit, Gesundheit und Sozialordnung:; Kinderhorte in Baden Württemberg 1980. Bestand, Bedarf, Kosten; MS Stuttgart 1981

Ministerium für Kultus und Sport Baden Württemberg, Kernzeitbetreuung an Grundschulen. Hort an der Schule, Februar, 1993

Ministerium für Kultus und Sport Baden-Württemberg, Mein Kind in guten Händen; Hort an der Schule ab dem Schuljahr 1991/92, März 1991

Mitgliederversammlung des Verbandes Deutscher Kinderhorte, e.V. am 14. Mai 1920 in Weimar, in: Monatsschrift für das Kinderhortwesen, 6. Jg. 1920, S. 90 ff.

Mogsich, Jürgen, Möglichkeiten und Grenzen alternativer Kindertageserziehung in der Bundesrepublik Deutschland – dargestellt am Beispiel des Kinderhauses Heinrichstraße in Hamburg 1976-1988, Hamburg 1989

Mohrmann, Auguste, Welche gangbaren Wege in der Hortfürsorge erfordert die Gegenwart? In: Die christliche Kinderpflege, 41. Jg. 1933, S. 107 ff.

Mörsberger, Heribert, Der Hort als Aufgabe der Kirche, in: Jugendwohl, 66 Jg.1985, S.419 ff.

Mörsberger, Heribert, Der Hort- eine Aufgabe der Jugendhilfe, in: Jugendwohl, 66.Jg. 1985, S.397 f.

Mörsberger, Heribert, Der Kinderhort in seiner sozialpädagogischen und gesellschaftpolitischen Bedeutung, in: Caritas Jahrbuch 1979

Mörsberger, Heribert; Wo sind die Hortkinder; Welt des Kindes, Jg. 60 1982, S.164-165

Moskal, Erna, Der Hort – eine überflüssige sozialpädagogische Institution, in Jugendwohl, 77 Jg. 1996, S. 370 ff.

Muchow, Martha, Die Mutter als Erzieherin, in: Kindergarten, 1934, S. 79ff.

Mutschler, Dieter, Hausaufgaben - nein danke! Ein Ärgernis für Familie und Hort, in: Welt des Kindes, 3/1994; S. 34 ff.

Nanino, Carlagnese, Ich bin hier daheim. Bericht aus dem Tübinger Kinderhaus, in: Welt des Kindes, 1/1991; S. 25

Nörber Martin, Schulische Betreungsangebote – Ein Kooperationsfeld für die Jugendhilfe, in Jugendwohl, 74 Jg. 1993, S. 383 ff.

Nordt, Gabriele/ Kesberg Edith, Hausaufgaben, in: klein & groß, 4/95, S. 16 ff.

Normann, Edina, Pädagogischer Mittagstisch, in klein & groß, 10/95 S. 40

Obermeier, Emma, Umgestaltung der Hortarbeit, in: Die christliche Kinderpflege, 42. Jg. 1934, S. 251 ff.

Oerter Rolf/ Montada Leo, Entwicklungspsychologie, München - Weinheim 1987

Oswald, Hans/ Krappmann Lothar, Konstanz und Veränderung in den sozialen Beziehungen von Schulkindern, in: ZSE, 4.Jg 1984, S. 271 ff.

Otto, Karlheinz, Das Kind im frühen Schulalter. Drei wesentliche Dimensionen seiner Entwicklung, in: HORTheute, 1/1991; S. 4 ff.

Pagels, Renate, Ein Hortkonzept wird erarbeitet. Die Hort-Modellmaßnahme in Nordrheinwestfalen, in: Theorie und Praxis der Sozialpädagogik., Jg. 89, 1981, S. 292

Rolle, Jürgen/ Kesberg, Edith, Sozialpädagogische Ansätze der Hortarbeit aus historischer Sicht und heutige Aufgabe des Hortes, in: Jugendwohl, 66 Jg, 1985 S.407 ff.

Rolle, Jürgen/ Kesberg, Edith, Zur Zusammenarbeit von Erziehern und Eltern im Hort, in: Forum Jugendhilfe, 3/4, 1980

Rolle, Jürgen:; Horte bitter nötig!; Welt des Kindes, 5/1988, S.23-27

Roth, Heinrich, Pädagogische Anthropologie. II Entwicklung und Erziehung, Hannover 1971

Rumpf, Joachim, Hausaufgaben im Heim, in Jugendwohl, 72 Jg. 1991, S. 568 ff.

Rumpf, Joachim, Kind und Computer im Hort, Düsseldorf 1991

Schäfer, Matthias, Gross und Klein unter einem Dach. Altersgemischte Gruppen in Kindertagesstätten, Freiburg 1996

Schiller, Heinrich, Gruppenpädagogik als Methode der Sozialarbeit, Wiesbaden 1966

Schmidt, Gerlind, Ganztagserziehung - Entwicklungstendenzen in einigen Ländern Europas, in: HORTheute, 2/1991; S. 3 ff.

Schmidt, Hans J., Der Kinderhort- eine vernachlässigte sozialpädagogische Institution, in: Forum Jugendhilfe, Heft 1-2/1978, S.26 f.

Schule Lämmersieth, Hamburger Pilotprojekt. „Pädagogischer Mittagstisch", in: HORTheute, 1/1992; S. 25f.

Schuster, Eva-Maria, „Unser" Hort, Anleitung für die Gründung und Führung eines privaten Kinderhortes durch eine Elterngruppe, Innsbruck 1995

Schumann-Sohns, Monika, Betreuende Grundschule, in: HORTheute, 3/1993; S. 14 ff.

Siebenmorgen, Elisabeth, Aufgaben und Anforderungen der Hortpädagogik heute, in: Jugendwohl, 66.Jg. 1985, S.414 ff.

Simmerding, Christine, Elternarbeit im Hort, in: Jugendwohl, 66. Jg., 1985 S. 430 ff.

Sozialpädagogisches Institut NRW, Projekt-Post 1. Schulkinderhaus - Hort und Schule unter einem Dach, SPI, Jan. 1991

Sozialpädagogisches Institut NRW, Projekt-Post 2. Schulkinderhaus - Hort und Schule unter einem Dach, SPI, Juni 1991

Sozialpädagogisches Institut NRW, Projekt-Post 3. Schulkinderhaus - Hort und Schule unter einem Dach, SPI, November 1991

Permien, Hanna/ Frank, Kerstin, Kein Junge will Erzieher werden. Mäd
Jungen im Hort - auf dem Weg zur Gelichberechtigung, in: Welt des
1/96, S. 42

Permien, Hanna/ Frank, Kerstin, Schöne Mädchen - starke J
Gleichberechtigung - (k)ein Thema in Tageseinrichtungen für Schul
Freiburg 1995

Pesch, Ludger, Es lohnt sich, den Alltag zu prüfen, in: klein & groß, 6/96, S.

Pesch, Ludger, Horte im Umbruch, in: klein & groß, 7-8/95, S. 18 f.

Pesch, Ludger, Selbstbewußt und kooperativ. Wohin ein landesweites Proje
Hort führen kann... , in: klein&groß, 10/98; S. 36 ff.

Pestalozzi-Fröbel-Verband, Die heutige Situation des Hortes, in: Blätter
Pestalozzi-Fröbel-Verbandes, 7 Jg, 1956, S. 5ff.

Piaget, Jean: Theorien und Methoden der Modernen Erziehung, Wien Münch
Zürich 1972

Plaschke, Angelika, Der Hort- eine vernachlässigte Institution, i
Sozialpädagogische Blätter, 28.Jg., 2/1977, S. 45 f.

Preissing, Christa/ Prott Roger, Bedarfs- und Angebotsstruktur in Kindertage-seinrichtungen, in: Ehrhardt-Kramer, Angelika u.a.: Der Familienbezug in der Erzieherausbildung, München 1987

Rappen, Elisabeth, Hort-eine sozpädagogische Antwort auf die psychosoziale Lage des Schulkindes (I), in: Theorie und der Sozialpädagogik, 1977, S. 69 ff.

Rey, Jürgen, Die Barrieren zwischen Schule und sozialpädagogischen Institutionen. Gesellschaftliche Ursachen und historischer Wandel, in: Sozialpädagogik in der Schule, München 1976, S. 27 ff.

Riedel, Brigitte, "Wissen Sie, was ein Hort ist?" Straßeninterview und Fragebogenaktion, in: Welt des Kindes, Jg. 60 1982, S. 346

Rolff, Hans Günter / Zimmermann, Peter, Kindheit im Wandel, Weinheim, Basel 1985

Rolle, Jürgen/ Kesberg, Edith, Der Hort. Handbuch für die Praxis Band 1: Der Hort als Erziehungs- und Bildungseinrichtung für Kinder im schulpflichtigen Alter; Köln 1986

Rolle, Jürgen/ Kesberg, Edith, Der Hort.Handbuch für die Praxis Band 4: Der Hort im Spiegel.seiner Geschichte, Köln 1988

Rolle, Jürgen/ Kesberg, Edith, Materialband zur Hortgeschichte, Köln 1989

Sozialpädagogisches Institut NRW, Projekt-Post 4. Schulkinderhaus - Hort und Schule unter einem Dach. Schwerpunkthema:Raumgestaltung, SPI, Mai 1992

Sozialpädagogisches Institut NRW, Projekt-Post 5. Schulkinderhaus - Hort und Schule unter einem Dach Schwerpunkthema: Hausaufgabenbetreuung im Hort, SPI, Dezember 1992

Sozialpädagogisches Institut NRW, Schulkinderhaus. Hort und Schule unter einem Dach, Köln 1997

Spanhel, Dieter, Spielwelten jüngerer Schulkinder. Ergebnisse aus einem Forschungsprojekt über Spielformen 6 - 10jähriger Kinder in Familie und Freizeit, in: HORTheute, 6/1991; S. 5 ff.

SPI; Schulkinder-Haus. Hort und Schule unter einem Dach. Fragen und Antworten zum Modellprojekt des Landes NRW; ; o.A.

Stauch, Ursula, Der Kinderhort und seine sozialpädagogische Aufgaben in der Gegenwart; Donauwörth 1983

Thienel, Veronika/ Schmidt, Hartmut W., Wir sind da! Wenn Hortkinder aus der Schule kommen, in: Kindergarten heute, 2/88, S. 58

Thiersch, Renate, Altersmischung, in: klein&groß, 1/1995; S. 16 ff.

Thurau, Holger, Hausaufgabenbetreuung in sozialpädagogischen Institutionen. Eine empirische Untersuchung in Tagesgruppen, Marburg 1993

Vaillant, Friedel, Aus der Praxis. Von nationalsozialistischer Erziehung im Kinderhort, in: Kindergarten, 1937, S. 165

Verband für evangelische Kindertagesstätten in Berlin e.V. u.a., Blick über'n Zaun. Horttage 79; Fipp 1980

Visionen und Realität, Leserbriefe zur Situation des Hortes; klein & groß, 6/95 S. 32 f.

Wallraf, Maria, Das neue Zuhause, in: klein & groß, 2/95 S. 36 f.

Walther, Hartmut, Der Hort verändert sich. Hortarbeit im Spannungsfeld zwischen Tradition und Erneuerung, in: Welt des Kindes, 1982 S. 349 ff.

Warnken, Günter, Halbtagsschulen in Niedersachsen, in: HORTheute, 6/1993; S. 13 ff.

Warnken, Günter, Volle Halbtagsschule, in: klein & groß, 2/95, S. 16 ff.

Werner, Detlef, „Offene Hortarbeit“ - Möglichkeiten und Grenzen, in: HORTheute, 7/1991; S. 12 ff.

Werner, Detlef, Keine Schulaufgaben mehr im Hort?, in: HORTheute, 10/1993; S. 25 ff.

Wunderlich, Theresia, ...die im Schatten sieht man nicht! in: Welt des Kindes, 5/1997, S. 16 ff.

Zentralverband katholischer Kindergärten und Kinderhorte Deutschlands, Das Problem Hort. Diskussionspapier des Zentralverbandes, in: Welt des Kindes, 1982, S.94 ff.

Zentralverband katholischer Kindergärten und Kinderhorte Deutschlands, Hort 1984 - Erfahrungen, Bemühungen und Schlußfolgerungen, in: Caritas Jahrbuch; Freiburg 1985

Zum Verlag

Der PAIS-Verlag gehört der „Sozietät zur Förderung der wissenschaftlichen Sozialpädagogik e.V." (gemeinnützig), gegründet 1996. Die Sozietät ist eine Vereinigung Freiburger Wissenschaftler und Praktiker, die sich die Verbreitung praxisrelevanter Veröffentlichungen aus der Theorie der Sozialen Arbeit zum Ziel gesetzt hat. Erste Vorsitzende ist Dipl.-Päd. Monika Huppertz.

Folgende Veröffentlichungen sind im PAIS-Verlag bisher erschienen:

Reihe >present<

Freiburger Schriften zur Sozialpädagogik

Band I

Huppertz, N., Jugend und Jugendarbeit heute. Partial-holistische Studie der Stadt Neuenburg, Oberried 1996, ISBN 3-931992-00-4

Band II

Rebstock, M. / Saalmüller, J., Der 12. Mann. Die Fußballfans des SC Freiburg - Oberried 1996, ISBN 3-931992-01-2

Band III

Demmelhuber, H., Sozialarbeit und Seelsorge in der Schule – Neue Wege der Kirche, Oberried 1996, ISBN 3-931992-02-0

Band IV

Kern, K., Was soll ich tun? Beratung im Fußball, Oberried 1997, ISBN 3-931992-04-7

Band V

Huppertz, N. / Meier-Musahl, R., HORTPÄDAGOGIK. Eine Einführung in Theorie und Praxis, Oberried 1999, ISBN 3-931992-07-1

Band VI

Mägdefrau, J., Diplom in Erziehungswissenschaft – was kommt danach? Eine Absolventenstudie an der Pädagogischen Hochschule Freiburg, Oberried 2000, ISBN 3-931992-10-1

Reihe >evident<

Freiburger Schriften zur wissenschaftlichen Grundlegung Sozialer Arbeit

Band I

Huppertz, N. (Hg.), Zu den Sachen selbst. Phänomenologie in Pädagogik und Sozialpädagogik, Oberried 1997, ISBN 3-931992-03-9

Reihe >element<

Freiburger Schriften zur Elementarpädagogik

Band I

Huppertz, N. (Hg.), Konzepte des Kindergartens, Oberried 1998, ISBN 3-931992-05-5

Band II

Huppertz, N. (Hg.), Kindergärten für Kinder, Oberried 1999, ISBN 3-931992-08-X

Band III

Huppertz, N. (Hg.), Französisch so früh? – Bilinguale Bildung im Kindergarten, Oberried 1999, ISBN 3-931992-09-8

Einzelwerke

Lechner, J.-J. / Mägdefrau, J. (Hg.), Partial-Holismus in der Sozialen Arbeit. Erfahrungen mit einer Forschungsposition, Oberried 1998, ISBN 3-931992-06-3

Anschrift:

PAIS-Verlag e.V.
Hauptstr. 49
79254 Oberried
Tel.: 07661/980962
Fax: 07661/981420